Ludwig Döring
Heutige deutsche Sprache –
ein Zeichen für ihren Verfall?

Ludwig Döring

Heutige deutsche Sprache – ein Zeichen für ihren Verfall?

R. G. Fischer Verlag

Bibliografische Information der Deutschen Nationalbibliothek:
Die Deutsche Nationalbibliothek verzeichnet diese Publikation in der Deutschen Nationalbibliografie; detaillierte bibliografische Daten sind im Internet über http://dnb.dnb.de abrufbar.

Orber Str. 30, D-60386 Frankfurt/Main

Schriftart: Times New Roman
Herstellung: rgf/bf/2B
ISBN 978-3-8301-1781-0

Das Buch widme ich meiner lieben Ehefrau Ursula,
die sehr viel Verständnis aufbrachte,
wenn ich viel zu lang am PC saß,
um meine Sprachlisten zu schreiben.

Wenn sich die Welt selbst zerstört, dann fängt es so an: Die Menschen werden zuerst treulos gegen die Heimat, treulos gegen die Vorfahren, treulos gegen das Vaterland; sie werden dann treulos gegen die guten Sitten, gegen den Nächsten, gegen die Frauen und gegen die Kinder.

Ernst Moritz Arndt

Vorwort

Mein Buch *Heutige Sprache – ein Zeichen für ihren Verfall* befasst sich mit der deutschen Sprache, wie sie heute in den Medien gesprochen und geschrieben wird. Diese Sprache kennt oft kein korrektes Deutsch, ist inhaltsleer und vieldeutig. Man sagt heute »Region«. Warum sagt man nicht, welche Gegend genau gemeint ist: z. B. der Schwarzwald, der Breisgau, Freiburg/Br. und sein Umland, das Dreiländereck? Auch das Wort »strukturiert« ist ein inhaltsleeres, vieldeutiges Wort für das es viele gute eindeutige, treffende deutsche Wörter gibt. Schlimm sind die nichtssagenden Wörter »Service« und »Center« oder gar »Service Center«. Das Wort »Kundendienst« wird nicht mehr benutzt, obwohl es eine glasklare Bedeutung hat. In der Politik spricht man von »unseren Werten« benennt sie aber nicht, beschreibt sie nicht. Man spricht »von höchster Priorität« als gäbe es mehrere Stufen von »Priorität«, aber es gibt nur »einen Vorrang«. Man »löst heute Probleme« als wäre das so leicht wie das Lösen eines Rätsels. »Problem« ist eine Aufgabe, eine Schwierigkeit. Warum verwendet niemand diese deutschen Wörter? Man gibt lediglich an, wenn man im Deutschen das Wort »Technologie« verwendet, obwohl im Deutschen das Wort »Technik« richtig ist. »Technologie« ist der Fachausdruck für ein technisches Verfahren. Im Englischen sind die Bedeutungen gerade umgekehrt.
Das schlechte Deutsch der deutschen Medien und Politiker hat mich dazu verführt, nicht nur über die deutsche Sprache nachzudenken, sondern auch über die Wörter, die unsere Politiker verwenden und mit denen sie Politik zu machen versuchen: Wir müssen Probleme lösen. Leider bin ich dazu

verführt worden, selbst etwas politisch zu werden. Ich bitte den geneigten Leser, dies zu entschuldigen.
Der Verfall der deutschen Sprache ist traurig und wird große Folgen haben. Ob mein Buch diesen Verfall aufhalten kann? Wohl kaum.

Sprachliste Dezember 2015 – Teil 1

1. »DLF berichtet ausführlich über den NSU-Prozess und über die Angeklagte Zschäpe, die nach Meinung aller Medien verurteilt werden muss.« – Die jahrelangen Ermittlungen haben aber bisher noch nicht zu dem gewünschten Ergebnis geführt. Der Prozess ist zum Schauprozess verkommen. Die Angeklagte befindet sich seit Jahren in Untersuchungshaft. Eine linke Aktivistin wäre längst wegen Mangels an Beweisen freigesprochen worden.
2. »DLF berichtet über Angriffe der Rechtsradikalen auf Unterkünfte der Asylbewerber.« – Über die Zahl der in der BRD angekommenen Asylanten wird nicht mehr berichtet. Gibt es keine Flüchtlinge mehr?
3. »DLF bezeichnet die Attentäter, die am 13.11.2015 in Paris viele Menschen ermordet haben, als Franzosen.« – Sie waren aber keine Franzosen, sondern Islamisten, die keinen Tropfen französischen Bluts in ihren Adern hatten.
4. »DLF berichtet ausführlich darüber, dass die Firma Volkswagen nach ihrem Geständnis falsche Angaben über den Schadstoffausstoß ihrer Fahrzeuge gemacht habe.« – Urplötzlich teilt aber DLF mit, dass die Angaben über den Schadstoffausstoß weit übertrieben gewesen seien. Wer kann heute noch glauben, dass es Pressefreiheit gibt? Pressefreiheit heißt: wahrhaftig sein.
5. »DLF rechnet zu den Opfern eines islamistischen Terroranschlags auch die Täter, die sich selbst in die Luft gesprengt haben.« – Eine größere Perversion des Den-

kens ist nicht vorstellbar. Ist der hingerichtete Widerstandskämpfer Graf Stauffenberg Opfer seines Attentats vom 20.7.1944 geworden?

6. »Sozialstaat« – was ist das? Ein Staat, der arbeitswillige und von der Wirtschaft dringend benötigte Arbeiter in den Vorruhestand entlässt, aber zugleich von seinen Angestellten höhere Leistungen verlangt, damit diese die Flüchtlinge, die der Staat unbedacht ins Land gelassen hat, registrieren können. Wann wird dieser Sozialstaat endlich seine Schulen schließen, damit in ihnen Flüchtlinge menschenwürdig untergebracht werden können? (ironisch gemeint). Auch gegen Ende des WK II wurden die Schulen geschlossen. Rechtsstaatlichkeit kann einem Staat und Volk zum Verhängnis werden: Die Kosten der Versorgung der Flüchtlinge zwingen zur Kürzung bei anderen Vorhaben und die vielen verwaltungsgerichtlichen Asylverfahren blockieren die anderen verwaltungsgerichtlichen Verfahren (bis Ende 2015 ca. 1,1 Mio. Flüchtlinge, i. J. 2015 ca. 330.000 verwaltungsgerichtliche Klagen gegen abgelehnte Asylanträge).
7. »Der Widersinn der Abtreibungspolitik in der BRD« – es gibt zu wenig eigene Kinder, weil auf Staatskosten Kinder auf Wunsch abgetrieben werden. Deshalb müssen Ausländer als Ersatz willkommen geheißen, integriert und assimiliert werden. Wie viel einfacher wäre es, man hätte die eigenen Kinder am Leben erhalten. Die Abtreibungspolitik ist so widersinnig und so folgenschwer wie Hitlers Krieg gegen die Sowjetunion. Wenn ausländische Flüchtlingskinder im Mittelmeer ertrinken, brechen BRD-Medien und BRD-Politiker in Tränen aus. Die Perversion kennt keine Grenzen.

Sprachliste Dezember 2015 – Teil 2

1. »Ein gegen Rechts (gemeint sind die »Rechten«) orientierter und engagierter Pfarrer« (DLF) – wer ist das? Ein Pfarrer, der eine linksgerichtete Demonstration am 12.12.2015 in Leipzig anführte, bei der 69 Polizeibeamte verletzt wurden. Wäre der Pfarrer ein Rechter gewesen, hätte der DLF ganz andere Formulierungen gefunden. Nach Meinung des Leipziger Oberbürgermeisters ist durch die Gewaltanwendung der Kampf der Linken gegen die Rechten »diskreditiert« worden. Was wird aus der BRD bei einer solchen Bewertung der Gewalt von links noch werden? Nichts.
2. »Führen« heißt ein Ziel vor Augen, eine Orientierung haben – BRD-Politiker haben weder Ziel noch Orientierung. Es ist kein Ziel, Flüchtlinge aus Nahost und Afrika in der BRD willkommen zu heißen. Die Flüchtlinge sind einfach da, ohne dass die rechtsstaatlichen BRD-Politiker sie wollen und ohne dass sie die Gesetze über den Schutz von Grenzen beachten. BRD-Politiker lassen sich von Flüchtlingen treiben. BRD- und EU-Politiker sind Getriebene, aber keine Handelnden. Von einem sehr hohen EU-Beamten sagt der DLF: »Er unterstütze Überlegungen, die dazu führen sollten, dass ...« Vom »Handeln« ist nie mehr die Rede. Asylanten und Flüchtlinge werden von BRD-Politikern sogar als »Gäste« bezeichnet. Nicht einmal die Flüchtlinge aus den deutschen Ostgebieten wurden 1945 als Gäste bezeichnet. Der Zynismus kennt keine Grenzen mehr. Wann verlangen BRD-Politiker endlich, dass die US-Amerikaner die USA an die Indianer zurückgeben? Die Eroberung

Amerikas und die Tötung der Büffel durch die Weißen waren ein Verbrechen gegen Menschheit und Tierwelt (natürlich ironisch gemeint).

3. Die Türkei muss in die EU! Warum? – Damit sich die EU in der Flüchtlingskrise nicht die Finger schmutzig machen muss. Die Türkei soll die Flüchtlinge von Europa fernhalten und bekommt dafür Subsidien – angeblich, um die Kosten für Flüchtlinge zu zahlen, die in der Türkei gestrandet sind.
4. »Demokratie, Volksherrschaft« – wer gibt dem Volk die Gewissheit, dass es fähige Politiker wählt, die auch bei unvorhersehbaren Ereignissen (z. B. Tsunamis, Völkerwanderung) die für das Volk richtigen Entscheidungen treffen, aber nicht in Panik ausbrechen (überstürzte Abschaffung der Kernenergie) und falsche Entscheidungen treffen (Flüchtlingschaos).
5. »Klimagerechtigkeit« – was soll das sein?
6. »Emissionsminderungen umsetzen«? Richtig: »Emissionen mindern«.
7. »Transparenter Prüfungsmechanismus« – früher haben die Menschen über Gott geredet – heute reden sie nur noch Unsinn.
8. »Klima in die Höhe treiben« – nur noch Unsinn.
9. »Die Grünen sind gegen das Fällen von Bäumen, aber nicht gegen Abtreibung.« – Auch das ist Perversität. Der Bauch gehört zwar der Frau, aber nicht ihr Kind.

Sprachliste Dezember 2015 – Teil 3

1. »Wenn ein Untersuchungsausschuss des Deutschen Bundestags, der wegen Gewalttaten der Neo-Nazis ermitteln sollte, nicht genügend gewünschte Tatsachen ermittelt hat, wird ein neuer Untersuchungsausschuss eingesetzt.« – Wie oft wird noch ein Untersuchungsausschuss eingesetzt werden? Ist das der Rechtsstaat? Nein! (s .a. NSU-Zschäpe-Prozess, er muss so lange geführt werden, bis die gewünschten Tatsachen »ermittelt« worden sind).
2. »Zunächst haben die westlichen Militärmächte ihren Einsatz in Afghanistan im Sommer 2015 beendet, aber im Herbst 2015 werden erneut sogar BRD-Soldaten nach Afghanistan entsandt.« – Wer kann das noch verstehen?
3. »Als es um Zuzug von Flüchtlingen ging, wurden Entscheidungen im Sommer 2015 sehr schnell getroffen (Willkommenskultur), aber wenn es im Herbst 2015 um die Abschottung vor Flüchtlingen und um den Schutz Europas vor zu vielen Flüchtlingen geht, tun sich die Europäer sehr schwer. Die BRD ist nicht einmal in der Lage, über eine neue Eisenbahntrasse im Rheintal und über einen Eisenbahntunnel in Offenburg schnell zu entscheiden.« – Wenn zur Kaiserzeit die Entscheidungen so lang gedauert hätten, hätte Deutschland nie ein Eisenbahnnetz bekommen. Ist Deutschland am Ende? Ja!
4. »Einen Befehl umsetzen« – richtig: »einen Befehl befolgen«, »gemäß Befehl handeln«.
5. »Der ewige Friede ist ein Traum, und nicht immer ein schöner, und der Krieg ein Glied in Gottes Weltord-

nung. In ihm entfalten sich die edelsten Tugenden des Menschen, Mut und Entsagung, Pflichttreue und Opferwilligkeit mit Einsetzung des Lebens. Ohne den Krieg würde die Welt im Materialismus versumpfen.« Helmut von Moltke.

6. »Gott hat seine Welt geschaffen, wie er sie wollte, wie sie immer war, gegenwärtig ist und bis zu ihrem Ende sein wird.« – Nur Politiker glauben, sie könnten die Welt verbessern und Krankheit, Krieg, Naturkatastrophen abschaffen. Auch mit den positiven und negativen Charaktereigenschaften der Menschen werden wir alle auch in Zukunft leben müssen. Sie bleiben unverändert. Deshalb gab es Kriege zwischen Deutschen einerseits und seinen Nachbarn, den Dänen, Polen, Tschechen, Italienern, Franzosen andererseits. Es gab Kriege zwischen Katholiken und Protestanten. Es gab sogar Kriege zwischen Preußen und Sachsen. Viele vergangene Kriege sind heute unvorstellbar, aber es gibt neue Kriege zwischen Völkern, Rassen, Stämmen und Religionen, und ihre Einflüsse auf Deutschland sind lebensbedrohlich.

Sprachliste Dezember 2015 – Teil 4

1. »Befreiung Deutschlands 1945 vom NS-Regime« – der äußerste Westen Deutschlands, Elsass-Lothringen, ist vielleicht befreit worden. Aber Finnland, das Baltikum, Polen, die Ukraine, der Balkan sind von einer Diktatur in die andere geraten, auch ein Teil Deutschlands. Kein BRD-Politiker wagt das zu sagen.
2. »Das Christentum verlangt: Teilen mit den Armen« – aber keine Selbstaufgabe, wie es BRD-Politiker in der gegenwärtigen Flüchtlingskrise von den Deutschen fordern.
3. »BRD-Politiker fordern Absetzung des Fassbombenwerfers und syrischen Präsidenten Assad.« – Kein BRD-Politiker will wahrhaben, dass Assad von einem Teil des syrischen Volkes unterstützt wird. Es gibt also gar nicht *ein* Volk, das den Assad stürzen möchte. Das syrische Volk ist in sich zerstritten. Die Folgen des Flüchtlingsstromes muss, soll und will die BRD-Bevölkerung tragen, weil sie fanatische, uneinsichtige und ungebildete Politiker hat.
4. »Fundamentale Prinzipien« – den BRD-Menschen muss das Reden verboten werden, sie reden nur noch dummes Zeug.
5. »Alle BRD-Politiker überschlagen sich vor Barmherzigkeit gegenüber den Scheinflüchtlingen und verlangen von den vernünftigen osteuropäischen EU-Regierungen, die keine sog. Flüchtlinge aufnehmen, Barmherzigkeit in unbegrenztem Umfang und weisen auf EU-Gelder hin, die diese Länder erhalten.« – Aber wirkliche Barmherzigkeit ist selbstlos, ohne Blick auf

andere, die gar nichts oder noch mehr geben. Der Hinweis auf die Nichtaufnahme von Flüchtlingen durch die anderen EU-Staaten ist ein Offenbarungseid der BRD-Politiker: Sie wollen, dass nicht nur die BRD, sondern auch andere Staaten Flüchtlinge aufnehmen. Warum? Alle deutschen Politiker sind scheinheilig und Landesverräter, sie sind gar nicht barmherzig.

6. »Lern-Atelier« – Unterrichtsraum.
7. »DLF berichtet in den 19 Uhr-Nachrichten an erster Stelle über die Korruption im internationalen Fußball, aber erst an zweiter Stelle über Unruhen in der Türkei.« – Wer kann das verstehen?
8. »BRD lässt Flüchtlinge ungezählt ins Land einreisen, aber solchen afghanischen Flüchtlingen, die z. B. für die Bundeswehr als Dolmetscher arbeiteten, zu der Zeit, als die Bundeswehr noch in Afghanistan stationiert war, gewährt sie nur nach strenger Prüfung ein Aufenthaltsrecht, obwohl diese Flüchtlinge in Afghanistan von Aufständischen, die die Bundeswehr vergeblich bekämpft hatte, verfolgt werden.« – Wer kann das verstehen?
9. »Die Schweizer Garde des Papstes und die päpstliche Gendarmerie tragen Waffen.« – Warum auch nicht? Da es das Böse in der Welt gibt, muss sich das Gute verteidigen können, z. B. der Papst gegen Attentäter.

Sprachliste Dezember 2015 – Teil 5

1. »Verursacher des WK I war Kaiser Wilhelm II, Verursacher des WK II war Adolf Hitler.« – Woher wissen wir das? Es steht so in allen Geschichtsbüchern! Wer aber ist Verursacher der Krisen zu Beginn des 21. Jh's? Zukünftige Generationen werden es später in ihren Geschichtsbüchern nachlesen können. Die Zeitzeugen, die zu Beginn des 21 Jh's gelebt haben, konnten es nicht wissen, weil Lügenpresse und Medien alles wahrheitswidrig und interessengerichtet dargestellt haben und weil viele Politiker von Haus aus dumm und ungebildet sind. A. H. hat Autobahnen gebaut, der BRD-Verkehrsminister wollte mit der Erhebung einer Maut nur bei ausländischen Autofahrern Geld sammeln, um Autobahnen wenigstens reparieren zu können, neue Autobahnen dürfen aus Gründen des Umweltschutzes nicht mehr gebaut werden. Aus rechtlichen Gründen mussten die Mautpläne aufgegeben werden, weil in- und ausländische Autofahrer nicht ungleich behandelt werden dürfen.
2. »Reformen anstoßen« – richtig nur: »reformieren«.
3. »Flüchtling« darf man in der BRD nicht mehr sagen, es muss »Flüchtender« und »Flüchtende« heißen, weil das Wort »Flüchtling« männlich ist, aber auch Frauen flüchten, also »Flüchtende« sind. Die BRD-Menschen sind wahnsinnig.
4. »Wer regiert in den westeuropäischen Demokratien? Die Parlamente oder die Verfassungsgerichte?« – Sind Verfassungsgerichte, die die Beschlüsse der Parlamente aufheben können, klüger als die Volksvertreter

in den Parlamenten? Die Verfassungsgerichte sind heute das, was früher Könige und der Adel waren, sie halten sich für klüger als alle anderen. Aber wenn es zu einer Staatskrise kommt, entscheiden weder Parlamente noch Gerichte, sondern allein starke Persönlichkeiten, und wenn diese nicht vorhanden sind, geht der Staat mitsamt dem Parlament und dem Verfassungsgericht zugrunde.

5. »Vielvölkerstaaten, z. B. Österreich Ungarn, Sowjetunion, Jugoslawien, sind gescheitert weil die unterschiedlichen Völker nicht in *einem* Staat zusammen leben konnten und wollten.« – Auch die BRD wird an dem Völkergemisch scheitern, das BRD-Politiker ins Land gerufen haben.
6. »Den deutschen Bischöfen und Politikern fällt zum Jahreswechsel 2015/16 nichts anderes ein als: Wir müssen nach Lösungen für die heutige Problematik (Flüchtlingschaos) suchen.« – Kirchen, Politiker und Deutschland werden scheitern wie alle.
7. »Christenverfolgungen werden in der BRD nicht thematisiert« (»thematisieren« = Neusprech, gemeint ist: »aus Gründen der political correctness darf über dieses Thema nicht gesprochen werden«), »aber Moscheen werden in der BRD schnellstmöglich gebaut.« – An Stelle von »nicht thematisieren« sagt man besser: »tabuisieren«: »Christenverfolgungen sind tabu«.

Sprachliste Dezember 2015 – Teil 6

1. »Hätte Stalin 1941 die Wehrmacht in der Sowjetunion willkommen geheißen, wie es die Ukrainer teilweise getan haben, so hätte der WK II nicht stattfinden müssen.« – Die BRD hat aus der Geschichte gelernt, sie heißt alle willkommen und gibt sich damit selbst auf. Stalin hat nicht aufgegeben. Verfasser hat 1944/45 erlebt, wie Flüchtlinge aus den deutschen Ostgebieten im HJ-Heim eine warme Mahlzeit erhielten. Es gab aber nicht diese irrsinnige Willkommenskultur, es wurden keine Lieder gesungen, es gab kein Lachen, es war ruhig. Ein schwarzer SS-Mann war zugegen, aber keine Polizei musste für Ordnung sorgen.
2. »Ausländer (Kurden) dürfen in Düsseldorf zu Tausenden wie selbstverständlich an Weihnachten gegen die Kurden-Politik in der Türkei demonstrieren. Erdogan durfte sogar Wahlkampf in der BRD führen. Aber Pegida-Demonstrationen werden vom BRD-Staat nur unter Auflagen geduldet, weil gem. dem Grundgesetz (leider) auch diese Demonstrationen zu gelassen werden müssen, zugleich werden alle Pegida-Demonstranten des Rechtsradikalismus verdächtigt (ein SPD-Politiker).« – Wann wird das GG endlich abgeschafft und werden Pegida-Demonstrationen nicht mehr geduldet?
3. »Rebellengruppen, Kämpfer, Terroristen« – DLF klassifiziert bürgerkriegsführende Parteien nach guten und schlechten Parteien.
4. »Die Umsatzzahlen der Wirtschaft brechen ein« – richtig nur: »... Zahlen werden geringer«.
5. »Bergregion am X-Berg« (DLF) – richtig nur: »am Berg X«.

6. »Kämpfe in der Grenzregion« – richtig: »Kämpfe an der Grenze«.
7. »Bayern will seine Grenze zu Österreich gegen Flüchtlinge verteidigen, aber die BRD-Regierung will diese Grenze nicht schützen.« – Das ist eine Staatskrise, wie man sie sich schlimmer nicht vorstellen kann. Nach der unermesslichen Weisheit der Agit-Prop-Kanzlerin Angela Merkel gibt es Volkstums oder Religionskriege in der Welt des 21. Jh's nicht mehr: Russland-Ukraine, Türken-Kurden, Israelis-Araber, Bürgerkrieg in Syrien und im Irak. All das berührt die waffenlose, entscheidungsunfähige BRD nicht. Generalissimus Stalin, der weise Führer der Völker, hat Recht: Die Hitler kommen und gehen, aber das deutsche Volk bleibt bestehen. Auch die naive Frau Merkel und ihre von ihr zusammengestellte Entourage werden hoffentlich bald gehen, ansonsten wird Deutschland untergehen und erst die Multikulturalisierung und dann der Islam siegen. Die BRD-Grünen und -Roten stehen schon in den Startlöchern, um den Islam zu begrüßen: Salam alaikum.
8. »Gleichberechtigung ist Gotteslästerung« – keine Kartoffel gleicht der anderen, kein Zwilling dem anderen – weil Gott alles verschieden geschaffen hat.
9. »Einer schwangeren Frau gehört ihr Bauch.« – Aber nicht der Embryo.
10. »Nie wieder Auschwitz« (Joschka Fischer) und »Gleichberechtigung«– das sind die Schlagwörter, mit denen die Linken und Roten das Grundgesetz aushebeln wollen. Keine freie Meinungsäußerung mehr! Dass ein Joschka Fischer Außenminister werden konnte, spricht gegen die Demokratie.

Sprachliste Dezember 2015 – Teil 7

1. »Bertold Brecht gab der SED-Regierung nach dem 17. Juni 1953 den Rat, das Volk aufzulösen und sich ein neues zu wählen.« – Diesen Rat muss jeder aufrechte Deutsche, der heute als Dumpfbacke gescholten wird, auch der SED-Agit-Prop-Frau Dr. Angela Merkel geben, die schon dabei ist, ein neues Volk zu schaffen, ein Multi-Kulti-Volk.
2. »NGO's« (Non-governmental Organization) (DLF) – der sog. Deutschlandfunk spricht die Abkürzung natürlich englisch aus und erklärt auf Deutsch: Nicht-Regierungs-Organisation. Im Gegensatz dazu verlangt die sog. »Deutsche« Regierung, dass die willkommen geheißenen Flüchtlinge Deutsch lernen sollen. Aber wie können sie Deutsch lernen, wenn der DLF nur noch Englisch spricht mit deutschen Erklärungen?
3. »AWACS« (DLF) – AWACS = airborne early warning and control system, »Frühwarnsystem der NATO« oder »Aufklärungsflugzeug« (natürlich ist »Jet« für »Flugzeug« im Deutschen immer falsch, anderer Meinung aber DLF, er spricht nur noch falsch von »Kampfjet«). DLF spricht die Abkürzung AWACS englisch aus, aber natürlich falsch. Richtig: awacs (deutsch, früher wurde diese Abkürzung nur deutsch ausgesprochen) oder äiwäcs (englisch), der bloße Buchstabe »a« wird im Englischen »äi« ausgesprochen z. B. a, b, c, … (= äi, bi, ci …), aber wenn der Buchstabe »a« die Bedeutung eines Wortes hat (z. B. »a man«) wird dieser Buchstabe ganz anders ausgesprochen: kurzes »ä«. Die Unfähigkeit des sog. DLF ist die Folge des katastrophalen

Schulsystems der BRD. Im Duden steht es noch richtig.

4. »Der Jude Wolfsohn, Prof. an der Universität der Bundeswehr in München, verlangt jetzt die Wiedereinführung der Wehrpflicht.« – Warum? Weil Juden klüger sind als die BRD-Regierungen. Leider hat Prof. Wolfsohn vergessen, dass die BRD wegen der von ihr selbst verordneten Kinderarmut (= keine Kinder) gar keine Rekruten mehr ziehen kann, gibt es doch nicht einmal genügend Lehrlinge. Die Bundeswehr wurde von ihrem demokratischen Staat zum ungeliebten Kind, zum Bastard gemacht, der nicht dazu gehören sollte. Und die Rüstungsindustrie wurde zum Kriegsgewinnler und zum Mörder an Frauen und Kindern gemacht. Ohne Soldaten und Waffen kein Krieg! Im Dezember 2015 soll plötzlich alles anders werden? Wer kann das noch verstehen? Ja, Meinungen können kippen!!! Das wird auch Genossin Merkel noch spüren, die immer auf schon fahrende Züge aufzuspringen verstand.
5. »Vor Ort« – wird immer falsch gebraucht. Folgender Satz macht den Irrsinn deutlich: »Fast alle Menschen verließen ihren Wohnort vor den anrückenden feindlichen Truppen, aber einige blieben *vor* Ort.« Richtig nur: »…, aber einige blieben in ihrem Ort, also *am* Ort.« Also gerade nicht: »vor Ort«. Siehe auch: »Die Feuerwehr war *vor* Ort, konnte nicht an das brennende Haus heranfahren, und das Haus brannte ab.« Richtig: »Die Feuerwehr war *am* Ort, *an* Ort und Stelle, und löschte das Feuer.« »Die deutsche Wirtschaft vor Ort, aber die ausländische Wirtschaft …«?

Sprachliste Dezember 2015 – Teil 8

1. »Eine hübsche, junge Türkin, Lehrerin an einer deutschen Schule, verheiratet mit einem Türken, beide zum katholischen Glauben übergetreten.« – Beide sind in den Augen der katholischen Gemeinde keine Türken mehr, sondern zumindest Christen, man unterhält sich mit ihnen freundschaftlich.
2. »In allen islamischen Ländern herrscht Krieg.« – Wann wird er in der BRD ausbrechen? Denn der Islam gehört zur BRD.
3. »Diejenigen Deutschen, die Brände an Flüchtlingsunterkünfte gelegt haben, werden von der veröffentlichten Meinung verurteilt, nicht nur als Brandstifter, sondern als rechte Ausländerfeinde.« – Auch Stauffenberg wurde nach seinem Attentat sogar standrechtlich erschossen und bis zum 8.5.1945 in den Medien verurteilt. Wer weiß, wie die Brandstiftungen in 70 Jahren beurteilt werden?
4. »Über den Fall X recherchieren« (DLF) – richtig nur: »Den Fall X recherchieren.« Aber besser: »Den Fall X untersuchen.« »Recherchieren« klingt gebildeter und ist vor allem nicht deutsch, deutsch gehört abgeschafft. A. H. hat deutsch gesprochen.
5. »Kapitulation« – Frau Merkel kapituliert vor dem Ansturm der Flüchtlinge.
6. »Integration«, »Einbürgerung« – warum sprechen alle Menschen in der BRD von »Integration«, aber nicht von »Einbürgerung«, die letztlich von der politischen Klasse gewollt ist, um die Folgen der Abtreibungspolitik zu vertuschen? Weil die Menschen das Fremdwort »Integra-

tion« nicht verstehen und nicht erkennen, dass mehr als jeder achtzigste Einwohner Deutschlands ein Mensch mit fremden Wurzeln sein wird. Der DLF jubelte: »Die Einwohnerzahl Deutschlands steigt wieder.« Vielleicht werden die Flüchtlinge aber auch wie die Negersklaven angesehen, die vor 200 Jahren in die USA gelangten und zwar vom Staat eingebürgert, aber nicht in die Bevölkerung integriert wurden. Keiner fragt, warum die Flüchtlinge in ihren Herkunftsländern nicht für Frieden und gerechte Zustände kämpfen, sondern lieber das Risiko der Überquerung des Mittelmeeres auf sich nehmen. Sind diese Menschen keine Patrioten, sind sie Fahnenflüchtige? Wollen sie nur das risikoärmere, das bequemere Leben in Deutschland? Sind die Flüchtlinge Karrieristen? Warum fliehen ausgerechnet junge Männer, die zum Wiederaufbau in ihren Ländern gebraucht werden? Fragen, auf die die BRD-Politiker keine Antworten geben, aber auch nicht wissen.

7. »Gesetzwidrige Überschreitung der Grenzen der BRD« – die millionenfache Überschreitung der Grenzen der BRD ist ein Verstoß der Flüchtlinge gegen deutsche Gesetze. Aber auch die Duldung der Überschreitung der Grenze durch Flüchtlinge ist ein Verstoß der ach so rechtsstaatlichen BRD-Regierung gegen eigene Gesetze. Nun kennt zwar Not kein Gebot. Aber weder das Christentum noch das Völkerrecht noch das EU-Recht zwingen die BRD-Regierung, jede Bewertung des Risikos einer millionenfachen Einwanderung in die BRD bewusst zu unterlassen: Eine Million Einwanderer auf 80 Millionen Bürger. Jeder achtzigste Mensch in der BRD ist ein Ausländer!

Sprachliste Dezember 2015 – Teil 9

1. »Tragfähige Brücke« – eine Brücke ist immer tragfähig, ansonsten ist es keine Brücke.
2. »Schlägerei in einem Flüchtlingslager« – DLF sagt nicht, wer sich geschlagen hat und warum. Vielleicht war das BRD-Wachpersonal an der Schlägerei beteiligt? Denn, so der DLF im Nachsatz, das BRD-Personal soll besser ausgebildet werden.
3. »Kinder in Flüchtlingslagern vor sexuellen Übergriffen schützen« – Wer übt die Übergriffe aus? Andere Flüchtlinge oder das BRD-Personal? Die Medien schweigen.
4. »Mit brutaler Härte« – muss das Wort »Härte« mit »brutal« verstärkt werden?
5. »Stop-and-Go-Verkehr« (DLF) – richtig nur: »stockender Verkehr«.
6. »Ermittlungen einleiten« (DLF) – richtig nur: »ermitteln«.
7. »Die entscheidende Frage ist, ...« (DLF) – eine Frage ist nie entscheidend, sondern nur die Antwort oder keine Antwort.
8. »Den Flüchtlingen zu einer neuen Lebensperspektive verhelfen.« – Wichtig ist nicht eine Perspektive, sondern das zukünftige Leben.
9. »Der Einsatz der Bundeswehr im Inneren ist nach der gegenwärtigen Rechtslage ausgeschlossen, ihr Einsatz im Ausland bedarf einer rechtlichen Grundlage.« (BRD-Politiker) – Fragen sich die BRD-Politiker nicht, wie es geschehen konnte, dass die Französische Revolution 1789, die Oktober-Revolution 1917 und die friedliche Revolution in der DDR 1989 ohne Rechts-

grundlage auskamen? Vor einem übersteigerten Rechtsdenken kann nur gewarnt werden: Rechtsgrundlagen sind oft wandelbar und hilflos, deshalb wird die Gerechtigkeit in der Kunst immer mit Schwert und Waage, aber nie mit einem Gesetzbuch dargestellt. Hitler kam gemäß der Weimarer Reichsverfassung legal an die Macht, Tag von Potsdam.

10. »Ein Blinder kann einen Blinden nicht führen, beide würden in einen Graben stürzen.« – Sind die BRD-Politiker, besonders Bundeskanzlerin Merkel, nicht nur auf einem Auge, sondern auf beiden Augen blind? Alle anderen europäischen Politiker handeln angesichts der Flüchtlingskatastrophe anders als Frau Merkel, wer ist blind?
11. »Akute Lebensgefahr« – was ist »akut«? »Lebensgefahr« genügt.
12. »National« und »sozial« sind positive Wörter. – Warum ist die Zusammenfassung der beiden Wörter: »nationalsozial« negativ?
13. »X ist verantwortlich für ...« – Aber: »Die Entscheidung über ... ist verantwortbar.«
14. »Der Staat X will die Vereinten Nationen einschalten.« (DLF) – Das elektrische Licht kann man »einschalten«, aber die UN nur »anrufen«. Eine deutsche Sprache gibt es nicht mehr, aber Kauderwelsch.
15. »Tragendes Grundprinzip«, »Grundkonzept«, »Kernsubstanz« – siehe vorstehende Nr. 14.

Sprachliste Januar 2016 – Teil 1

1. »Grundvoraussetzung« – was bedeutet dieses Wort in Frau Merkels Neujahrsansprache 2015/2016?
2. »Tragisches Unglück« – was ist das? »Unglück« genügt.
3. »Wie groß ist die christlich-islamische Schnittmenge?« – »Schnittmenge« ist ein mathematischer Ausdruck, was hat er mit Christentum und Islam zu tun?
4. »Warum kann es keinen Ewigen Frieden geben?« – Weil das Rad der Geschichte nicht still steht, weil die Menschen, jeder einzelne Mensch, jedes Tier, jede Pflanze sich ständig in ihren Leben verändern. Es gibt und gab keinen dauerhaften Frieden weder in den Familien noch zwischen den Völkern. Und in Zukunft wird es nicht anders sein. Warum auch? Ein Blick nur in ein Geschichtsbuch für Schüler und in die ca. 2000 Jahre alte Bibel, die von Ereignissen berichtet, die sich schon um das Jahr 4000 v. Chr. zugetragen haben (Sintflut), geben die Antwort: »Der Mensch ist, wie er ist und er bleibt immer derselbe.«
5. »Teilaspekt« – entweder »Teil« oder »Aspekt«. Genauso sinnlos: »Eingangs-bereich« (»Eingang« genügt) und »atomarer Bereich eines Kernkraftwerkes« (Richtig: »atomarer Teil eines KKW«).
6. »BRD-Politiker suchen nach allseits befriedigenden und niemanden verletzenden ›Lösungen‹ und ›fordern Konsequenzen‹ z. B. bei Klimakatastrophen, beim Flüchtlingschaos, bei Grenzkontrollen, bei Streitigkeiten zwischen den Religionen, bei Bürgerkriegen.« – Aber solche »friedlichen Lösungen« gibt es bei den

Menschen, wie sie nun einmal sind, nicht. BRD-Politiker können sich nur bei rechtsextremen Neo-Nazis energische Maßnahmen (Verbot der NPD, Verunglimpfung der AfD) vorstellen. Bei allen anderen Streitigkeiten suchen sie nach »Lösungen« und fordern sie »Konsequenzen«, finden aber keine, und es gibt auch keine, weil es die nicht geben kann.

Wenn die BRD-Bevölkerung wegen der eingebürgerten Flüchtlinge wächst, können vielleicht die selbstgesteckten Klimaschutzziele nicht erreicht werden. Wie werden die grünen Umweltfanatiker und Flüchtlingshelfer entscheiden? Bio-Deutsche sterben am besten aus, so dass sowohl dem Umweltschutz als auch den Flüchtlingen Genüge getan werden kann, denn je mehr Menschen, desto mehr Müll und Umweltverschmutzung.

7. »Defensiv-Waffen« – dieses neue Wort haben sich BRD-Friedensfanatiker einfallen lassen. Jede Waffe kann der Verwundung oder gar der Tötung von Menschen dienen. Auch der Schild eines Ritters, der im Mittelalter kämpfte, war eine Waffe, denn sie schützte den Ritter und ermöglichte seinen Angriff. Auch feldgraue und schneeweiße Tarnanzüge für Soldaten, und Tarnfarben für Panzer dienen als Schutz und ermöglichen zugleich einen Überraschungsangriff.

Sprachliste Januar 2016 – Teil 2

1. »Frauen wurden in der Silvesternacht 2015/16 in Köln und anderen Städten von Nordafrikanern und Arabern beraubt und sexuell belästigt.« – Die BRD-Medien und BRD-Politiker, sogar der Bundesinnenminister, machen die fehlende Polizeipräsenz für diese Vorfälle verantwortlich. Über die Täter wird – abgesehen von ihrer Herkunft – nichts gesagt. Aber es wurde gesagt, dass auch deutsche Männer so handeln könnten. Dass diese Vorfälle letztlich von der flüchtlingsgeilen BRD-Kanzlerin und ihrer Entourage zu verantworten sind, wurde nicht gesagt. Diejenigen BRD-Menschen, die sich tröstend der Frauen annahmen, machten aber sofort deutlich, dass sie sich jede Anteilnahme von Seiten der Rechten verbäten.
   BRD-Politiker überlegen bereits, in welchen von den Deutschen entvölkerten Gebieten – vielleicht in Mecklenburg-Vorpommern – Asylanten, wenn auch nur vorübergehend, angesiedelt werden könnten, in den entvölkerten Gebieten gibt es aber kaum Arbeitsplätze. Wegen der hohen Kosten und des Grundstücksverbrauchs wollen die BRD-Menschen keine Olympischen Spiele in der BRD veranstalten, aber für Asylanten wird alles möglich gemacht. Keiner der BRD-Politiker kommt auf den Gedanken, ob nicht vielleicht Überbevölkerung in Nahost und Afrika, zugleich aber Entvölkerung in Europa der Grund für die Invasion in Europa ist. A. H's Größenwahn führte Europa an den Abgrund, Frau Merkels Größenwahn – kommt alle, die ihr mühselig und beladen seid, nach Europa – führt

in den Abgrund. Kein europäisches Land folgt Frau Merkels Untergangspolitik, alle schließen ihre Grenzen und machen eine konservative Politik, besonders Großbritannien und Polen. Das Wort »Ausschreitung« ist nur für Rechtsradikale reserviert, es wird nicht für die Kölner Vorfälle gebraucht. Im Übrigen, sind BRD-Politiker, die den Nachzug der Flüchtlingsfamilien verhindern, an den Vorfällen in Köln selbst schuld. Warum werden keine Kreuzfahrtschiffe nach Afrika oder in die Türkei entsandt, um dort alle Reiselustigen, insbesondere Frauen, abzuholen? Die Fahrt über das Mittelmeer wäre sicher, es gäbe keine Toten mehr, und noch mehr Flüchtlinge könnten integriert werden (ironisch gemeint).

Ein ernstzunehmender Gedanke ist folgender: Mit einem großen finanziellen Aufwand und einem großen menschlichen Einsatz der Deutschen könnten *vielleicht* die fremden und andersartigen Flüchtlinge dazu gebracht werden, ihre alten Sitten und Gebräuche aufzugeben und die deutsche Mentalität anzunehmen. Aber da die Grünen, Linken und Roten gegen alles, was deutsch ist, selbst vorgehen, wird vorstehender Gedanke nicht erfolgreich sein. Grüne, Linke und Rote wollen lieber das Andere, das Bunte. Sie wollen keine wirkliche *Integration* ins *Deutsche*.

2. »Austesten« – was ist das?

Sprachliste Januar 2016 – Teil 3

1. »Ab Januar 2016 bezahlt die BRD die Behandlung ungewollter Kinderlosigkeit auch bei unverheirateten Paaren, weil die unterschiedliche Behandlung von verheirateten und nicht-verheirateten Paaren nicht mehr zeitgemäß sei.« – Wann wird endlich die Ehe abgeschafft? Wir brauchen sie nicht mehr. Es geht alles auch ohne Trauschein. Kinder kommen sowieso in die Kita.
2. »PEGIDA-Demonstration und Gegendemonstration werden am 9.1.2016 in Köln mit massivem Polizeieinsatz beendet, nicht aber die vorangegangenen Gewalttätigkeiten an Silvester 2015/16.« – Wer kann diese Unterschiede noch verstehen? Über den Polizeieinsatz gegen Gegner des Vorhabens »Stuttgart 21« war sogar vor Gericht gestritten worden.
3. »Wie schön war doch die Welt, als Ägypten bis 1952 ein Königreich und Persien/Iran bis 1979 ein Kaiserreich waren!« – Ist seitdem irgendetwas besser geworden? Nein! Aber die dumpfbackigen BRD-Politiker und die BRD-Menschen sind immer froh, wenn Königreiche und Kaiserreiche ihr blutiges Ende finden. Nichts wird besser. Auch bei uns wurde nichts besser.
4. »Bundesfinanzdirektion West Service Center« – sogar Bundesbehörden benutzen jetzt schon unverständliches Englisch.
5. »Im Ostbereich des Landes X« – richtig: »Im Osten des Landes X.«
6. »a.a.O. (= am angegebenen Ort)« – diese Buchstaben finden sich oft in schriftlichen Abhandlungen (z. B. »Der Autor hat bereits a.a.O. gesagt, dass …«). Diese

Schreibweise und ihr Gebrauch sind richtig. Es heißt korrekt »am Ort«. Leider sagen heute alle BRD-Menschen und BRD-Politiker »*vor* Ort«, das ist falsch.

7. »Die Umsatzzahlen sind eingebrochen.« – Richtig: »Der Umsatz ist zurückgegangen.«
8. »Der Innenminister von Nordrhein-Westfalen versetzte den Polizeipräsidenten von Köln in den Ruhestand, weil dieser nicht energisch gegen randalierende Flüchtlinge vorgegangen war. Warum hat sich der Innenminister nicht *vor* seinen Polizeipräsidenten gestellt?« – Weil sich die öffentliche Meinung geändert hat: Die öffentliche und die veröffentlichte Meinung waren, zumindest bis Silvester 2015/16, ausländerfreundlich, aber danach ist sie ausländerskeptisch geworden. Und der Innenmister wollte immer auf der richtigen Seite stehen. So etwas hat es im deutschen Beamtenalltag noch nie gegeben. Der Innenminister hätte entlassen werden müssen.
9. »A. H.: Endsieg«; »Frau Merkel: Wir schaffen das!« – Immer dasselbe größenwahnsinnige Lied! Was meint Frau Merkel mit dem Wort: »Wir schaffen *das*«? Die Einbürgerung aller fremden Rassen? Das Ende Deutschlands und Europas? Deutschland schafft sich ab?

Sprachliste Januar 2016 – Teil 4

1. »Die dekadenten westlichen Staaten, die keine Soldaten mehr haben, wollen nur mit Geld das Flüchtlings-»Problem« und die nahöstlichen »Probleme« lösen. »Probleme lösen« und »Frieden schaffen ohne Waffen«, aber nur mit Geld, mehr können die Politiker nicht sagen.« – Aber was geschieht, wenn die westlichen Staaten wegen einer nie auszuschließenden Wirtschaftskrise kein Geld mehr haben und es im eigenen Land zu Unmutsäußerungen über Flüchtlinge und den Islam kommt?
2. »Der BRD-Innenminister sagt: »Wir werden dem Terrorismus nicht weichen.« – Warum sagt er nicht: »den Terrorismus bekämpfen.«?
3. »Sonderkommission« – richtig nur: »Kommission«.
4. »Vorwarnen« – richtig nur: »warnen«. Im Krieg gab es zwar den »Voralarm« mit eigenem Sirenengeheul, aber der besagte nur, dass es vielleicht zu einem Hauptalarm kommen könne, man wusste nicht, welches Ziel die feindlichen Bomber hatten.
5. »Repräsentative Umfrage« – eine Umfrage muss repräsentativ sein, sonst ist es keine.
6. »Einplanen« – richtig nur: »planen«.
7. »In den westlichen Demokratien wird alles in Frage gestellt.« – Auf alles gibt mindestens zwei Antworten, aber keine Orientierung. Eine solche Gesellschaft kann nicht existieren.
8. »Unmittelbar nach dem 8.5.1945 durften in Sachsen deutsche Polizeibeamte keine Pistolen tragen. Wenige Wochen später durften sie es wieder.« – Mir war als

Achtjährigem dieser schnelle Wandel, veranlasst durch die Besatzungsmacht, unerklärlich. Heute verstehe ich diesen Wandel: Ohne bewaffnete Polizei kommt kein Staat, auch keine Besatzungsmacht, aus, aber den Linken, Grünen und Roten ist jede Uniform verdächtig.

9. »0,8 Mio, 1,0 Mio, 1,1 Mio sind die Zahlen für Flüchtlinge, die 2015 in die BRD kamen.« – Die Flüchtlingsverwaltungen haben natürlicherweise im Laufe des Jahres zu geringe Zahlen genannt. Zugleich sagen fast alle BRD-Politiker, wenn auch verklausuliert, sie würden am liebsten gar keine Flüchtlinge mehr aufnehmen, aber die Rechtslage zwinge sie dazu. Eigenartigerweise werden osteuropäische Staaten vom Völker- oder EU-Recht nicht gezwungen. Von Kriegsdienstverweigerern wurde verlangt, dass sie ihr Gewissen prüfen und dann entscheiden, ob sie den Wehrdienst verweigern oder nicht verweigern. Warum prüfen BRD-Politiker nicht ihr Gewissen? Sie haben mit ihrem Amtseid geschworen, nach bestem Wissen und Gewissen zu regieren, in Wahrheit verstecken sie sich nur hinter Rechtsvorschriften.
10. »Deutsche sind gegen Rechts, aber tolerant gegenüber dem Islam, der die Grundlage des Islamismus ist.« – Sie wissen nicht, dass es eine Gerechtigkeit ohne das Schwert nicht gibt.

Sprachliste Januar 2016 – Teil 5

1. »Angesichts der Krise in den 30ern des 20. J's war es verständlich, dass das deutsche Volk rief: »Führer, komm, wir folgen dir.« – Angesichts des heutigen Flüchtlingschaos würde das deutsche Volk wieder so rufen, aber alle sind eingedenk dessen, dass der größte Feldherr aller Zeiten Deutschland an den Rand des Ruins gebracht hat. Nachdem jetzt alle Politiker, außer Frau Merkel und den Roten, Linken und Grünen, die mit Willkommenskultur aufgenommen Flüchtlinge wieder loswerden wollen, aber keiner weiß, wie, erinnerte ich mich eines Erlebnisses: Ca. 1946 wollte ich in Syrau/Sachsen zusammen mit anderen Besuchern die dortige Tropfsteinhöhle besichtigen. Der Führer, der sich etwas verspätet hatte, wurde mit dem Ruf: »Führer, komm, wir folgen dir!« aufgefordert, endlich zu kommen. Die wartenden Besucher brachen in ein schallendes Gelächter aus. So unverkrampft ging man damals mit der deutschen Geschichte um. Heute wäre auf den spöttisch gemeinten Ruf nur ein betretenes Schweigen gefolgt.
2. »1987 entschied das BVerfG: ›Es besteht die verfassungsrechtliche Pflicht, die Identität des deutschen Staatsvolkes zu erhalten.‹« – Heute, im Zuge der Globalisierung, würde das BVerfG nicht mehr so apodiktisch entscheiden. Aber damals war das noch möglich.
3. »Die BRD hat kein Bundespropagandaministerium.« – Deshalb sind alle amtlichen Verlautbarungen ungereimt: Die Bundeswehrflugzeuge, die in Nahost als Aufklärungsflugzeuge eingesetzt werden, dienen nicht dem Kampf gegen den IS, sondern unterstützen ledig-

lich die Atommacht Frankreich. Warum gilt der Einsatz nicht dennoch dem IS? Weil die Flugzeuge keine Angriffe mit Bomben fliegen. Dümmer geht es nicht. Warum heißt das Verteidigungsministerium der BRD nicht Kriegsministerium? Ist ein Verteidigungskrieg kein Krieg? Genosse Stalin nannte den Krieg 1941/45 den Großen Vaterländischen Krieg. Und die gefallenen Soldaten der ruhmreichen Sowjetarmee werden ›Helden‹ genannt. All das ist in der BRD in Bezug auf deutsche Kriege und Soldaten unvorstellbar. Und das Verteidigungsgerät der Bundeswehr ist dank der Ministerin Dr. med. von der Leyen ein einziger Schrotthaufen geworden. Eine Verteidigung auch gegen waffenlose Einwanderer ist nicht möglich. Bedarf es noch mehr Beweise, dass Europa zusammen mit der EU untergehen wird? Nein! Alle Staatsformen: Kaiserreiche, Diktaturen sind gescheitert, auch Demokratien und Rechtsstaaten werden in den nächsten Jahren scheitern. Warum? Weil nicht die Staatsformen gut oder schlecht sind, sondern weil Regierende und Regierte gut oder schlecht sind. Nicht der Schultyp ist entscheidend für die Leistungen der Schüler, sondern es ist das Milieu, aus dem die Schüler kommen, und es sind die Qualitäten der Lehrer, die an der Schule unterrichten. Die Bildungsfanatiker können sich noch so viele Schultypen ausdenken. Entscheidend sind die Qualitäten von Lehrern und Schülern.

Sprachliste Januar 2016 – Teil 6

1. »Grenzmanagement« (Einrichtung, um Flüchtlinge nur noch begrenzt einreisen zu lassen) – hätten die BRD-Politiker kein deutsches, verständliches Wort wählen können? Nein, denn sie wollen nicht, dass das Volk sie versteht. Begeisterte EU-Politiker sehen in einem Grenzmanagement sogar eine Einschränkung des freien Warenverkehrs innerhalb der EU. Aber der lebhafte Handel zwischen der EU und der Schweiz zeigt, dass Grenzkontrollen den Handel zwischen den Staaten nicht beeinträchtigen können.
2. »Mit der im Bürgerkrieg befindlichen Türkei will die BRD-Kanzlerin enge Beziehungen herstellen, damit die Türkei die BRD gegen Bezahlung bei der Beseitigung des Flüchtlingschaos unterstützt.« – Gegen Putin werden Sanktionen wegen der Ukrainekrise verhängt, aber nicht gegen die Türkei wegen ihres Bürgerkrieges. Die Türkei soll sogar in die EU aufgenommen werden. Wer kann diese BRD-Politik noch verstehen?
3. »Die Börsenkurse sind wieder abgestürzt.« – Warum diese Dramatisierung? Und »abstürzen« kann man nur einmal, nicht »wieder«! Wann hören die Deutschen endlich auf, deutsch zu sprechen, so dass die gute deutsche Sprache nicht mehr so erniedrigt werden kann? Deutsche, sprecht endlich nur noch englisch. Aber auch das wäre schade für die gute englische Sprache. Kein Deutscher spricht korrekt englisch, schon gar nicht BRD-Politiker. Deutsche, schweigt endlich!!!
4. »Ein Erlebnis: Ich weiß jetzt, warum Kriege geführt werden!« – Eine Arztpraxis verwendet auch zwei Jahre

nach der EU-weiten Einführung des SEPA-Überweisungs-/Zahlscheins noch immer nicht die leserfreundliche Schreibweise für das Empfänger-Konto: Die Kontonummer ist in Vierergruppen zu schreiben. Die Rechnungsschreiberin schreibt auch in Vierergruppen, aber erst nach der zweiten Stelle. Die Ärztin verlangte von mir in barschem Ton, nachdem ich sie auf die schlecht lesbare Schreibweise aufmerksam gemacht hatte, dass ich, als kluger Mensch, doch wohl in der Lage sei, die lange Konto-Nr. richtig zu schreiben, auch wenn die Vorlage schlecht sei und änderte ihre falsche Schreibweise nicht. So dickköpfig und selbstherrlich sind auch Politiker und Kriegsherren, die uns in Kriege führen.

5. »Die klugen Politiker der Schweiz haben zwei Weltkriege vermieden und werden i. J. 2016 das Flüchtlingschaos in Europa und dessen unabsehbare Folgen vermeiden.« – Warum? Weil die Schweizer Politiker bessere Schulen besucht haben.
6. »Der Diktator X kämpft mit brutalster Gewalt gegen sein eigenes Volk und schlachtet die Zivilbevölkerung, besonders Frauen und Kinder ab« (dies ist die primitive Redeweise deutscher Medien). – Aber kein Diktator ist fähig, ganz allein gegen sein ganzes Volk zu kämpfen. Aus eigener Erfahrung sollten zumindest die BRD-Menschen wissen, dass jeder Diktator von wenigstens ca. 50 % der Bevölkerung unterstützt wird.

Sprachliste Januar 2016 – Teil 7

1. »Zentrum für Nervenheilkunde« – warum nicht: »(Arzt-)Praxis für Nervenheilkunde« oder »Institut für Nervenheilkunde«? »Zentrum« ist ein nichtssagendes Wort.
2. »Hot Spot«, »Transitzonen« – Vokabeln, die kein Bürger verstehen soll.
3. »Die Nachrichtensendungen der BRD-Sender enthalten nur noch Negativnachrichten: über die Flüchtlinge, über die schlechte Lage der Bundeswehr, über die Attentate der Islamisten und über die schlechte Wirtschaft in der EU.« – Wann werden BRD, Rechtsstaat und EU scheitern und die Völker im Chaos versinken?
4. »Wintershall AG, Tochterunternehmen der BASF« – der Südwestrundfunk sagt natürlich nicht: Winters-hall (gesprochen mit Zwischenraum), sondern englisch: Winters-holl. Nicht nur die Nachrichtensprecherinnen sind ungebildet und englischgeil, sondern auch die Regierung, die die größte Gefahr für die BRD in den Rechten sieht, aber nicht im Islam und der Überfremdung. Wie will die BRD die Millionen Fremden wieder loswerden? Am besten gar nicht.
5. »In den Standesamtsnachrichten einer Kleinstadtzeitung tragen nur noch die Verstorbenen deutsche Namen. Die Vor- und Zunamen der Neugeborenen und der Frischvermählten sind meistens ausländisch.« – Die Linken, Grünen und Roten haben ihr Ziel fast erreicht: Ausrottung alles Deutschen.
6. »Links (im Elsass) und rechts (in Baden) des Rheins liegen in nur 24 km Entfernung zwei vergleichbare

Kleinstädte: die eine Stadt hat keine Flüchtlinge, in der anderen sind 2,5 % der Einwohner Flüchtlinge. Frankreich hat viele Arbeitslose, Deutschland sehr wenige. Warum diese Unterschiede im vereinten Europa?« – Weil die Menschen eben doch anders reagieren und anders sind. Das wollen die Roten, Grünen und Linken nicht wahrhaben.

7. »Herr X, der langjährige Gründer der Fa. Y, hat …«. »Frau X hat in der Flüchtlingshilfe aktiv mitgearbeitet.« – Einen »langjährigen Gründer« gibt es nicht. »aktiv mitarbeiten« gibt es auch nicht: »Frau X hat den Flüchtlingen geholfen.« Das Deutsch der Deutschen ist unerträglich geworden!
8. »Am 14.10.1915, also vor ca. 100 Jahren, erhielt mein Vater als Oberprimaner eine Prämie vom Kultusministerium überreicht. Die Prämie war ein Buch: ›Ritter, Tod und Teufel‹, Kriegsgedichte von Rudolf Herzog. Eine Zeile lautet: ›Für Deutschlands Leben – sterben.‹ (S. 41)« – Das versteht 100 Jahre später kein Deutscher mehr, auch kein BRD-Politiker. So sehr ändern sich die Zeiten: »Deutschland muss leben, und wenn wir sterben müssen« steht auf einem Kriegerdenkmal in Hamburg, das von linken Chaoten mit Farbbeuteln verschmiert wurde. Die gefallenen deutschen Soldaten starben den Heldentod. Heute töten Islamisten sich selbst und Christen. Sie werden von dekadenten Westlern als Selbstmordattentäter bezeichnet. Aber sie töten sich und andere gem. dem Willen Allahs. Die Westler sind wieder Fatalisten geworden. Sie tun nichts gegen den Islam.

Sprachliste Februar 2016 – Teil 1

1. »Security Point« – für die Fastnachtstage wird in Köln zum Schutz deutscher Frauen vor Übergriffen durch Nordafrikaner und andere ein Security Point eingerichtet. Warum verwendet die deutsche Verwaltung einen englischen Ausdruck? Der Point soll doch deutschsprechenden Frauen dienen? Gibt es keinen deutschen Ausdruck für das, was die Verwaltung will?
2. »Abbremsen« – was ist das? Im Deutschen gibt es nur »bremsen« und die »Bremse«.
3. »Ertrag«, »Gewinn«, »Profit« – mit Wörtern kann man Politik machen.
4. »Am 1.2.2016 sagt die Bundeskanzlerin, alle Flüchtlinge müssten in ihre Heimatländer zurückkehren, wenn dort wieder Friede eingekehrt ist.« – Warum hat sie das nicht schon zu Beginn der Flüchtlingswelle 2014/15 gesagt? Aber an die Rückkehr glaubt die Bundeskanzlerin selbst nicht mehr, eher geht sie selbst.
5. »X und Y sprachen über die Menschenrechtslage in Y-Land.« (DLF) – Richtig: »... sprachen über die Menschenrechte in ...«
6. »Begründeter Verdacht« (DLF) – jeder Verdacht ist »begründet«, sonst ist es kein Verdacht, aber ein Verdacht ist noch kein Beweis. Der Verdacht kann sich als falsch, als gegenstandslos erweisen.
7. »BRD zahlt sinnlos Milliarden EURO für Flüchtlinge, die in Lagern in Nahost leben, weil sie nichts anderes tun kann und will.« – Wann wird die BRD, die sich um fremde Bürgerkriege und um fremde Flüchtlinge zu Lasten des deutschen Staates kümmert, unter dieser

Last zusammenbrechen? Die Volkstumskämpfe zwischen Dänen und Deutschen, und Polen und Deutschen, und Tschechen und Deutschen, und Italienern und Deutschen, und Franzosen und Deutschen wurden immer militärisch und mit Terror beendet – aber nicht nur von den Deutschen. Zur Anwendung von Gewalt ist die dekadente BRD im jetzigen Flüchtlingschaos nicht mehr willens und in der Lage, sie will alles mit Geld regulieren und wird scheitern, wie Deutschland 1945 letztlich und für immer gescheitert ist. Die Bewaffnung der Grenzpolizei ist nur Attrappe. Die Einbürgerung fremder Völker mit anderen Religionen und anderen Sitten und Gebräuchen in eine dekadente BRD-Gesellschaft wird zu neuen innerdeutschen Bürgerkriegen führen und zum Ende Deutschlands. Warum sollte es anders kommen? Moscheen werden gebaut, christliche Kirchen umgewidmet. Schon jetzt ist jeder Achte, der in der BRD lebt, ein Ausländer. Ein Klassen- und Rassenkampf ist programmiert und nicht mehr zu vermeiden: Konservative Deutsche gegen Gutmenschen, ein Teil der Flüchtlinge gegen einen anderen Teil. Die BRD wird zum Balkan und verschwindet von der Landkarte.

8. »Der in wilder Ehe lebende Bundespräsident Gauck setzt sich für die Familienzusammenführung von Flüchtlingen ein.« – Gauck wäre ein Philosoph gewesen, wenn er geschwiegen hätte (lateinische Redewendung: »O si tacuisses, philosophus mansisses«).

Sprachliste Februar 2016 – Teil 2

1. »BRD-Fahndungsbeamte veröffentlichen ein Fahndungsfoto, auf dem das Gesicht des Gesuchten aber unkenntlich gemacht worden ist.« – Was soll dieser Unsinn?
2. »Der Genozid des IS an Christen muss geahndet werden.« (Forderung des EU-Parlaments) – Nur »ahnden«? Warum nicht »Mit Waffengewalt verhindern«? Mit solchen Formulierungen werden die Dekadenz und der Untergang Europas deutlich. Bis 1989 hat sich Europa mit Atombomben verteidigen wollen. Wie hat der Westen in der Berlin- und in der Kuba-Krise gehandelt? Und heute?
3. »Richtiger« – Steigerung von »richtig« gibt es nicht: 1+1=2. Was ist richtiger?
4. »X-Stadt ist eine zentrale Drehscheibe des Verkehrs.« – Eine Drehscheibe ist immer zentral.
5. »Unter bestimmten Bedingungen …« – Gibt es auch unbestimmte Bedingungen?
6. »Solide Grundlage« – eine Grundlage ist immer solide, sonst ist es keine Grundlage. Natürlich darf man sagen: »schlechte Grundlage«.
7. »Werte« – dieses Wort ist im Plural so sehr abgegriffen, dass es heute inhaltsleer geworden ist.
8. »Das kleine und isolierte Land Nordkorea baut Langstreckenraketen und erforscht das Weltall.« – Was macht Europa? Es protestiert gegen das Handeln der nordkoreanischen Regierung und gibt sein Geld für Flüchtlinge aus, aber nicht für Militär und Forschung. Europa ist schon gestorben.

9. »Ein Blick in einen Schul-Atlas aus dem Jahre 1910 zeigt, was Deutschland und Österreich seit 1918 verloren haben: Elsass-Lothringen, Nordschleswig, Ost- und Westpreußen, Hinterpommern, Schlesien, Böhmen und Mähren, Krakau, Lemberg, Czernowitz, Laibach, Triest, Dalmatien, Trient. 100 Jahre später gehen Deutschland und Österreich wegen des ungehinderten Zustroms von Flüchtlingen endgültig unter.
10. »A. H. hat nach 1933 alle staatlichen und privaten Einrichtungen, z. B. Presse, gleichgeschaltet.« – Das stimmt nicht: Alle Menschen und Einrichtungen haben sich nach 1933 selbst und freiwillig gleichgeschaltet. Genauso wie sich 2016 alle für die Flüchtlingspolitik der Agit-Prop-Frau Merkel einsetzen – ohne jede Zwangsmaßnahme. Die BRD spricht nur noch mit *einer* Stimme. Die Demokratie ist abgeschafft. Rette sich, wer kann!
11. »Die Grünen fordern zum Schutz der Schlachttiere, dass in der BRD kein Fleisch mehr gegessen werden darf. Fleisch soll zusätzlich besteuert werden (Güllesteuer) (DLF).« – Auch A. H. soll Vegetarier gewesen sein. Er war auch Nichtraucher. Die BRD geht herrlichen Zeiten entgegen, wenn die Extremen an die Macht kommen. Der Staatssender DLF berichtet über die gröbsten Irrungen der Extremen. Vernunft kommt im DLF selten zu Wort.

Sprachliste Februar 2016 – Teil 3

1. »In Kulturen, die den Europäern fremd sind, werden Mädchen beschnitten.« – Die einfältigen Europäer finden die Genitalverstümmelung entsetzlich, aber sie sagen nicht einmal: »Nicht in Europa!« Die einfältigen Europäer lassen in ihrem Land alles Fremde gewähren. Auch die Beschneidung von Buben. Sie wenden nicht einmal ihre eigenen Gesetze zum Schutz ihrer Grenzen an, sie winken alles Fremde herein und verweisen die Fremden nicht darauf, sich selbst zu helfen. Warum sollen die Europäer helfen, wenn die Fremden sich nicht selbst helfen wollen oder helfen können, aber jede europäische Hilfe zum Nachteil des eignen Landes führen kann und voraussichtlich auch führen wird? Wo ist die Rechtsstaatlichkeit, wo ist der Rechtsstaat? Bundespräsident und die Bundeskanzlerin sagen: Wir helfen, aber allen können wir nicht helfen.« Das sind rhetorische Nebelkerzen, die keine Entscheidungshilfen für einen handlungsfähigen und -willigen Grenzbeamten sind.
2. »Ein 94 Jahre alter SS-Mann ist angeklagt wegen 170.000-fachen Mordes in einem KZ.« – Gegen *einen* SS-Mann geht die deutsche Justiz ohne Mitleid vor, aber gegen Millionen von Flüchtlingen, die zum Schaden des eigenen Landes sind, tut der sog. »Rechts«staat nichts (Außerachtlassen der Grenzschutzgesetze). Thomas v. Aquin: »Gerechtigkeit ohne Barmherzigkeit ist Grausamkeit, Barmherzigkeit ohne Gerechtigkeit ist der Untergang.«
3. »Der weiße Mann ist zu Beginn des 21. Jh's am Ende.« – Er hat nicht mehr genügend eigene Kinder, um sich ver-

teidigen zu können, seine Religion und seine Philosophie (Rechtsstaat, Demokratie) sind nicht aufs Kämpfen angelegt, sondern aufs Aufgeben des Eigenen.

4. »In Syrien wird Krieg mit aller Brutalität geführt« (BRD-Außenminister). – Krieg ist immer brutal. Unsere Politiker können nur noch schwätzen.
5. »Der Staat Israel ist von Feinden umgeben.« – Aber er ist der sicherste Staat der Welt.
6. »Marx, Engels, Lenin, Stalin, Mao, Mussolini.« – Über diese Männer spricht heute niemand mehr, aber A. H. ist in der BRD unsterblich, er dient immer noch dazu, genau das Gegenteil seines damaligen Handelns oder Nichthandelns in der heutigen Politik zu fordern und zu tun. Es muss heute das Gegenteil von dem getan werden, was A. H. zu seiner Zeit getan hat oder getan hätte (z. B. in der Flüchtlingskrise).
7. »Papst Franziskus hat lt. *Die Tagespost* vom 11.2.2016 gesagt: ›Ich habe den Eindruck von Verzagtheit und Alterung eines Europas, das wie eine Großmutter wirkt: nicht länger fruchtbar und vital.‹« – Ein vergreisender Kontinent, der sein Selbstbewusstsein und seinen Optimismus verloren hat, je mehr sich sein fortschreitender Machtverlust in der globalisierten Welt abzeichnet. Die Bürger verloren in der wirtschaftlichen Krise das Vertrauen in die EU.

Sprachliste Februar 2016 – Teil 4

1. »Die Kriegsschuldforschung hat die Nationalitätenstreitigkeiten auf dem Balkan als eine Ursache für den WK I ermittelt.« – Die vielen Nationalitäten, die im Zuge der gegenwärtigen Völkerwanderung in die BRD kommen, werden zu finanziellen Spannungen in der BRD und schließlich zu einem Bürgerkrieg führen, der BRD und EU zum Scheitern bringen wird. Der Krieg beim Zerfall Jugoslawiens ist ein weiteres Beispiel dafür, dass unterschiedliche Völker nicht zusammen leben wollen und nicht zusammen leben können.
2. »Ärzteteams sollen helfen« – richtig: Ärzte sollen helfen.
3. »Intimus« (DLF) – DLF betont in seiner Dummheit das zweite »i«, Ton liegt aber auf dem ersten »I«.
4. »Die BRD ist so sehr gleichgeschaltet, dass trotz angeblicher Pressefreiheit im angeblich demokratischen Staat kein beachtenswertes Medium Merkels Einbürgerungspolitik kritisieren darf.« – Nach dem 8.5.1945 schrieben alle Blätter gegen A. H., aber noch vor dem 8.5.1945 unterstützten alle A. H.
5. »Humanitäre Hilfe« – Was ist das? Hilfe für Menschen?
6. »Integration« – was ist das? Sogar die Russlanddeutschen, die ca. 1990 nach Deutschland gekommen sind, fühlen sich zwar als Deutsche, aber ihre Heimat, z. B. Kasachstan, können sie nicht vergessen, die Verbindungen dorthin reißen nicht ab. Um wie viel weniger werden die Verbindungen der sog. Flüchtlinge zu ihren Ursprungsländern abreißen! Preußen hat vor ca. 200 Jahren Krieg gegen Sachsen geführt – aber zwischen

den Deutschen und den Islamgläubigen soll es in Deutschland ewigen Frieden geben? So dumm können nur Demokraten sein! Gegen Demokraten helfen nur Soldaten. Die schlechten Geschichtskenntnisse und die geringe Allgemeinbildung der BRD-Politiker werden zum Untergang der BRD führen.

7. »Black box« – Fahrten- und Flugschreiber.
8. »Demokratie« – Herrschaft des Volkes. Aber was ist, wenn das Volk schlecht gewählt hat und seine Repräsentanten schlecht regieren? Dann scheitert die Demokratie wie in der BRD im Jahre 2016. Vanae voces populi non sunt audiendae (Auf die schwankende Stimmung des Volkes darf niemand hören).
9. »Malthus«, engl. Nationalökonom – DLF spricht den Namen in seinem unglaublichen Fanatismus für alles Englische natürlich englisch aus, obwohl ein Deutscher, der gelernt hat, dass der Name des Engländers in Deutschland deutsch ausgesprochen wird, weil der Name in Deutschland eingebürgert wurde, den englisch ausgesprochenen Namen gar nicht versteht. DLF bereitet den Untergang der deutschen Kultur vor. Deutschland verrecke.
10. »Angloamerikanische Terrorbomberangriffe zerstörten am 13.2.1945 und 14.2.1945 Dresden (35.000 Tote).« – An jedem 14.2. gedachten Konservative der sinnlosen Zerstörung und der Toten. Linke störten immer mit Gegendemonstrationen. Aber am 13.2.2016 gedachten auch die Linken der toten Bombenopfer, aber auch der NS-Opfer. Gemeinsam konnten Linke und Rechte nicht trauern.

Sprachliste Februar 2016 – Teil 5

1. »Die BRD ist hilflos ihrer eigenen Flüchtlingspolitik ausgeliefert und hofft, dass Türkei, Balkanstaaten und osteuropäische Staaten es schon irgendwie richten werden.« – Die BRD wird auf ihren mehr als 1 Mio. Flüchtlingen sitzen bleiben. Die BRD kann sie nicht integrieren. Die Russen bombardieren weiterhin syrische Städte, um Assad die Möglichkeit zu geben, ganz Syrien wieder zu beherrschen. Die dekadenten Europäer wollen die Bombardements beendet wissen, ohne zu fragen, ob die Bombardements Assads Gegnern oder seinen Freunden dienen. Die Europäer werden sich klammheimlich freuen, falls die Bombardements dazu führen sollten, den Flüchtlingsstrom nach Europa zu beenden. Aber die Europäer wollten sich nicht selbst die Hände schmutzig machen. Sie lieben nicht nur den Nächsten, wie es in der Bibel steht, sondern gerade den Fernsten und richten sich damit selbst zu Grunde. Schuld an allem ist die Schul- und Bildungspolitik der BRD, die den Kindern, Schülern und Studenten ein falsches Menschenbild vermittelt: Friede, Freude, Eierkuchen, aber nicht Arbeit, Kampf, Tragik, Leben und Tod. Wenn jeder achtzigste Deutsche ein Ausländer ist, verliert das Deutsche 1/80 seiner Eigenart. Und womit werden die Deutschen bereichert? Mit dem Islam, mit Selbstmordattentätern oder mit der Fähigkeit, Bürgerkriege zu führen? Die Streitigkeiten der Deutschen mit Polen und Tschechen im 20. Jh. sollten Flüchtlingsfreunden und den Bereicherungspolitikern zu denken geben. Deutschland geht unter!

2. »A. H's Größenwahn war A. Merkel keine Warnung bei ihrer größenwahnsinnigen Flüchtlingspolitik.« – Unter Einsatz seines Lebens kämpfte der deutsche Widerstand gegen A. H. Ein solcher Einsatz ist A. Merkel fremd, sie hätte doch nur die Grenze gegenüber Österreich gemäß den deutschen Gesetzen schließen müssen, können und dürfen, ohne Tote befürchten zu müssen, denn die Fremden wären gar nicht erst gekommen, hätte man ihnen keine falschen Hoffnungen gemacht. Zu allem Übel hat A. Merkel auch noch die EU und deren Grenzgesetze zerrüttet. Was kümmert sich A. M. um den Bürgerkrieg in Syrien? Will sie sinnlose Entwicklungshilfe leisten und die Ursachen fremder Bürgerkriege beseitigen? Womit? Beim Bürgerkrieg in Libyen war sie zurückhaltend, warum nicht in Syrien?
3. »Konsequente Aufklärung« – eine Aufklärung muss immer konsequent sein.
4. »Indigen« – warum nicht: »eingeboren« oder »einheimisch«?
5. »NATO« (North Atlantic Treaty Organization) – kein Deutscher käme auf den Gedanken, diese engl. Abkürzung englisch auszusprechen. Aber neuere engl. Abkürzungen (z. B. NGO) werden in den Medien englisch ausgesprochen. Warum? Angeben und klüger sein wollen! Die eigene Sprache nicht mehr achten.
6. »Es macht Sinn.« – Früher sagte man: »Es hat Sinn.« Nur diese Formulierung ist richtig, nur sie »hat« einen Sinn! Warum? Einen Sinn »machen« bedeutet: einen Sinn geben (subjektiv), aber einen Sinn »haben« ist objektiv.

Sprachliste Februar 2016 – Teil 6

1. »Islamische BRD« – das will der Islam mit seinen Flüchtlingen erreichen. Die Politiker der BRD lassen alle und alles gewähren, weil sie alles Deutsche hassen – Selbsthass.
2. »Kopftuch für muslimische Frauen?« – Es gibt genauso viele Argumente dafür wie dagegen. Warum darf der Wille der Mehrheit der BRD-Menschen nicht entscheiden: Wir *wollen* es oder wir *wollen* es nicht? Die politische Klasse befürchtet, dass vielleicht die Mehrheit sich gegen das Kopftuch ausspricht. Aber die BRD-Menschen dürfen auf Grund ihrer NS-Vergangenheit anderen doch nicht ihren Willen aufzwingen! Mit diesem Argument gibt sich Deutschland selbst auf. Aber über 90 Jahre alte NS-Täter werden unbarmherzig gerichtlich verfolgt, jeder Prozess wird zum Schauprozess.
3. »Die größte Schleuserin und Schlepperin für die Einwanderer aus dem Nahen Osten und Nordafrika ist A. Merkel mit ihrer Willkommenskultur.« – Das will keiner wahrhaben.
4. »Die EU-Verhandlungen gehen in die Verlängerung.« (DLF) – Sprachlich richtig: »Die EU-Verhandlungen ziehen sich in die Länge« oder »... werden verlängert«.
5. »Die BRD ist gegen Islamisten, aber nicht gegen die Türkei, die am besten in die EU aufgenommen werden sollte, um das Flüchtlingschaos beenden zu helfen.« – Wer weiß, wie islamistisch die Türkei noch werden wird (Sultan Erdogan)?
6. »Wegen ihres rechtsstaatlichen und humanitären Fana-

tismus (Grenzen dürfen gemäß EU-Recht und zum Schutz des Lebens der Flüchtlinge nicht geschlossen werden) hat die EU die Seegrenze Griechenlands nicht geschlossen.« – Nun kann sich die EU, die ihren eigenen Nachwuchs abtreibt, des Bevölkerungsdruckes der islamischen Welt nicht erwehren. EU und BRD werden scheitern, denn sie können aus Millionen Fremden keine Deutschen oder Europäer machen. So wie auch die Balten aus den Russen, die im Baltikum leben, auch nach 25 Jahren noch keine Balten haben machen können. EU und BRD zerstören sich selbst.

7. »Alle Staaten verfolgen ihre eigenen Interessen, aber die BRD verfolgt immer die Interessen anderer.« – Das wird nicht gut gehen.
8. »Wir tun alles, was wir können, um X zu erreichen.« – »was wir können« ist überflüssig.
9. »Der Schlüssel zur Lösung von Problemen ist ...« – Welch ein sprachlicher Unsinn! Solche Sprecher sind reif für die gute alte deutsche Hilfsschule.
10. »Menschrechtsfeindlich« – richtig nur: »menschenfeindlich«. Die BRD wird am Rechtsstaat scheitern.

Sprachliste Februar 2016 – Teil 7

1. »Die Silvesternacht 2015/2016 in Köln (Auseinandersetzung zwischen sog. Flüchtlingen und deutschen Frauen) und die Ereignisse Mitte Februar 2016 in Sachsen (Auseinandersetzung zwischen sog. Flüchtlingen und der Polizei) zeigen die Unfähigkeit der BRD-Politiker, Sicherheit und Ordnung in der BRD zu gewährleisten: Medien und Politiker verurteilen die Polizei, weil sie in einem Fall zu wenig, im anderen Fall zu viel getan hat. Politiker schämen sich sogar für dieses Verhalten, obwohl sie selbst für alles verantwortlich sind.« – Wie lange kann dieser Staat, der nur noch die sog. Flüchtlinge, aber nicht mehr die eigenen Bürger sieht, noch existieren? Der Staat muss sein Gewaltmonopol behalten, sonst geht er unter. Das wussten A. H. und Stalin. Deshalb richteten sie KZ und Archipel Gulag ein, denn ihre Opposition war ihnen zahlenmäßig zu groß und intellektuell überlegen. Wenn ein Volk über grundsätzliche Dinge (z. B. Invasion von Flüchtlingen) zerstritten ist und keine Mehrheit (nur 50:50) vorhanden ist, kommt ein Diktator oder aber das Volk zerbricht. Demokratie und Rechtsstaat können dies nicht verhindern.
2. »Die etablierten BRD-Parteien verbreiten Hasspredigten gegenüber Gegnern der BRD-Flüchtlingspolitik mit einem Vokabular, das niemals gegenüber der RAF (Rote Armee Fraktion), ihren Morden oder gegenüber linken Gewalttätern angewendet wurde (hasserfüllte Meute, Verrohung, Exzess).« – Mit diesem Vokabular spalten die etablierten BRD-Parteien das Volk.

3. »Nevada« (US-amerik. Bundesstaat) – DLF versucht, diesen Namen englisch auszusprechen, obwohl er im Deutschen wie im Englischen so wie geschrieben auch ausgesprochen wird.
4. »Bundestrojaner: Computervirus, der bei der Verfolgung von Straftaten von BRD-Behörden eingesetzt werden darf.« – Einige linke BRD-Politiker sind aus rechtlichen (!) Gründen gegen diesen Einsatz, wie auch fast alle BRD-Politiker gegen ein Ende der Flüchtlingsinvasion sind. Diese Politiker verkennen die Wirklichkeit in der Welt und sagen: »Der gute Zweck heiligt nicht die bösen Mittel.« – Die Folgen für BRD und EU sind ihnen gleichgültig. Sie haben vergessen, dass West-Europa und die USA bereit waren, mit Atombomben gegen den Kommunismus zu kämpfen. Heute sind EU und USA nicht mehr bereit, gegen den Islam zu kämpfen. Sie wollen sich lieber selbst aufgeben, obwohl Kampf gegen Islam und Abweisung der Flüchtlinge mit vertretbaren Mitteln heute noch möglich wären. In der Schlacht von Verdun vor 100 Jahren haben Franzosen und Deutsche noch anders gedacht und gehandelt: sie haben gekämpft.
5. »Menschlich« – deutsche Sprache ist missverständlich: a) gesittet, human, gut; aber b) nichts Menschliches ist mir fern, also ist der Mensch auch brutal, grausam, also unmenschlich und doch zugleich menschlich.
6. »Lösungsansätze« – neudeutsches Wort für »Vorschläge«, »Lösungen«?
7. »Super Tuesday« (wichtiger Tag im US-amerikanischen Wahlkampf) (DLF) – Warum nicht »Super Dienstag«?

Sprachliste Februar 2016 – Teil 8

1. »Ein Erlebnis: meine Frau kaufte sich ein Radio und ich kaufte mir für meinen PC einen Drucker. Beide Produkte waren Made in China, die Bedienungsanleitungen teils schlechtes Deutsch, teils englisch.« – Ich kam mir vor wie ein außereuropäischer Flüchtling, der kein Deutsch versteht. Ob meiner Dummheit bekam ich Mikoxe (Minderwertigkeitskomplexe). ›Made in Germany‹ is out. Deutsche Nobelpreisträger gibt es nicht mehr. Deutschland, wie haste Dir seit 100 Jahren verändert!
2. »Am 31.1. und 2.2.1943 kapitulierte die deutsche 6. Armee in Stalingrad und am 18.2.1943 sagte Goebbels im Sportpalast: ›Wollt ihr den totalen Krieg? Wollt ihr ihn, wenn nötig totaler und radikaler, als wir ihn uns heute überhaupt noch vorstellen können?‹ Und die Zuhörer sagten begeistert ›Ja‹.« – Wird es heute beim Flüchtlingschaos anders sein?
3. »Am 26.2.2016 steht in der Badischen Zeitung: Männliche Störche kämpfen bis aufs Blut um ein Nest auf einer Trauerweide, denn nur ein Hausherr darf sich Chancen auf ein Weibchen ausrechnen.« – Tiere sind nicht besser als Menschen – und umgekehrt auch nicht. Aber bei Tieren dreht sich alles um Nachwuchs, bei den Europäern dreht sich alles um andere Dinge; sie werden deshalb aussterben.
4. »Problemfelder müssen gelöst werden.« – Die BRD-Menschen können nicht mehr deutsch sprechen und erst recht nicht mehr denken.
5. »Vernünftige Alternativen« – gibt es »unvernünftige

Alternativen«? Das Wort »Alternative« verträgt kein Attribut.

6. »Potentielle Reserven« – Reserven hat man oder auch nicht. »Potentiell« ist überflüssig.
7. »Selbstmordattentäter« – täglich wird in den Medien von islamistischen Selbstmordattentätern berichtet, die sich und zugleich viele andere ermorden. Bis jetzt hat sich im Westen noch niemand mit den Ideen dieser Islamisten auseinandergesetzt, die auch in Westeuropa bereits Menschen ermordet haben. Warum töten sie sich und andere? Aus religiösen Gründen? Mit Menschen, die Selbstmordattentäter werden können, kann ein Westeuropäer nicht zusammenleben. Gegen Ende des WK II haben japanische Piloten Harakiri begangen, indem sie sich mit ihren Kampfflugzeugen auf US-amerikanische Kriegsschiffe gestürzt haben, um diese besser treffen zu können, als dies mittels Bomben möglich gewesen wäre. Vor ihrem letzten Feindflug wurden diese Piloten vom japanischen Kaiser empfangen.
8. »Jugendliche sehen keine Zukunftsperspektive« – »Perspektive« bedeutet u. a. Sicht. Was soll »Zukunftssicht« bedeuten? Die BRD-Menschen verwenden immer mehr Fremdwörter, ohne sie zu verstehen.

Sprachliste März 2016 – Teil 1

1. »Die Medien und die Politik widmen den konservativen Parteien NPD und AfD eine unverhältnismäßig große Aufmerksamkeit.« – Aber diese beiden Parteien verdienen eine solche Aufmerksamkeit gar nicht, weil sie keinen politischen Einfluss haben.
2. »Hitlers Gedanken zur Unterschiedlichkeit der Rassen werden von allen etablierten BRD-Parteien abgelehnt.« – Aber der gegenwärtige Wahlkampf in den USA zeigt, dass die beiden großen US-amerikanischen Parteien unterschiedliche Anziehungskraft auf die verschiedenen Rassen haben: Die demokratische Partei gewinnt auf Grund ihres Wahlprogramms eher Afroamerikaner und Latinos als die republikanische Partei. Wegen des Meinungsterrors in der BRD darf ein Unterschied zwischen Schwarz und Weiß nicht einmal erwähnt werden. Aber es gibt ihn!
3. »Strafbare Handlungen eines roten, linken oder grünen BRD-Politikers, (z. B. Volker Beck).« – Wenn ein solcher Politiker strafbare Handlungen begangen hat, so verurteilen die BRD-Medien auch diesen Politiker, aber sie fügen einen langen Text hinzu, der die Handlung relativiert, entschuldigt und Verständnis zeigt. Bei NS-Tätern, die mehr als 90 Jahre alt sind und im KZ Morde begangen haben, wird nicht die geringste Barmherzigkeit gezeigt.
4. »Können, müssen, sollten, müssten die BRD-Menschen noch korrektes Deutsch sprechen oder genügt es, dass sie sich untereinander irgendwie verständigen?« – Es gibt BRD-Menschen, die sagen, auf korrektes

Deutsch komme es nicht an, es genüge eine irgendwie geartete Verständigung auch mit fremden Wörtern oder mit einer fremden Sprache, wichtig sei allein, was BRD-Menschen wollten, Sprache sei wie persönliche Kleidung oder Frisur – jeder und jede dürfe nach seinem/ihrem Gusto sprechen oder schreiben, jede Sprache ändere sich im Laufe der Zeit sowieso. Dem ist zu erwidern: Ein Staat, in dem es keinen Zusammenhalt mehr gibt, jeder seine eigene, andere Meinung ohne Rücksicht auf andere vertreten darf, wird scheitern (s. Lateinamerika mit seiner Drogenpolitik und die EU mit ihrer Flüchtlingspolitik).

5. »Ein Männergesangverein sucht interessierte Sänger.« – Was bedeutet: »interessiert«? So gedankenlos sprechen heute die BRD-Menschen.
6. »Militärisch«, »militaristisch« – was ist der Unterschied? Das erste ist gut, das zweite ist schlecht, es kommt auf die politische Einstellung an.
7. »Vorausschauend planen« – »planen« geschieht immer vorausschauend.
8. »Du hast Recht, aber ich habe die Macht!« – Dies sagte ein Transport-Polizist der DDR dem damaligen Pfarrer Joachim Gauck, der sich bei ihm beschweren wollte. Recht hatte der Transport-Polizist: Denn Recht ist Schall und Rauch, wenn niemand mit Verstand und Macht das Recht verteidigt und durchsetzt.
9. »Vernünftige Erklärung« – gibt es auch eine unvernünftige Erklärung?

Sprachliste März 2016 – Teil 2

1. »Alle BRD-Politiker wollen die Flüchtlingskrise *lösen*, aber keiner sagt, welches die *Lösung* ist.« – Ein Rätsel kann man vielleicht lösen, aber eine Flüchtlingskrise? BRD-Politiker sind entscheidungsunfähig, ungebildet und stürzen die BRD ins Unglück – ein zweiter 8. Mai? 1989 ff. waren 63 Mio. West-Deutsche nur unter der Führung der CDU fähig, 16,5 Mio. Ost-Deutsche zu »integrieren«, aber 2016 sind Gesamtdeutschland und die CDU nicht in der Lage, 2 Mio. sog. Flüchtlinge von der BRD fernzuhalten, denn ehrlicherweise will keiner auch nur einen einzigen Flüchtling auf Dauer aufnehmen. Auch Demokratien und Rechtsstaaten können scheitern, wenn sie keine fähigen Politiker haben, wie zurzeit die BRD. Die zweite Landessprache in der BRD wird syrisch werden. Und die syrische Sprache wird im Zuge der Nicht-Diskriminierung auch zweite Amtssprache werden. Darauf können sich die BRD-Menschen schon jetzt einstellen.
2. »Russlanddeutsche sprechen auch 25 Jahre nach ihrer Ankunft in der BRD noch immer untereinander russisch.« – Aber syrische und andere Flüchtlinge sollen binnen kurzer Zeit deutsch sprechen können? Das können nur BRD-Politiker in ihrer Naivität, Unbedarftheit und Dummheit glauben.
3. »X fordert mehr Gleichberechtigung« – kann es *mehr* als Recht oder *mehr* als Gerechtigkeit oder *mehr* als Gleichheit geben? Aber so dumm sprechen heute unsere Politiker.
4. »Fachgelehrte« – ein Gelehrter ist immer vom Fach.

Man darf aber sagen: »Universalgelehrter.« Die gibt es aber heute nicht mehr.

5. »Interessiertes Publikum« – gibt es auch nicht-interessiertes Publikum?
6. »Offene Lügen« – was ist das?
7. »Visafreiheit« – richtig nur: »Visumfreiheit«, es heißt auch »Pass- oder Ausweiskontrolle«. Jeder Reisende hat nur *ein* Visum oder *einen* Pass (Singular, aber nicht Plural). Türkei fordert Visum-Freiheit für jeden seiner Bürger, aber nicht Visa-Freiheit.
8. »Wendehammer« – üblicher Ausdruck für das Ende einer Sackgasse, wo der Autofahrer umkehren kann. Besser: »Wendefläche«. Denn wo ist der Hammer?
9. »Recht ist, was dem deutschen Volke nützt.« – Wer diese Redewendung benutzt, kann sich in der BRD das Leben nehmen.
10. »Fest verankert« – »verankern« verträgt kein Adjektiv. »Verankern« ist immer fest.
11. »Anti-/Rassismus« – Beide Vokabeln werden heute in den Medien bis zum Überdruss verwendet. Aber eigenartigerweise werden sie nicht in Bezug auf Chinesen und Japaner verwendet. – Warum? Weil Chinesen und Japaner in der BRD ein Speiselokal nach dem anderen eröffnen und weil sie in ihrer Kleidung und in ihrem Verhalten in ganz Europa unauffällig sind.
12. »DLF berichtet über Gewaltanwendung während einer AfD-Veranstaltung, bei der auch Polizisten und AfD-Demonstranten verletzt werden. DLF nennt aber die Täter nicht.« – Warum?

Sprachliste März 2016 – Teil 3

1. »Zurückbauen« (DLF) – was ist das? DLF meint: »Ein KKW abreißen.«
2. »Waterloo« (niederländischer Ort) – jeder »anständige« Deutsche spricht den Namen des Ortes, in dessen Nähe der Kriegstreiber Napoleon am 18.6.1815 von Blücher und Wellington geschlagen wurde, englisch aus. Warum spricht man ihn aber nicht genauso aus, wie er geschrieben wird? Weil die Deutschen wegen ihrer anerzogenen Minderwertigkeitskomplexe alles Deutschklingende verachten. Dass die Engländer den Namen englisch aussprechen, ist verständlich, denn Wellington hatte sein Hauptquartier in Waterloo. Blücher hatte aber sein Hauptquartier in einem Gehöft namens La Belle-Alliance. Deshalb wurde die Schlacht in Deutschland auch Schlacht von Belle-Alliance genannt.
3. »University von Illinois« (DLF) – warum muss DLF das Wort »University« englisch aussprechen? »Universität von Illinois« tut es auch. Deutsch soll wohl verrecken?
4. »Vor Beginn der Wahlkampfrede eines amerikanischen Präsidentschaftskandidaten kommt es zu Tumulten, so dass die Rede abgesagt werden muss.« – DLF sagt natürlich nicht, wer den Auftritt gestört hat. Der unbedarfte deutsche Hörer vermutet Rassenunruhen und verdächtigt vielleicht sogar die Falschen. Die Pressefreiheit in der BRD gibt es wegen ihres Antirassismus nicht mehr!
5. »Die konservative Partei AfD wird von den BRD-Medien als einzige Partei mit negativen Attributen

bedacht: ›rechtspopulistisch‹, ›rechtsextrem‹. Die linken und roten Parteien sind schon lange hoffähig geworden. Sie bekommen keine negativen Attribute.« – Warum? Weil die BRD selbst ein linker Staat geworden ist.

6. »Willkommenskultur« gibt es nur für Ausländer, aber nicht für noch nicht geborene Inländer, von denen ca. 99.000 im Jahr abgetrieben werden.« – Warum? Siehe oben Nr. 5. Da es in der linken BRD immer weniger Frauen im gebärfähigen Alter gibt, geht die Zahl der Abtreibungen sogar zurück. Eine erfreuliche Entwicklung. Gott sei Dank!
7. »DLF nennt bei einem Lawinenunglück die unterschiedliche Staatsangehörigkeit der Opfer.« – Bei politischen Gewalttätigkeiten werden Opfer und Täter nur genannt, wenn es sich um linke Opfer der rechten Gewaltszene handelt.
8. »Männer machen Geschichte.« – Bismarck, A. H. (der Unaussprechliche), Adenauer, Kretschmann. Aber politische Parteien machen keine Geschichte. Ob aber diese Männer eine gerechte Politik machen, ist eine andere Frage.
9. »Wer weiß heute noch, dass erst vor nur 150 Jahren Preußen einen militärischen Sieg über Österreich und Sachsen errungen hat: Friede von Königgrätz (Engländer und Franzosen sagen tschechisch ›Sadowa‹).« – Heute ist ein solcher Krieg unvorstellbar, aber damals Wirklichkeit. Aber vielleicht kommen andere Kriege über Europa? Die Welt wird nie friedlich werden. Denn sie wird von unterschiedlichen Menschen bewohnt.

Sprachliste März 2016 – Teil 4

1. »Zwischen 1945 und 1989 hat kein deutscher Politiker gesagt: ›Wir wollen das deutsche Problem lösen.‹« – Alle haben gesagt: »Wir wollen – oder wir wollen nicht – die Wiedervereinigung Deutschlands.« Nur einige Dummköpfe haben von »deutscher Frage« gefaselt, ohne eine Antwort zu wissen.
2. »Restaurant sucht Koch/Köchin mit Fachkenntnissen« (Zeitungsanzeige) – dümmer geht es nicht.
3. »A. H. wollte alles Deutsche heim ins Reich holen. Nicht so handelte er aber mit den Südtirolern und dem Land Südtirol. Aufgrund des Umsiedlungsvertrages mit Mussolini holte A. H. nur 70.000 Südtiroler heim ins Reich und überließ Mussolini urdeutsches Land, das dieser italienisierte (keine deutschen Schulen, geförderte Zuwanderung von Italienern).« – Überall und zu allen Zeiten lehrt die Geschichte: Verschiedene Völker und Kulturen tun sich schwer, in einem Staat zusammenzuleben. Aber ungebildete BRD-Politiker holen völlig fremde Völker ins Land und wollen Einheimische und Fremde zugleich glücklich machen. Deutschland wird scheitern. A. H.'s großer Fehler war, dass er in Mussolini und im militärisch schwachen Italien Bündnispartner sah (seine Kenntnisse aus dem WK I hätten ihn warnen müssen). A. H. hat sinnlose Kriege in Afrika und auf dem Balkan geführt, um Mussolini zu helfen. Beim Krieg gegen die Sowjetunion, der genauso sinnlos war, fehlten ihm Menschen und Material, die er Mussolini sinnlos geopfert hatte.
4. »Wird die Europäische Union Bestand haben?« – Nein,

weil allein schon England und Deutschland zu unterschiedlich sind. Deutschland wechselt ständig sein Hemd: Kaiserreich, Weimar, Drittes Reich, DDR, Konservative Republik, Linksliberaler Rechtsstaat. Aber England: Dieser Staat ist in derselben Zeit, ca. 100 Jahre, unverändert geblieben.

5. »Eine solide Ausbildung ist nach der persönlichen Einstellung eines jungen Menschen sein zweites Fundament für seinen Beruf.« – Kann es ein »zweites Fundament« geben?
6. »Werbung eines Maklers: Ich bin Ihr Makler vor Ort.« – Ein Makler ist nie »vor Ort«, sondern nur »am Ort« oder »im Ort« oder »an Ort und Stelle«.
7. »Ein Veranstalter schreibt: ›Sie zahlen vor Ort.‹ « – Wo ist das? Am Eingang? An der Kasse?
8. »Nach den letzten Landtagswahlen in der BRD wird die Regierungsbildung schwer fallen.« – Warum? Weil die Parteien nicht sagten, was sie wollen: keine Partei hatte ein Wahlprogramm mit Zielen wie: mehr Kinder, bessere Schulen, Universitäten, mehr Straßen, bessere Polizei gegen Kriminalität, für/gegen Flüchtlinge, mehr Werte (welche?).
9. »Ein Deutscher sagt, die Deutschen haben eine globale Verantwortung.« – Entgegnung: Die Deutschen sind noch immer größenwahnsinnig wie zu allen Zeiten.

Sprachliste März 2016 – Teil 5

1. »Deal zwischen der EU und der Türkei« (gemeint ist ein Staatsvertrag) (DLF) – Das englische Wort »deal« hat im Deutschen einen abwertenden Klang und darf nicht zur Übersetzung des Wortes »Vertrag« verwendet werden, es sei denn, der DLF will die EU und die Türkei als Gauner darstellen (was sie bezüglich des Flüchtlingschaos' vielleicht auch sind).
2. »Deutsche Leitkultur« – was ist das? Soll deutsche Kultur innerhalb der EU eine leitende Aufgabe haben? Das war aber gar nicht gemeint. Mit dem Wort »deutsche Leitkultur« war gemeint, dass innerhalb Deutschlands die deutsche Kultur leitend sein solle. Das ist aber selbstverständlich. Es sei denn, BRD-Politiker wollen eine zweite, nachrangige Kultur in der BRD dulden, z. B. den Islam.
3. »Merkel: Verhandlungen ergebnisoffen führen.« – Jede Partei, die mit einer anderen Partei verhandelt, will etwas erreichen. Somit darf eine Verhandlung nicht »ergebnisoffen« geführt werden: man könnte sonst der anderen Partei sogleich das Feld überlassen. Es muss Positionen geben, die nicht verhandelbar sind, also nicht aufgegeben werden dürfen, auch nicht mit einem Kompromiss.
4. »X übernahm die Führungsrolle« – richtig: »X übernahm die Führung«.
5. »Unterkünfte für Flüchtlinge stehen leer.« (DLF) – DLF sagt aber nicht, warum die Unterkünfte urplötzlich leer stehen. Das ist die Verschweigepolitik der BRD-Regierung.

6. »Zuckerberg« – DLF spricht den Namen des US-Amerikanischen EDV-Fachmannes englisch aus. Kein Hörer versteht den Namen. Warum spricht der DLF nur noch englisch?
7. »Abdunkeln« (DLF) – wer versteht dieses Wort? Gemeint ist: Beleuchtung öffentlicher Gebäude, z. B. des Brandenburger Tores, abschalten. Es gibt aber nur: »Abblendlicht« beim Auto, und während des WK II musste alles »verdunkelt werden«, d. h. Räume o. Ä. durften nachts kein Licht nach außen strahlen, damit feindliche Bomber keine Ziele sahen.
8. »Islamistische Selbstmordattentate mit vielen Toten am 23.03.2016 in Brüssel.« Kein EU-Politiker sagt: »Unsere Politik und unsere Werte sind falsch, wir müssen eine andere Politik machen!« Sicherheit vor Integration!!!
9. »Frau Merkel hat noch nie einem Schulunterricht in einer Klasse beigewohnt, an der türkische, kurdische und deutsche Schüler teilgenommen haben.« – Hätte Frau Merkel teilgenommen, hätte sie eine andere Ausländerpolitik im Interesse der Deutschen gemacht.
10. »Polizei sucht »potentielle« Täter und »Tatverdächtige.« – Polizei sucht nur »Täter«. Man darf aber sagen: »Polizei nimmt ›Tatverdächtige‹ fest, wenn sie sich nicht sicher ist, ob der Festgenommene der Täter ist.«
11. »Expertenteam« – richtig nur: »Fachleute«.
12. »St. Moritz« (Schweizer Stadt) – DLF betont die erste Silbe, betont wird aber die zweite Silbe. Englische Städtenamen spricht DLF immer englisch aus, aber Schweizer Städtenamen deutsch.

Sprachliste März 2016 – Teil 6

1. »Im 16./17. Jh. waren Spanien und Portugal Weltmächte. Heute sind sie es nicht mehr.« – Auch West-Europa verliert zurzeit seinen Vorrang in der Welt. Es scheitert!!!
2. »Sicherheit der EU-Bürger, auch vor politisch motivierten und kriminellen Gewalttaten, zählt den EU-Politikern wenig, aber jede Art von Freiheit, auch deren Missbrauch, zählt ihnen sehr viel.« – Die individuellen Menschenrechte werden zu Lasten der Völker und Staaten überbewertet. Daran wird Europa scheitern. Wo bleiben die Menschenrechte der Opfer islamistischer Terroranschläge? Diese Menschenrechte zählen nicht.
3. »Assads Truppen sind mit Hilfe der russischen Luftwaffe auf dem Vormarsch.« – Die BRD-Medien, die alle links sind, berichten über den Vormarsch, ohne Assads Truppen oder die Russen zu verunglimpfen; von der BRD-Luftwaffe, die auch in Nahost stationiert ist, wird nicht gesprochen. Es ist wie bei allen Kriegen: Der Sieger wird zumindest nicht verunglimpft, keiner fragt nach den Opfern unter der Zivilbevölkerung, keiner fragt, ob der Sieger vielleicht einen ungerechten Krieg führt. Alles ist bestens. Als Syriens Truppen nicht erfolgreich waren, hatten die BRD-Medien gegenteilig gesprochen. Man kann nur weinen über BRD-Medien und auch BRD-Politiker, die genauso widersprüchlich gesprochen haben. Charakterlos trotz Rechtsstaat und Demokratie.
4. »Der Zorn der BRD-Medien und BRD-Politiker richtet sich gegen Schlepper und Schleuser, die mit ihren Boo-

ten gegen Entgelt syrische Flüchtlinge von der Türkei nach Europa bringen.« – Sollen die Bootseigner unentgeltlich den Flüchtlingen helfen, wenn diese Geld haben und zahlen? Dass die Überfahrt gefährlich ist, wissen die Flüchtlinge selbst, aber wenn sie unbedingt nach Europa wollen, müssen sie ein Risiko eingehen. Da vernünftige Politiker ihre Grenzen auf dem Balkan geschlossen haben, kommen urplötzlich weniger Flüchtlinge in Mitteleuropa an. Also hätten die Flüchtlinge vielleicht auch in ihren Heimatländern bleiben können, trotz allen Risikos, das sie dort hatten. Frau Merkel hätte nicht sagen sollen: Wir schaffen das! Die BRD wird mit ihren unvernünftigen Politikern es gerade nicht schaffen. Die BRD-Medien verunglimpfen Politiker, die ihre Grenzen geschlossen haben, urplötzlich nicht mehr, weil alle EU-Staaten Nutznießer der Grenzschließungen sind. Wer Kriege gewinnt und Erfolg hat, hat immer Recht. Keiner fragt mehr nach Gesetz und Recht und Rechtsstaatlichkeit.

5. »Die linken BRD-Medien behaupten, die Europäer würden afrikanische Küstengewässer zum Schaden der Eingeborenen leerfischen und Kapitalisten würden die Vegetation der Regenwälder in Lateinamerika aus Profitgründen vernichten. Ja, die Europäer sind an allem Elend der Welt schuld.« – Niemand fragt sich aber, ob nicht die Europäer auch die Chinesen ausbeuten, denn die Chinesen liefern zu Spottpreisen Informationstechnik »Made in China« nach Europa. Und warum liefern nicht auch andere Völker High-Tech, sondern landwirtschaftliche Produkte? Es ist die Ungleichheit.

Sprachliste März 2016 – Teil 7

1. »Kampf aller anständigen BRD-Menschen gegen Rechts« – Aber kein Kampf gegen Islam und Islamisten. Toleranz und Respekt gegenüber anderen wertet das Eigene ab und relativiert das Eigene. Diese Abwertung und Relativierung sind grundsätzlich nicht tragisch. Sie werden es aber dann, wenn das Eigene an Selbstachtung verliert. Ein Christ ist dann kein Christ mehr, wenn er dem Islam zu große Anerkennung zollt: z. B. gibt er den Gedanken der Gleichwertigkeit von Mann und Frau auf, wenn er dem Islam zu großen Raum einräumt und das Tragen der Burka gestattet, oder wenn er gar zulässt, dass Moscheen gebaut werden, die eine ebenso große Symbolkraft haben wie Kirchtürme, er verändert damit seine eigene Welt. Der Hitlergruß ist in der BRD verboten, aber der Islam darf sich entfalten. Über die Vergangenheit lässt sich trefflich urteilen, aber es ist schwer, sich für die Zukunft richtig zu entscheiden.
2. »Feige Anschläge auf unschuldige Bürger« (Titelüberschrift einer katholischen Zeitung in Bezug auf die Selbstmordattentate in Brüssel am 22.03.2016) – könnte man diesen Titel auch auf das Attentat vom 20.07.1944 auf A. H. anwenden? Alle Menschen sagen: »Nein«, obwohl zwar A. H. kaum zu Schaden kam, wohl aber andere, die am Ort waren. Die Täter des Attentats wurden wegen Hochverrats standrechtlich erschossen. Die moralische Bewertung von z. B. Attentaten hängt immer ab von der Blickrichtung der Attentäter, der Opfer und der nachträglich Urteilenden. Viel-

leicht werden die Attentäter von Brüssel schon heute von Islamisten gefeiert. Ach, wenn doch nur die Attentate von Brüssel dazu dienten, der politischen Klasse in Europa die Augen für die Gefahr des Islams zu öffnen! Demokraten und Rechtsstaatler träumen von einer Welt ohne Tränen. Aber die gibt es nicht, auch nicht im Tier- oder Pflanzenreich. Eine uneingeschränkte Freiheit wird zum Untergang des Westens führen. Am Kampf gegen den Islam beteiligt sich die BRD nur halbherzig, sie überlässt ihn den US-Amerikanern, aber kritisiert deren Geheimdient NSA. Die BRD verurteilt das Schließen der Grenzen, so dass kaum noch Flüchtlinge in die BRD kommen, aber in Wahrheit ist sie froh, dass die Zahl der Flüchtlinge stark sinkt.

3. »Die bisherige Kritik am Nationalsozialismus gipfelt in Auschwitz« – der NS bestand aber nicht nur aus Auschwitz. Der NS wollte einen ganz neuen, bisher nicht bekannten Staat schaffen. Genauso wie auch die Kommunisten einen neuen, ganz anderen Staat schaffen wollten. Trotz großer Anfangserfolge sind beide gescheitert. Um die gegenwärtig bestehenden Staaten zu erhalten, muss erkannt werden, was am NS und Kommunismus falsch und richtig war. Die Arroganz und Selbstgerechtigkeit des Westens hilft nicht weiter.
4. »Sobald ein CSU-Politiker vernünftigerweise ein angemessenes Vorgehen gegen Fehlverhalten von Flüchtlingen vorschlägt, sagt ein moralisierender SPD-Politiker: Ja, aber Flüchtlinge dürfen nicht schikaniert werden.« – An die Interessen des eigenen Volkes und Staates denken die Roten nie.

Sprachliste März 2016 – Teil 8

1. »DLF berichtet in seinen Nachrichtensendungen über Auseinandersetzungen in einem Flüchtlingslager in Aschaffenburg zwischen Kurden, Türken und der deutschen Polizei nur ein- oder zweimal.« – Das ist wieder ein Beispiel für die Lügen- oder Verschweigepresse. Für die BRD-Hörer unwichtige Nachrichten aus Fernost (Myanmar) werden ständig wiederholt.
2. »Die BRD ist ein Rechthaberstaat.« – Für sie gilt nur, was im Gesetzbuch steht, alles andere gilt nicht, alle Probleme sind mit dem Recht lösbar. Wie entscheiden die BRD-Rechthaber folgende Fälle des Lebens? Auf der Flucht aus Ostpreußen 1945 werden zwei deutsche Kinder geboren. Die Mutter des einen Kindes hat nicht genug Milch, die andere hat gerade so viel Milch, dass es nur für ihr eigenes Kind langt. Soll die Milch der einen Mutter geteilt werden? Sollen beide Kinder sterben? Geteiltes Leid ist halbes Leid? In der wahren Geschichte hatte aber die eine Mutter so viel Milch, dass beide Kinder satt werden konnten und diese Mutter gab gern. Aber was wäre, wenn sie nicht gegeben hätte? Darf im Krieg ein Sanitätskraftwagen Munition befördern? Nach den Gesetzen nicht. Aber was geschieht, wenn die Munition dringend an der bedrohten Front gebraucht wird? In den Schulen und Universitäten der BRD werden Kinder und Schüler und Studenten nicht über unlösbare Konflikte des Lebens unterrichtet. Alle »Probleme«, gemeint sind aber unlösbare Konflikte, werden in der BRD »gelöst«. Wir schaffen das! Die BRD-Menschen und ihre Politiker sind einfältig, arrogant, ungebildet und dumm.

3. »Der dekadente Westen hat nicht nur ›Werte‹, sondern sogar ›Grundwerte‹ – Was ist der Unterschied?«
4. »Der Datenschutz im dekadenten Westen schützt den Staatsfeind, aber nicht den Staat und die Bürger.« – Die linken Medien tun alles, um die Schuld an den Terroranschlägen von Brüssel am 22.03.2016 den unfähigen europäischen Sicherheitsdiensten anzulasten. Vielleicht haben sie Recht. Aber bei der »Rechtslage« und der von oben verordneten Stimmung in der EU (»Wir sind nur von Freunden umgeben«) – waren andere Handlungsweisen der Sicherheitsdienste nicht zu erwarten. In den USA verweigerte der Hersteller eines von einem Straftäter benutzen Handys mit Verweis auf den Datenschutz die von den Sicherheitsbehörden verlangte Entschlüsselung des Textes. Die Werte und Grundwerte des Westens werden bewusst von allen gewählten Regierungen missachtet.
5. »In Brüssel töten islamistische Sprengstoffattentäter Menschen, aber ein Demonstrationszug der Rechten: ›Islamisten raus‹ wird aus Sicherheitsgründen verboten.« – Sind das die Werte Europas?
6. »Unbestritten steigt die Kriminalität in der BRD« – aber trotzdem wird nur über hilfsbedürftige Flüchtlinge gesprochen. Die Opfer der einheimischen Kriminalität sind unwichtig. Polizei wurde in der friedlichen BRD als überflüssig angesehen. Das Wort »Staatsgewalt« wurde durch das Wort »Vollzugsbeamte« ersetzt.

Sprachliste April 2016 – Teil 1

1. »Vor 150 Jahren kolonisierten die Europäer Afrika. Heute überschwemmen junge Afrikaner Europa und lassen sich von den Europäern aushalten.« – Das ist wieder ein Zeichen dafür, dass Europa untergeht. Und die Europäer sind noch dazu stolz darauf, anderen helfen zu können. Sie fühlen sich als Übermenschen, aber merken gar nicht, dass es bald mehr Fremde in Europa geben wird als Europäer. Es gibt einen Bevölkerungsdruck der Afrikaner und der Menschen aus Nahost auf die Europäer, die keine eigenen Kinder mehr haben wollen. Früher gab es geschützte Grenzen um einen jeden europäischen Staat, heute gibt es Kontrollen einer viel zu schwachen Staatsgewalt innerhalb der Staaten. Die Kriminalität steigt.
2. »Die Türkei soll, so möchte es Frau Merkel, Mitglied der EU werden.« – Aber die Türkei möchte gar nicht Mitglied der jetzt noch bestehenden EU werden. Sie möchte erst dann Mitglied werden, wenn die EU islamisch oder gar islamistisch geworden ist. Die Vorbereitungen für die Islamisierung haben begonnen: Moscheen werden gebaut, Selbstmordattentate begangen. Gegen den Kommunismus hat sich Europa noch erfolgreich verteidigt, gegen den Islam nicht mehr. Wenn 80 Mio. Türken Mitglied der EU werden, ist Europa islamisiert und es gibt kein Europa mehr. Genau das will Angela. Was den Türken 1683 vor Wien misslang, gelingt ihnen jetzt in Brüssel. Keiner wird dann noch nach dem Rechtsstaat, nach Grundrechten und nach dem Gesetz rufen, denn es gilt dann die Scharia.

Aber die BRD-Historiker und -Politiker werden sich dann immer noch mit dem Dritten Reich und A. H. befassen, denn diese faszinieren sie mehr als alles andere.

3. »Humaner Umgang mit Tieren« – solch' Perversion! Natürlich darf man nicht sagen »tierischer Umgang mit Tieren«. Das Wort »tierisch« entspricht nicht dem Wort »human, menschlich«. Das Wort »tierisch« ist negativ. Man kann aber sagen: »artgerecht«.
4. »Nur mit ihrer Sprache sind Lenin und Hitler an die Macht gekommen, sie hatten nichts anderes, keine Armee, kein Geld, nichts.« – Auch die gegenwärtigen westeuropäischen Politiker lassen mit ihrer Sprache, ihrem falschen Toleranz-, Gleichheits-, Gerechtigkeits- und Barmherzigkeitsdenken zu, dass Europa dem Islam verfällt. A. H. hat den Reichstag gewaltlos entmachtet; Frau Merkel und Brüssel betreiben eine Umvolkungspolitik, ohne europäisches Parlament oder Bundestag zu fragen, und beide Parlamente lassen sich alles gefallen. Sie schreien nicht auf. Die Demokratie schafft sich selbst ab. Aber der Staat Israel ruft zum Kampf gegen den militanten Islamismus auf. Die Europäer werden diesen Aufruf als rassistisch abtun. Sie sehen gar nicht, dass nicht z. B. der türkische Staat die Anschläge in Europa organisiert, sondern dass die Anschläge vom »islamistischen Volk«, also von unten, von radikalisierten jungen Männern durchgeführt werden.

Sprachliste April 2016 – Teil 2

1. »Ein abscheuliches Verbrechen« – was ist das? Gibt es auch ein »nicht abscheuliches Verbrechen«? Phrasen, nichts als Phrasen in der BRD-Sprache.
2. »Grundelement« – was soll das sein? Element genügt.
3. »Keiner beziffert die materiellen Schäden der islamistischen Terrorangriffe in Europa.« – Warum? Keiner will zugeben, was der Terror, neben den Menschenopfern, tatsächlich kostet. Man denke nur an die Vorbeugemaßnahmen!
4. »Ein Staat, der seine Bürger vor Bombenterror in Krieg und Bürgerkrieg und vor Kriminalität nicht schützen will, verdient seinen Untergang.« – Früher war es selbstverständlich, dass Staaten sich verteidigt haben. Heute werden Polizei und Streitkräfte abgeschafft. Vielleicht werden sie bald wieder für notwendig gehalten.
5. »Vom Arztbesuch überzeugen« – richtig: »von der Notwendigkeit eines Arztbesuches überzeugen.«
6. »Wir wollen keine Grenzen innerhalb Europas.« – So lautet das Geschwätz der BRD-Politiker. Aber am Flughafen von Brüssel kann sich kein Europäer frei bewegen – wegen der Sicherheitsvorkehrungen und aus Angst vor Terroranschlägen.
7. »Karikaturen sind Zeichen der Pressefreiheit« – das ist die Meinung der europäischen »Elite«. Das ist aber nur richtig, wenn keine Religion lächerlich gemacht wird und wenn der Anstand aller billig und gerecht Denkenden gewahrt bleibt. Karikaturen haben schon mehrmals Gewalttaten von Islamisten verursacht. Auch Pressefreiheit muss ihre Grenzen kennen – wie jede Freiheit.

8. »Brauchen wir im Inland mehr Überwachung angesichts der Attentate der Islamisten?« – Wir bräuchten nicht mehr Überwachung im Inland, wenn wir die Staatsgrenzen schützen wollten, aber wegen des EU-Rechts dürfen wir die eigenen Staatsgrenzen nicht mehr schützen.
9. »Vor ca. 30 Jahren gab es in Deutschland ein ›Erstaufnahmelager für DDR-Flüchtlinge‹. Heute heißt es: ›Zentrum oder Camp für syrische Flüchtlinge‹. – Wie dumm sind die BRD-Menschen geworden!«
10. »Früher sagte der/die Verliebte: ›Mein Schatz‹.« – Heute ist er/sie nur der/die Freund/in. Ja, die männlich/weibliche Form der Wörter muss beachtet werden, ob dieser Sprachunsinn schön ist, ist gleichgültig! »Schatz« hat leider keine feminine Form.
11. »Legale/illegale Flüchtlinge« – einen Flüchtling interessiert es nicht, ob er legal oder illegal einwandert. Ihm ist alles scheißegal.
12. »Ende 1939 siedelten gem. dem Geheimabkommen Molotow/Ribbentrop 60.000 Deutsche aus den von Stalin annektierten baltischen Staaten ins Deutsche Reich.« – Kein Kommentar.

Sprachliste April 2016 – Teil 3

1. »Europa geht nicht nur wegen seiner tumben Politiker zu Grunde, sondern auch wegen seiner katastrophalen Schulen: In einem elsässischen zweisprachigen Faltblatt steht: ›Châteaux forts du Rhin supérieur, Burgen aus dem Oberrhein.‹ – Wenn nicht einmal die Elsässer wissen, dass es ›Burgen am Oberrhein‹ oder ›… vom Oberrhein‹ heißen muss, dann ist Europa verloren.«
2. »Freiburg/Br. gilt als Tor zum Schwarzwald« – richtig nur: »Freiburg/Br. ist das Tor …«
3. »Die fanatischen BRD-Frauen legen Wert darauf, dass die feminin korrekten Formen (gemeint ist nicht der Busen) in der gesprochenen und geschriebenen Sprache verwendet werden, z. B. ›Friseurinnen‹. Aber keine Frau wird heute noch mit einem Handkuss geehrt, kein Mann macht noch einen Diener vor einer Frau.« – Europa geht wegen seiner formalen Korrektheit unter.
4. »Wer ist im Besitz der Wahrheit? Wer kennt den richtigen Weg?« – Antwort: Der König, der Adel, der Präsident, der Diktator, das Volk oder das Parlament? Wie die Geschichte zeigt, ist auf keinen Verlass.
5. »Die öffentlichen Interessen müssen das einzige Ziel des Fürsten und seiner Minister sein.« (Richelieu). – Aber für die BRD gilt: Erst kommen die anderen, erst zum Schluss die deutschen Interessen, aber auch nur dann, wenn diese links sind.
6. »Alle BRD-Gutmenschen sind enttäuscht und traurig, dass der Flüchtlingsstrom in die BRD leider nachgelassen hat.« – Warum? Nun können sie nicht mehr zeigen, wie gut und selbstlos sie sind, und in den Medien wer-

den sie nicht mehr so häufig genannt. Das Chaos ist vorübergehend beendet worden, dank anderer, die die Fluchtwege geschlossen haben.

7. »Der beste Preis!« – Was ist das? Primitive Werbung! Für den Verkäufer ist der beste Preis etwas ganz anderes als für den Käufer.
8. »Sanktionen« – was ist das? BRD-Politiker drohen mit »Sanktionen«, sagen aber nicht, was sie darunter konkret verstehen.
9. »In der BRD (ehemals Deutschland) leben und arbeiten viele Menschen ausländischer Herkunft.« – Aber wer hat schon einen Neger (männlich) gesehen, der gearbeitet hat. Fremde Menschen aus Europa, z. B. Ungarn, sind wie Deutsche, sie arbeiten in der BRD.
10. »Alle BRD-Politiker sagen: ›Ich glaube, bin der Meinung, denke, dass...‹ – Warum sagen diese Politiker nicht: ›Ich will, ich fordere, dass...‹?«
11. »Verhandlungen ohne Vorbedingungen« – richtig nur: »Verhandlungen ohne Bedingungen«, »bedingungslose Verhandlungen«.
12. »Expertengremium« – dass ein Gremium aus Experten bestehen muss, versteht sich von selbst.
13. »Europäische Satiriker und Karikaturisten haben es schwer, wenn sie sich gegen Islam und muslimische Politiker wenden, denn beide schlagen zurück.« – Der Kulturkampf hat begonnen. Europa kann nur noch um Gnade winseln. Besonders, weil die Satiren und Karikaturen mit ihrer Übertreibung oft sogar die eigene europäische Kultur verletzen.

Sprachliste April 2016 – Teil 4

1. »Angesichts der Flüchtlingskrise und des islamistischen Terrors befürworten konservative Politiker den Einsatz der Bundeswehr im Inneren. Wie nicht anders zu erwarten, sind linke Politiker dagegen.« – Warum diese unterschiedlichen Einstellungen, obwohl es doch um den eigenen Staat und seine Bevölkerung geht? Weil die Menschen unterschiedlich denken und fühlen. Für jede dieser Einstellungen werden Argumente gesucht und gefunden, gleichgültig, ob sie objektiv richtig oder objektiv falsch sind. Aber was ist objektiv richtig/falsch? Der Stärkere und Bessere wird sich durchsetzen, oder der Staat geht unter. Die BRD (ehemals Deutschland) wird untergehen, weil sie innerlich so widersprüchlich ist wie ein »spitzer Kreis«. Die verschiedenen Parteien wollen Gegenteiliges. Aber nicht: sich einigen.
2. »Am 10.04.2016 fand eine gewalttätige Auseinandersetzung zwischen Türken, Kurden und 800 deutschen Polizeibeamten in Stuttgart statt.« – Über diese Auseinandersetzung berichtete DLF nur ein- oder zweimal kurz und die Badische Zeitung gar nicht, nur das Internet ganz kurz mit Foto. Über die Ursachen wurde nicht berichtet. Der Auftritt der Türken und Kurden wurde mit dem Wort »Demo« und »Demonstration« verharmlost. Die BRD hat verblendete Politiker.
3. »A. H., aber auch seriöse Rassenforscher werden von Gleichheitsfanatikern als Rassisten verurteilt.« Im Jahre 2016 wissen aber die Gleichheitsfanatiker der BRD nicht, wie sie Millionen von Ausländern »inte-

grieren« sollen. Wenn BRD-Politiker Fremdwörter verwenden, z. B. »Integration«, ist schon alles zu spät. Manchmal bringt sogar der DLF Sendungen, die nicht zum Mainstream gehören, sondern gar als Gedankenspiel zum Nachdenken anregen: Was geschähe wohl, wenn 1,2 Mio. Deutsche aus der Unterschicht nach Japan auswanderten? Es gäbe in Japan ein Flüchtlingschaos wie gegenwärtig in der BRD und die Asylanten aus der BRD erlitten viele Traumata. Die Japaner würden ohne Zögern alle BRD-Asylanten in die BRD zurückschicken.

4. Jeder auch nicht mehr glimmende Zigarettenstummel ist für BRD-Strafverfolgungsbehörden ein Grund, wegen Brandstiftung gegen Neo-Nazis zu ermitteln.« – Bei Straftaten der Linken (Volker Beck, Rauschgift) gibt es diese Rigorosität nicht. Nun mag alles rechtsstaatlich seine Richtigkeit haben, aber fragen darf man doch noch?
5. »Ein Wiedervereinigungsdenkmal wird es nicht geben.« – Warum nicht? Weil die politische Klasse Denkmal und Wiedervereinigung gar nicht wollte. Die Deutschen müssen mit Bismarck- und Kaiser-Wilhelm-Denkmalen vorliebnehmen. Die Frauenkirche in Dresden und das Berliner Schloss wurden nach der Wiedervereinigung wieder aufgebaut. Heute wären solche Kraftakte unvorstellbar, die Grünen wären aus Umweltschutzgründen, was das auch immer sei, gegen diese Neubauten, wie sie auch gegen den Bau auch nur eines einzigen Autobahnkilometers sind, selbst wenn dieser zur Verringerung des Straßenverkehrs in Städten und Dörfern beitrüge.

Sprachliste April 2016 – Teil 5

1. »Im Dritten Reich glaubten viele Deutsche noch 1944 auf Grund der Propaganda des Staates an den Endsieg.« – Heute sagt die Bundeskanzlerin zwar nicht mehr: »Wir schaffen das!«, aber die Wahrheit sagt sie doch nicht. Wie will sie das Flüchtlingschaos beenden?
2. »Fundamentale Menschenrechte« – gibt es »fundamentale« und »nicht-fundamentale« oder gar »fundamentalistische« Menschenrechte? Nein, es gibt nur »Menschenrechte«. Hätte Stalin den Völkerbund oder ein Berliner Gericht anrufen oder sich auf irgendeine Genfer Konvention berufen sollen, als Hitler 1941 die Sowjetunion angriff? Der Westen wird mit seinem »Rechtsdenken« scheitern. Die BRD wollte sogar den Geschlechtsverkehr in Bordellen rechtlich regeln.
3. »Erdbeben in Regionen im Norden des X-Staates« – richtig nur: »Erdbeben im Norden des X-Staates«, ohne »Regionen«.
4. »Weltanschaulich neutraler Staat« – die westlichen Staaten sind weltanschlich neutrale Staaten, denen alles gleichgültig ist. Den islamischen Staaten ist nichts gleichgültig. Auch den westlichen Staaten war früher nicht alles gleichgültig: Die Südtiroler wurden von den Siegermächten des WK I, dann von Mussolini, zuletzt von den Siegermächten des WK II diskriminiert. Selbst A. H. setzte sich nicht für die Südtiroler ein, sondern vereinbarte mit Mussolini eine Umsiedlung der Südtiroler ins Dritte Reich.
5. »Im Jahre 2015 haben fast alle Deutschen gegrölt: ›Je suis Charlie!‹ Mit diesem Schlachtruf wollten die Deut-

schen ihre Verbundenheit mit dem französischen Verlag Charlie, der Satiren über den Islam veröffentlicht hatte und dessen Satiriker von Islamisten ermordet worden waren, zum Ausdruck bringen. Im Jahre 2016 veröffentlichte der Deutsche Böhmermann kritische Verse über den türkischen Präsidenten, die zum Protest des türkischen Präsidenten führten. Aber in diesem Fall wurde Böhmermann von der deutschen Öffentlichkeit nicht unterstützt.« – Warum nicht? Öffentliche Meinung ist unberechenbar.

6. »Pressefreiheit, Meinungsfreiheit und Gewaltenteilung« – diese drei Pfeiler einer Demokratie sind aber dann gar nicht so erstrebenswert, wie Demokraten behaupten, wenn Medien gegen die Regierung hetzen und sie verunglimpfen. Das Volk will Beständigkeit, Sicherheit, Ruhe – keine Friedhofsruhe, aber auch keine Reformitis, kein: heute dies und morgen das. Wie kann ein Heranwachsender die Demokratie schätzen lernen, wenn in der Demokratie kein innerer Friede herrscht und Parteien, Medien und die Regierung sich nicht wenigstens im Grundsatz einig sind, sondern sich unflätig beschimpfen? Wie kann z. B. ein Kaufmann planen, wenn Medien die Wirtschaft beschimpfen, und die Regierung, getrieben von den Medien, mit immer neuen Gesetzen die Wirtschaft verunsichert?

Sprachliste April 2016 – Teil 6

1. »Die Widersinnigkeit in der europäischen Flüchtlingspolitik ist noch immer nicht überwunden.« – Es wird alles getan, damit sich von Libyen keine neuen Flüchtlingsströme in Richtung Europa in Bewegung setzen können: Bootseigner, die Flüchtlinge nach Europa bringen wollen, sollen als Schleuser bekämpft werden, weil sie seeuntaugliche Boote einsetzen. Zugleich wird aber die Schließung der Grenzen als Abschottung verunglimpft und als unmenschlich verurteilt. Griechenland lässt zu, dass Flüchtlinge die Eisenbahnschienen in Griechenland besetzen und somit den Güterverkehr behindern. Der DLF berichtet in jeder Nachrichtensendung über den noch gar nicht bestätigten angeblichen Untergang von Flüchtlingsbooten. Und deutsche Ehepaare werden dafür geworben, dass sie für elternlose jugendliche Flüchtlinge eine Patenschaft gegen Entgelt übernehmen. Wollen die Europäer alle Flüchtlinge oder wollen sie keinen einzigen Flüchtling aufnehmen? Die Entscheidungen der EU-Behörden und der EU-Staaten sind undurchschaubar. Was wollen sie?
2. »Die Entscheidung über die Nominierung des Kandidaten der X-Partei ist offen, aber die Entscheidung über die Nominierung des Kandidaten der Y-Partei ist noch viel offener.« (DLF) – Gibt es eine Steigerung des Wortes »offen«? Mehr als »offen« gibt es nicht. Wann wird der Gebrauch der deutschen Sprache enden? Sie wird als nicht mehr brauchbar und unverständlich vom Englischen abgelöst werden. In vorstehendem Fall hätte man sagen können: »ungewiss« oder »unsicher«; beide

Wörter können gesteigert werden. Wer trägt die Schuld an diesem Fiasko? Die BRD-Bildungspolitiker und ihre Schulpolitik.

3. »Alle Macht geht vom Volke aus.« – So heißt es in alten Texten. Heute geht aber die Macht nicht mehr vom Volke und vom Parlament aus, sondern, da die BRD ein Rechtsstaat geworden ist, vom Bundesverfassungsgericht, das den Bundestag korrigieren darf. Richter sind heute das, was früher selbstherrliche Adelige waren, sie durften über alles entscheiden.
4. »Die Gegner des syrischen Präsidenten Assad nennt der DLF ›moderate Rebellen‹.« – Gibt es »moderate Rebellen«? Nein, Rebellen, die mit Waffengewalt, also »in Augenhöhe«, gegen den Staat vorgehen, sind nicht moderat. Aber den BRD-Medien ist alles Recht, was gegen den Staat im Allgemeinen und gegen Assad im Besonderen gerichtet ist
5. »DLF berichtet mehrmals über den Tod eines US-amerikanischen Pop-Sängers in aller Ausführlichkeit, aber über den islamistischen Anschlag gegen den Tempel einer indischen Religionsgemeinschaft in Essen/BRD berichtet der DLF erst ca. 5 Tage nach dem Anschlag.« – Was bedeutet Pressefreiheit? Die Presse darf nach eigenem Gusto berichten oder nicht berichten? Nein, zumindest nicht der staatliche DLF.

Sprachliste April 2016 – Teil 7

1. »Die Presse war im Dritten Reich und in der DDR gleichgeschaltet. Seit ca. dem Jahre 2000 sind die Medien in der BRD ebenfalls gleichgeschaltet.« – Warum? Weil die BRD-Menschen mal dies, mal jenes ausprobieren wollen. Deutsche fallen von einem Extrem in das andere. Die Rechte der Homosexuellen werden mit aller Leidenschaft geschützt, aber die Rechte der Embryos nicht, so dass man sich schon heute ausrechnen kann, wann es keine Deutschen mehr geben wird, sondern nur noch Syrer, die in Deutschland leben werden.
2. »Zwingende Gründe« – »Gründe« genügt. BRD-Menschen können nicht mehr denken: »nicht-zwingende Gründe« sind gar keine Gründe, »jeder Grund« ist ein »zwingender Grund«, also muss »zwingend« entfallen.
3. »Hochnäsige BRD-Politiker fordern aus Umweltschutzgründen und zum Schutz der BRD-Bevölkerung, dass KKW in Belgien stillgelegt werden. Aber die BRD-Automobilindustrie beachtet selbst die Abgasvorschriften für Automobile nicht. Alle BRD-Menschen fordern Respekt für Flüchtlinge, aber Religionen und Staatsoberhäupter dürfen im Interesse der Meinungsfreiheit mit unangemessener Kritik überzogen werden. Die BRD zollt nicht einmal ihren eigenen Embryos Respekt.« – Den Anständigen in dieser widersinnigen Republik bleibt nur noch, in die Schweiz auszuwandern.
4. »Auf ihren Willkommenskultur-Fotos zeigen BRD-Medien fast nur Frauen und Kinder, obwohl hauptsäch-

lich junge, kräftige Männer als angebliche Flüchtlinge nach Europa kommen.« – Lügenpresse.

5. »Gezieltere Maßnahme« – Steigerung von »gezielt« gibt es nicht.
6. »Alle Europäer wollen innerhalb und außerhalb der Ehe die Freuden des Ehelebens genießen – es sei ihnen gegönnt. Aber dass sie die Last des Kinderkriegens, des Erziehens und überhaupt keine Pflichten wie Wehr- oder Zivildienst auf sich nehmen wollen, das wird bald zu einem weiteren Chaos in Europa führen, zumal sie auch nicht länger – wenigstens soweit ihnen möglich – arbeiten wollen.« – Bismarcks Sozialgesetzgebung wird diesem Verhalten nicht gerecht werden können. Ohne Pflichten – kein Genuss.
7. »Augencentrum« (so lautet eine unverständliche Werbung) – was ist das? Eine Gemeinschaftspraxis von Augenärzten, ein großes Optikergeschäft?
8. »Am 26.04.2016 (30. Jahrestag des Reaktorunglücks in Tschernobyl) erinnert der DLF an das Unglück und blendet einen überlangen englischen Text ein, der natürlich auch noch übersetzt wurde.« – Was soll dieser englische Sprachunterricht in einem BRD-Sender?
9. »Die BRD-Medien berichten davon, dass es im Zuge des Flüchtlingschaos auch ›Vertriebene‹ gäbe.« – Es wird aber nicht gesagt, wer wen vertreibt.

Sprachliste April 2016 – Teil 8

1. »Fahrkartenkontrolleure der Deutschen Bahn beklagen eine Verrohung bei den zu kontrollierenden Fahrgästen.« – Ursache einer allgemeinen Verrohung und auch einer Sprachverrohung sind die Beschimpfungen gegenüber den Gegnern der BRD-Flüchtlingspolitik durch hochrangige Vertreter der BRD. Auch Polizeibeamte klagen über eine Respektlosigkeit der BRD-Menschen.
2. »Auseinanderdividieren« (Herbert Wehner) – »dividieren« heißt »teilen«, mehr als teilen geht nicht. Karl Marx hätte so etwas nie gesagt.
3. »Abschluss« – was ist das? Es gibt »Abschluss eines Vertrages«, aber auch »Abschluss von Bauarbeiten«. Im ersten Beispiel ist »Abschluss« der Beginn z. B. der Wirksamkeit eines Vertrages. Im zweiten Beispiel ist »Abschluss« das Ende z. B. der Bauarbeiten.
4. »BRD-Politiker und -Medien sagen sinngemäß: In der BRD leben 2 Mio. friedliche Muslima und Muslime, die fleißig arbeiten, unauffällig und eine Bereicherung für die BRD sind, weder islamistische Gewalttäter noch der Islam oder der Koran sind eine Gefahr für Europa.« – Die BRD-Versöhnungspolitiker wollen die Gewalttaten der Islamisten in Paris, Brüssel, Kopenhagen, in der Türkei, in Afrika und Nahost nicht wahrhaben und keine Verbindung zur BRD herstellen. Wie kann man so blauäugig sein? Auch A. H. hat vielleicht an seinen eigenen Endsieg geglaubt.
5. »Vorort-Termin« – die BRD-Menschen machen ihre Sprache bewusst kaputt. Es hieß früher richtig: »Ortstermin« z. B. eines Gerichts.

6. »Früher hieß es ›christliches Abendland‹, heute nur noch ›Abendland‹, bald: ›islamischer Westen‹.« Europa geht nicht im Kampf gegen den Islam unter, sondern es zerstört sich mit seinen »nicht-benannten Werten« selbst.
7. »Leitprinzipien (Plural!), Leitperspektiven (Plural!), Aktionsplan, ausformulieren, Niveauabsenkung, Kernkompetenz« – mit diese Wörtern macht sich eine katholische Zeitung lustig über die Bildungspolitik der grünen Landesregierung von Baden Württemberg. Recht hat sie. Früher hieß es Schulpolitik.
8. »Zeitgeschichte« – laut Duden: geschichtliche Gegenwart, jüngste Vergangenheit. Ein dümmeres Wort gibt es nicht.
9. »Rechtspopulistische AfD« – seit den für die AfD erfreulichen Landtagswahlen in der BRD wird die AfD nicht mehr »rechtspopulistisch« genannt, sondern »AfD«.
10. »Der SWR (Südwestdeutscher Rundfunk) sendet kaum in schwäbischer oder alemannischer Mundart, nur Hochdeutsch.« – Aber er wird wohl bald auch in türkischer Sprache senden müssen; alles andere wäre eine Diskriminierung des Türkentums.

Sprachliste Mai 2016 – Teil 1

1. »Priorität, Prioritäten« – die BRD-Menschen werden immer dümmer: Es gibt Vorrang, aber keine Vorränge, also auch keine Prioritäten oder gar oberste Prioritäten!
2. »In den Mittelpunkt der Flüchtlingskrise stellen EU-Politiker a) Schleuser, die Flüchtlinge nach Europa bringen, b) Flüchtlinge, die im Mittelmeer ertrinken. Nicht im Mittelpunkt stehen die Ursachen der Flüchtlingsströme.« – Es ist den Politikern schlicht unbegreiflich, dass EU-Bürger gar keine Flüchtlinge in Europa haben wollen, aber die EU-Politiker tun bei Lichte betrachtet selbst alles, um den Zustrom der Flüchtlingen aufzuhalten. Die Ursachen der Flüchtlingsströme und deren Beseitigung kümmern die Politiker nicht. Das ist ihnen viel zu schwierig.
3. »Der X-Konflikt muss gelöst werden.« (DLF) – Ein Konflikt muss beendet, aber nicht gelöst werden. Krieg beenden, Streit schlichten. Der Unfug »Konflikt lösen« rührt daher, dass BRD-Politiker lieber Fremdwörter benutzen als deutsche Wörter. Diese Angeber!
4. »Linke Teilnehmer an den Demonstrationen zum 1. Mai« (DLF) – so bezeichnet der gleichgeschaltete Staatsrundfunk Gewalttäter, die Flaschen auf Polizisten werfen und diese verletzen. Und diese Gewalttaten veranlassen den Regierenden Bürgermeister von Berlin, um Ruhe und Ordnung in seiner Stadt zu bitten, weil anderenfalls die Investoren ausblieben. Wohin wird dieser Wahnsinn die BRD noch führen? In der DDR verliefen die 1. Mai-Kundgebungen immer friedlich.

5. »Ergebnisoffen, tolerant, gleichgültig, gleich-gültig, liberal, egal, sch…egal, es kommt, wie es kommt, wir können nichts ändern.« – Es ist also in der BRD alles möglich.
6. »Zwingend notwendig« – »notwendig« genügt. Inflation der Wörter.
7. »Die südafrikanische Regierung fordert, dass ohne Rücksicht auf die sportlichen Leistungen eine quotengemäße Beteiligung von Ureinwohnern in Sportmannschaften gewährleistet sein muss, also keine überproportionale Zahl von weißen Sportlern in Südafrika.« – Gottes Schöpfung mit unterschiedlichen Menschen wird nicht mehr anerkannt. Die Kommunisten wollten den Unterschied zwischen Armen und Reichen beseitigen, heute gibt es in Russland sehr Reiche, aber immer noch sehr viele Arme. Menschen lassen sich nicht friedlich ändern, sondern nur mit Gewalt. Die Besseren und Stärkeren setzen sich immer durch.
8. »In Berufung gehen« (DLF) – richtig nur: »Berufung einlegen« oder »die nächste Instanz anrufen.«
9. »Der Milliardär Trump« (DLF) – DLF betont immer, dass der US-amerikanische Präsidentschaftskandidat ein Milliardär ist. Aber das ist nicht entscheidend, auch seine Gegenkandidatin Clinton stammt aus wohlhabendem Hause. Entscheidend ist, was die Kandidaten für die USA erreichen wollen.

Sprachliste Mai 2016 – Teil 2

1. »Das immer wieder entstehende Gesetz der Notwendigkeit lehrt den Menschen (auch) das zu tun, was ihm (eigentlich) nicht gefällt, um einem Übel vorzubeugen, welches ihm noch entschiedener missfallen würde.« (Jean-Jacques Rousseau). – Diese Lebensweisheit bedeutet: Denken in oder mit Gegensätzen (z. B. »Gehorsam ist Prinzip, der Mann steht über dem Prinzip.« Moltke). Zu diesem Denken sind BRD-Politiker nicht fähig. Für sie ist alles unveränderlich, gleichbleibend gut, aber Lagen können sich ändern, plötzlich! BRD-Politiker wollen nicht wissen, was nottut.
2. »Deutsche Lehrer und Schulen müssen dafür sorgen, dass Migrations-Schüler sich respektvoll gegenüber deutschen Lehrern verhalten.« (CDU-Politiker) – Warum werden die deutschen Lehrer und Schulen aufgefordert, aber nicht die Eltern der Migrations-Schüler, ihre Kinder gemäß den deutschen Benimm-Regeln zu erziehen und zu integrieren? Meine Frau, Lehrerin, hat bereits zu Beginn des 21. Jahrhunderts diese Schwierigkeiten erlebt. Ein deutscher Lehrer ging damals mit unkonventionellen (türkischen) Mitteln gegen diese Schüler mit Erfolg vor. Keiner hat sich beschwert, auch die türkischen Schüler nicht. Heute würde dieser Lehrer von der BRD-Justiz strafrechtlich verfolgt werden.
3. »Waldbrände in Alberta/Kanada sind noch nicht gestoppt.« (DLF) – Ein Brand wird nicht »gestoppt«, sondern »gelöscht«. Der Name »Alberta« (kanadische Provinz) ist natürlich deutsch auszusprechen, aber nicht englisch. Es heißt im Deutschen auch »Kanada«,

aber nicht »Canada« (die drei »a« werden in beiden Sprachen unterschiedlich ausgesprochen). Der Englisch-Wahnsinn des DLF ist nicht mehr zu »stoppen« (aufzuhalten). Hoffentlich wird bald die türkische Sprache Amtssprache. Dann gilt Zucht und Ordnung der Scharia. Alles Deutsche ist und war dann schlecht, aber es wird schon heute schlechtgemacht. Deutsch war nicht nur die Sprache Goethes, sondern auch dic Sprache der Nazis. Pfui! Die Deutschen haben keine Selbstachtung mehr: Sie sind tolerant (tolerare, lat. = erdulden, ertragen, aushalten, ernähren). »Tolerant sein« ist zur Tugend hochstilisiert worden, aber es ist letztlich Selbstaufgabe des Eigenen. Keine Toleranz natürlich gegenüber Rechts.

4. »Personaldeckel für die Bundeswehr« (DLF) – »Deckel« und »deckeln« sind abwertende Wörter. Warum nicht »Personalobergrenze«?
5. »Aus Europäern kann man nicht *ein* EU-Volk machen« (ein EU-Politiker). – Der Glaube an ein Ziel (z. B. Europa) ist oft stärker als die Wirklichkeit (z. B. viele EU-Völker). (Gedanke nach Oswald Spengler: Preußentum und Sozialismus).
6. »Am 8.5.2016 berichtet DLF anlässlich des 71. Jahrestags der Kapitulation der Deutschen Wehrmacht ausführlich über KZ der Nazis.« – Ein 71. Jahrestag ist nach deutschen Gepflogenheiten kein Gedenktag, ausgenommen christliche Feste, z. B. Weihnachten. Was hat der 8.5.1945/2016 mit der Judenvernichtung zu tun? Am 8.5.1945 waren alle KZ bereits befreit. Die BRD-Medien sind auch für einen Gutmenschen unerträglich aufdringlich.

Sprachliste Mai 2016 – Teil 3

1. »Naive Schwärmer für Demokratie« – Das sind BRD-Politiker, die nie die Machtfrage stellen. Mit welchen Mitteln will die Demokratie welches Ziel erreichen: Flüchtlinge aufnehmen? Islam den christlichen Kirchen gleichstellen? Soll weiter abgetrieben werden? Müssen die Schulen besser werden, statt nach 8 Jahren, wieder erst nach 9 Jahren Abitur?
2. »Sollen aus Schwarzwälder Orten wie Glottertal, St. Märgen, St. Peter islamische Gemeinden mit Moscheen und verschleierten Muslima werden?« – Freiburg ist schon zur Green City mutiert, wobei sich das »Green« noch auf Umweltschutz, aber noch nicht auf den Islam bezieht. Im Interesse der Demokratie, einer von vielen Staatsformen, geben sich die Demokraten selbst auf.
3. »Stellenausschreibung: Wir suchen Verstärkung im Service und der Küche.« – Richtig: »... in Service und Küche« oder »... im Service und in der Küche« oder »... für Service und Küche.« Statt »Service« besser »Bedienung«?
4. »Auch die Bio-Deutschen müssen sich integrieren« (doppelte Integration). (Th. Krüger, Bundeszentrale für politische Bildung). – Die Bio-Deutschen müssen, sollen ... Diese Einseitigkeit kann auf Dauer nicht gut enden. Die Deutschen haben nur noch eingeschränkte Rechte in ihrem eigenen Land, denn auch Ausländer prägen jetzt Deutschland, früher waren es angeblich christliche und jüdische Wurzeln.
5. »Stromversorgung gekappt« (DLF) – richtig: »... eingestellt, beendet, abgeschnitten.«

6. »Fort McMurray« (DLF) – DLF spricht natürlich das »t«. Als ich ca. 12 Jahre alt war, sagte mir meine Volksschullehrerin, als ich ihr von einem Indianerbuch erzählte, das ich gelesen hatte, dass das »t« im englischen Wort ›Fort‹ nicht gesprochen werde.« Laut Duden wird das »t« im Wort »Fort« im Deutschen nicht gesprochen, da das Wort lateinischen/französischen Ursprungs ist. Im Englischen wird das »t« gesprochen. Meine Lehrerein kannte – wie in den 40er Jahren des vorigen Jahrhunderts üblich – nur die französisch/deutsche Sprechweise ohne »t«. Nun kann man trefflich streiten, ob ein deutscher Radiosender, wenn er über ein amerikanisches Fort spricht, das Wort »Fort« englisch oder deutsch aussprechen soll, darf oder muss.
7. »Auf der Verpackung für eine Haut-Creme steht: Von erfahrenen Dermatologen entwickelt und von Uniklinik geprüft.« – Phrasen, nichts als Phrasen.
8. »Bereiche des neuen Flugzeugs müssen erneuert werden.« – richtig: »Teile des …«
9. »X schlägt Option für Erleichterungen vor.« – richtig: ohne »Option«.
10. »X hat Angst vor Referendum.« – Keiner hat Angst vor einem Referendum, aber vor dem Ergebnis eines solchen …
11. »Gewalttätige Demonstranten haben ein Braunkohlenkraftwerk für zwei Tage besetzt und Sachschäden verursacht.« (DLF) – Diese »grünen Demonstranten« waren kein Anlass für die politische Klasse der BRD (wohl aber die PEGIDA-Demonstrationen oder die Brandanschläge auf Flüchtlingsunterkünfte), laut aufzuheulen. Wo bleibt hier der Rechtsstaat? Er bleibt auf

der Stecke! Alle von der Polizei festgenommen »Demonstranten« wurden wieder freigelassen. »Eine feige Politik hat noch immer Unglück gebracht.« (Bismarck). BRD und EU werden bei einer solchen Politik scheitern.

Sprachliste Mai 2016 – Teil 4

1. »Kein Restaurant- oder Ladenbesitzer kennt heute noch den Unterschied zwischen z. B. ›montags‹ und ›Montag‹.« – »Montags Ruhetag« bedeutet: »jeden Montag ist Ruhetag«, aber »Montag Inventur« bedeutet: »nur am kommenden Montag ist Inventur und deshalb das Geschäft geschlossen«. Das ist das Ergebnis der BRD-Bildungspolitik. Der Kunde steht hilflos vor einem Öffnungsschild mit unklaren Formulierungen und Schreibweisen.
2. »DLF kritisiert den Völkermord an Armeniern durch das osmanische Reich vor 100 Jahren und sagt, dass auch Deutschland für diesen Völkermord verantwortlich sei, weil das Deutsche Reich ein Verbündeter des osmanischen Reich gewesen sei.« – Wann leistet die BRD Entschädigungen an Italien, weil vor 2000 Jahren Hermann der Cherusker ein römisches Heer im Teutoburger Wald geschlagen hat?
3. »Über Kritik des BRD-Justizministers und des kath. Erzbischofs Lehmann an der AfD berichtet der DLF mehrmals.« – Aber über die montäglichen PEGIDA-Demonstrationen berichtet der DLF nur einmal kurz.

4. »Die Angst vor dem Islam ist nicht unbegründet.« – Richtig: »Die Angst vor dem Islam ist begründet« oder »Die Deutschen haben Angst vor dem Islam«. Warum? Weil keiner weiß, was Islam bedeutet: Sunniten, Schiiten, Aleviten, Charidschiten, Drusen, Wahabiten, Salafisten, Muslimbrüder.
5. »BRD-Politiker kritisieren Justizpolitik in Polen und Antiterrorpolitik in der Türkei.« – Warum? Weil BRD-Gut-Menschen alles besser wissen. BRD-Gut-Menschen haben sogar ein BRD-Gericht angerufen, um die Tötung der männlichen Küken (weil überflüssig bei der Aufzucht von Hühnern) zu verhindern. Zum Glück haben vernünftige Richter die Klage abgewiesen. BRD-Menschen kämpfen also für männliche Küken, aber nicht für männliche und weibliche menschliche Embryonen. Sie holen lieber indische und afrikanische Priester, Schwestern und Asylanten ins Land, als genügend eigene Kinder in die Welt zu setzen. Mit Asylanten sollen auch unbewohnt gewordene deutsche Gebiete an der Grenze zu Polen wieder besiedelt werden; besser wäre es natürlich, an Polen auch Vorpommern abzutreten, wie den Polen schon Hinterpommern, allerdings unfreiwillig, überlassen wurde. Da die BRD-Menschen wie auch die Verteidigungsministerin Dr. med. von der Leyen Friedensfanatiker sind, haben sie die Bundeswehr handlungsunfähig gemacht (die Bundeswehr wirbt mit IT-Beschäftigungen, aber nicht mit Waffendienst für neues Personal), hingegen stehen für Asylanten Milliarden an EURO auf Abruf bereit, ohne das Parlament zu fragen. Europa wird an seinen eigenen, gar nicht verstandenen Werten zugrunde

gehen. Die Saat der 68er und der Multi-Kulti-Fanatiker ist aufgegangen: Der Islam und fremde Völker unterwandern die BRD. BRD-Politiker befürworten dies.

6. »Unkraut« – dieses Wort darf man heute nicht mehr verwenden, denn alle Pflanzen sind Gottes Geschöpfe und deshalb gut. Es gibt folglich auch kein »Unkrautmittel«, sondern nur noch »Pflanzengift«. Oh, wie furchtbar, Pflanzen werden vergiftet!

Sprachliste Mai 2016 – Teil 5

1. »Fremde Flüchtlinge sind den BRD-Politikern lieber und wichtiger als die Nächsten (z. B. BRD-Embryonen).« – Das wollte Jesus Christus nicht.
2. »Angebliche Flüchtlinge wollen in der BRD schnell Geld verdienen, um mit diesem Geld angeblich ihre Angehörigen im Herkunftsland zu unterstützen oder die Schleuser zu bezahlen.« (DLF) – Also sind die sog. Flüchtlinge zum Teil doch nur Wirtschaftsflüchtlinge, folglich keine Flüchtlinge, die vor Krieg, Verfolgung usw. fliehen mussten? Ist eine Geldüberweisung in Bürgerkriegsländer überhaupt möglich? Die Deutschen werden von ihrer Regierung belogen, wie sie im 3. Reich und in der DDR belogen wurden.
3. »Den Flüchtlingen, die sich nicht integrieren lassen wollen, sollen die staatlichen Leistungen gekürzt werden.« – Sind die Leistungen tatsächlich so hoch, dass man sie kürzen kann?
4. »Türken in der BRD setzen sich für Religionsfreiheit

gem. GG in der BRD ein und fordern den Bau von Moscheen und das Tragen von Kopftüchern. Das Zentralkomitee der Katholiken sieht keinen Unterschied zwischen dem Kopftuch der bayrischen Bäuerin und dem Kopftuch der Muslima (Unterschiede zwischen SS- und Feuerwehr-Uniform und deren Trägern???).« – Aber in der Türkei gibt es keine Religionsfreiheit, hingegen einen Religionskrieg.

5. »Der militante und terroristische Islam gewinnt in Nahost, in Afrika und sogar in Europa auf Kosten der Demokratie und des Christentums an Einfluss. Das Christentum (in Leipzig nur noch weniger als 20 %) zieht sich immer mehr zurück. In Lateinamerika scheint sogar die Demokratie zu scheitern.« – Ein von politischen Stürmen in Ruhe gelassener Staat ist allein die Schweiz. Warum ist sie kein Vorbild für andere Staaten? Es geht doch um Sein oder Nichtsein der Staaten. Ist die westliche Welt orientierungslos geworden? Die BRD-Regierung lässt zu, dass immer mehr Anglizismen in die deutsche Sprache aufgenommen werden. Auch das ist eine Art der Unterwanderung. Das Wort »deutsche Leitkultur« darf nicht mehr verwendet werden und wird auch nicht mehr verwendet.
6. »Die BRD-Regierung hat Angst vor ihrer eigenen Bundeswehr und setzt diese nicht hilfsweise neben der Polizei ein. Die Bundeswehr darf nur bei Naturkatastrophen und bei der Unterbringung von Flüchtlingen helfen.« – Der BRD-Staat macht sich damit selbst handlungsunfähig. Was geschieht, wenn eine Million Ausländer gegen ihre schlechte Unterbringung mit Gewalt aufbegehren?

7. »Die BRD-Kanzlerin *glaubt*, dass das Integrationsgesetz ein Meilenstein ist.« (DLF) – Seit wann ist Frau Merkel gläubig? Und meint sie einen Meilenstein auf dem Weg ins Glück oder auf dem Weg ins Unglück?
8. »Die BRD ist nicht fähig, den Berliner Flughafen zu bauen. Aber sie glaubt, das Flüchtlingschaos zu bewältigen.« – Deutschland wird scheitern auf allen Gebieten.

Sprachliste Juni 2016 – Teil 1

1. »Evangelische Kirche der BRD fordert flächendeckend islamischen Religionsunterricht für muslimische Schüler an BRD-Schulen.« (DLF) – Welchen Kriterien soll dieser Unterricht genügen? Wer sollen die Lehrer sein? Türken oder Deutsche? Was geschieht, wenn die Eltern der Schüler diesen Unterricht ablehnen? Die ev. Kirche kümmert sich um Dinge, die sie nichts angehen.
2. »Liberalismus« – Diese zurzeit hochgelobte Denkrichtung kann zur Beliebigkeit führen (Libertinage, Libertin). *Alles* ist möglich.
3. »Mein Friseur, 79 Jahre alt, wie ich, steht noch immer in seinem Friseursalon und schneidet die Haare. Ich sage gesprächsweise, dass die Schweizer den Gotthardtunnel, den längsten Tunnel der Welt, vorfristig, ohne Kostensteigerung fertiggestellt haben. Mein Friseur: ›Das schaffen die Deutschen nicht mehr. Berliner können keinen Flugplatz mehr bauen, aber quatschen. Schweizer handeln, aber babbeln und schwätzen nicht.‹ – So vergeht der Ruhm der Deutschen.«

4. »Die größer gewordene Schere zwischen Arm und Reich.« Quatsch! Richtig: »Kluft zwischen Arm und Reich«. Eine Schere kann nicht größer werden.
5. »Internationales Team von Restauratoren hat …« – Richtig: »Internationale Restauratoren haben …« In jedem Satz muss eine englische Vokabel sein!
6. »Wichtige Maßnahmen wurden umgesetzt.« – Richtig: »durchgeführt, ergriffen, wahrgenommen«.
7. »Das Gerät war in Nutzung.« Richtig: »… wurde genutzt.«
8. »Identitätsstiftend«, was soll das sein?
9. »Kontaktieren« – richtig: »ansprechen«, »anrufen«.
10. »Vor 100 Jahren Schlacht von Verdun« – wie konnten die Menschen damals so dumm sein und sich gegenseitig abschlachten? In 100 Jahren werden die Menschen, sofern sie sich noch nicht gegenseitig ausgelöscht haben werden, fragen, wie konnten die Menschen eine solch irrsinnige Flüchtlingspolitik treiben und Europa in den Untergang führen. »Probleme« konnten vor 100 Jahren nicht »gelöst« werden und werden auch heute nicht »gelöst«. Der BRD-Bundestag beschäftigt sich ohne Grund mit dem Völkermord an den Armeniern vor 100 Jahren und merkt gar nicht, welche Bedeutung dieser Völkermord in der Tagespolitik der Türkei und der Türken noch heute spielt. Deutsch-Türken demonstrieren vor dem Brandenburger Tor, dem Denkmal der Deutschen, gegen den BRD-Bundestag, der von Völkermord an Armeniern spricht. Wo ist die Integration? Ein Bürgerkrieg steht der BRD bevor. A. H. war dumm, aber die BRD ist nicht klüger.

Sprachliste Juni 2016 – Teil 2

1. »Indigen« – das »e« wird betont und lang gesprochen. DLF spricht das Wort falsch aus. Bedeutung: einheimisch, eingeboren.
2. »Cent« – DLF spricht »Cent« englisch aus. Richtig: wie Zentner.
3. »Bombardierung der Truppen« – werden die Truppen bombardiert? Oder bombardieren die Truppen?
4. »Ursachen der Fluchtbewegungen verhindern, indem Arbeitsplätze in den Herkunftsländern der Flüchtlinge geschaffen werden.« (Vorschlag von BRD-Politikern) – Diesen Vorschlag kann niemand verwirklichen: Wie will die BRD Arbeitsplätze in Bürgerkriegsländern schaffen? Der Vorschlag macht aber deutlich, dass keiner Flüchtlinge aufnehmen will.
5. »Polnische Faltblätter über Personen und Sehenswürdigkeiten, z. B. im heute polnischen Schlesien, sind in schlechtem Deutsch und Polnisch verfasst.« – Wo ist europäische Zivilisation und Kultur? Gibt es keine guten Schulen mehr? Edith Stein wurde 1891 in Breslau als Tochter deutsch-jüdischer Eltern geboren, aber ihr Vorname wird auf Polnisch »Edyta« genannt. Warum? Warum wurde nicht auch ihr Familienname polonisiert?
6. »Im BRD-Bundestag gibt es nicht nur Deutsche, sondern auch Abgeordnete mit türkischen Wurzeln oder, wie Erdogan meint, nicht-türkischen Blutes, also Türken, die aber keine echten Türken sind.« – In der BRD gibt es also wieder eine (noch-)Minderheit. Minderheiten sind aber für einen Staat immer eine Gefahr –

wie die jüngste Geschichte z. B. in Israel (Juden und Palästinenser) und auf der Krim (Ukrainer und Russen) lehrt.

7. »Wie können radikalisierte junge Leute wieder in die Gesellschaft reintegriert werden?« (FAZ) – »wieder« und »re«(-integriert) ist doppelt gemoppelt. Arme FAZ – der kluge Kopf hinter der FAZ war einmal. Die radikalisierten jungen Leute zeigen dem »Establishment«, dass Demokratie und Rechtsstaat, wie sie heute in der BRD und in der EU praktiziert werden, keine Begeisterungsstürme auslösen.
8. »Um Mitleid bei den BRD-Menschen zu wecken, werden leidende afrikanische Kinder unverhältnismäßig oft in den Medien gezeigt, aber auch kleine BRD-Kinder, die Plakate tragen: ›Jérôme, zieh neben uns ein‹ (gemeint ist Jérôme Boateng, ein Christ und Deutsch-Ghanaer, der von einem Deutschen beleidigt worden sein soll).« – Ich habe noch gelernt, dass man mit Kindern keine Politik machen darf. Aber heute ist jedes Mittel recht, um seine Ansichten durchzusetzen.

Sprachliste Juni 2016 – Teil 3

1. »Gauland, Alternative für Deutschland: Die Leute wollen Jérôme Boateng nicht als Nachbarn haben« (s. Sprachliste Juni 2016 – Teil 2, Nr. 8). – Wer diese Äußerung als rassistisch bewertet, kennt die BRD-Presse nicht: Die BRD-Medien berichten unentwegt sogar mit Bildern, um Mitleid bei den BRD-Menschen zu erregen, über von Afrikanern in Afrika selbst verursachte Not, Armut und Bürgerkriege. Aber bei vielen Menschen wird kein Mitleid erregt, sondern eine verständliche Abwehrhaltung und Angst: Wir Deutschen wollen und können nicht mit Afrikanern zusammenleben, die ihr eigenes Schicksal in Afrika nicht selbst bewältigen konnten, denn sie bringen uns vielleicht auch Not, Armut und Bürgerkriege. Diejenigen, die Gauland, Alternative für Deutschland, als Rassisten bezeichnen, vergessen, dass auch kein Deutscher bereit ist, in jedes beliebige Stadtviertel in einer deutschen Stadt zu ziehen. Jeder hat seine Vorliebe oder Abneigung für dieses oder jenes Stadtviertel. Wer aus finanziellen Gründen es sich leisten kann, zieht in ein besseres Viertel und achtet darauf, dass sein Grundstück gepflegt ist, damit er keinen Ärger mit den Nachbarn bekommt, die ebenfalls ihre Grundstücke pflegen (Kehrwoche in Württemberg). Wer sich nicht an Sitten und Gebräuche seines Viertels hält, bekommt Ärger mit seinen Nachbarn. Wer weiß, ob Afrikaner dieselben Vorstellungen wie Deutsche haben? Wahrscheinlich nicht. Sie haben andere Vorstellungen. Auch die 1944/46 aus den deutschen Ostgebieten geflüchteten

und vertriebenen Deutschen wurden leider nicht immer mit offenen Armen in den anderen Teilen Deutschlands willkommen geheißen. Aber alle Afrikaner dürfen kommen?

2. »Sound« – das deutsche Wort »Ton« darf man in der BRD nicht mehr benutzen, man darf nur noch das englische Wort »sound« verwenden.
3. »Menschenrechte« – BRD-Politiker kümmern sich um die Menschenrechte in der ganzen Welt, aber nicht um die Lebensrechte deutscher Embryos.
4. »Deutschen Soldaten hat Bundesverteidigungsministerin Dr. med. von der Leyen verboten, aus rechtlichen und ethischen Gründen gezielte Tötungen z. B. mit Drohnen vorzunehmen, und deutsche Friedensaktivisten protestieren gegen die Steuerung von amerikanischen Drohnen gegen Islamisten von deutschem Boden aus.« – Also war das Attentat vom 20. Juli 1944 auf A. H. Unrecht? War auch der Abwurf von Atombomben Unrecht? Der Terrorangriff auf Dresden 1945 war nach Meinung der BRD-Linken aber kein Unrecht? Die Amerikaner haben im Kalten Krieg mit Atombombendrohung Deutschland vor der Sowjet-Union geschützt. Die Bundeswehr ist zurzeit nicht fähig, Deutschland zu verteidigen und sie wird es auch in Zukunft nicht sein, weil zukünftige Soldaten abgetrieben werden.

Sprachliste Juni 2016 – Teil 4

1. »Rechtsstaat« – die BRD will sogar die sexuellen Handlungen zwischen Frau und Mann per Gesetz regeln. An seiner Regelungswut wird der Rechtsstaat zu Grunde gehen. Wer soll all diese Gesetze lesen und beachten? Die Immigranten?
2. »Orlando« – den Namen der US-amerikanischen Stadt spricht der Nachrichtensprecher des DLF natürlich »Orländo« aus. Der Auslandskorrespondent sagt richtig: »Orlando«.
3. »Nachdem der BRD-Bundestag in noch nie dagewesener Überheblichkeit den Massenmord der Türken an den Armeniern vor 100 Jahren als ›Völkermord‹ verurteilt hat, muss natürlich auch der angebliche Massenmord an den Hereros durch deutsche Kolonialtruppen vor ebenfalls 100 Jahren als Völkermord bewertet werden.« – Wann werden endlich die Massenmorde von Stalin und Mao Tse-Tung ebenfalls als Völkermorde verurteilt? Nie! Denn davor haben BRD-Politiker Angst. BRD-Politiker sind unfähig, Deutschland souverän zu regieren.
4. »Die Olympischen Spiele von 1936 werden als bloße Propagandaschau des NS-Regimes verunglimpft.« – Aber was ist eine Europa-Meisterschaft im Fußball in Frankreich 2016 mit Massenschlägereien der angereisten Hooligans? Was sind die Olympischen Spiele 1972 in München mit von Palästinensern ermordeten Mitgliedern der israelischen Olympiamannschaft? Kann Europa keine friedlichen Sportfeste mehr veranstalten? Ist Europa mit seinem Rechtsstaat, seiner Demokratie und seinem Liberalismus am Ende?

5. »Eine Spezialeinheit der Polizei nahm den Verbrecher fest.« – »Polizei« genügt. Das Wort »Spezialeinheit« verdeutlicht nichts.
6. »Bundespräsident Gauck (ehem. ev. Pfarrer) feiert zusammen mit Muslimen in seiner Eigenschaft als Bundespräsident das islamische Fest ›Fastenbrechen‹.« – Gauck will everybodies Darling sein, aber er ist nobodies Darling. Gauck weiß nicht, dass es zu allen Zeiten Kämpfe zwischen den Religionen untereinander, Kämpfe der Religionen gegen Ungläubige und Kämpfe der Atheisten gegen Religionen gegeben hat. Ein Zusammenleben der Religionen »auf Augenhöhe« gibt es nicht. Es gibt nur Kampf, es sei denn, die Religionen spielen im täglichen Leben keine große Rolle mehr wie gegenwärtig das Christentum (Abtreibung). Der Islam wird siegen, das Christentum untergehen.
7. »Steuergerechtigkeit« – diese fordern alle Parteien in der BRD. Aber es kann sie nicht geben: es gibt nur hohe und niedrige Steuern. Alles andere ist Augenwischerei und Verblödung des Volkes.

Sprachliste Juni 2016 – Teil 5

1. »Ein gastfreundlicher Mann lädt (z. B. am 20.12.2016) ein: Am 31.12.2016 lade ich alle Freunde ein, mit mir das Neue Jahr zu begrüßen.« – So falsch lauten heute alle Einladungen. Richtig: »*Zum* Silvesterabend lade ich alle meine Freunde ein, ... *Zu* meinem Geburtstag am ... lade ich ...« usw.
2. »Verhältnismäßig viele Juden gehörten im 19. Jh. zur Mittelschicht.« – Was soll der Satz aussagen? Im Verhältnis zur Zahl der Christen gab es mehr Juden, die ..., nämlich viele? Oder soll der Satz sagen: Alles stand in einem zahlenmäßig gleichen Verhältnis? Richtig hätte der Satz formuliert werden müssen: »unverhältnismäßig viele Juden gehörten ...«, also relativ mehr Juden als Christen.
3. »Vermont« – DLF spricht den Namen des US-amerikanischen Bundesstaates natürlich falsch aus: Ton auf der letzten Silbe; Ton liegt aber auf der ersten Silbe. Germanische Sprachen haben im Zweifel Ton immer auf der ersten Silbe. Das lernt man aber heute nicht mehr an BRD-Schulen.
4. »Psychische Probleme« – richtig: »psychische Krankheit, Störung«.
5. »Ein Engländer, der den Austritt Englands aus der EU befürwortet, ermordet eine englische Parlamentarierin, die gegen den Austritt eingestellt ist.« – Aufgrund einiger Indizien wird der Engländer als Nazi mit psychischen Problemen stigmatisiert. Stalin und Mao Tse-tung scheinen auf einem anderen Stern ihre Untaten begangen zu haben: Sie dienen nie als abschreckendes

Beispiel. A. H. aber ist an allem schuld, auch an unerfreulichen Geschehnissen der Gegenwart. Bei dieser dümmlichen Betrachtung der Gegenwart wird Europa untergehen.

6. »Ein SS-Mann, 94 Jahre alt, wird wegen 170.000-facher Beihilfe zum Mord zu einer Haftstrafe von nur 5 Jahren verurteilt (trotz 170.000-facher Beihilfe zum Mord!). Tätern des DDR-Unrechts wird erst gar kein Prozess gemacht.« – Wer kann das noch verstehen? Gnade vor Recht gibt es nicht für rechte, aber für linke Täter.
7. »Die Debatte über X wurde von Y mit beeinflusst.« – Das inhaltsleere Wort »mit« erfreut sich großer Beliebtheit: Mitarbeiter, Mitbürger, Mitchrist. Es kann immer entfallen.
8. »Austesten« – »testen« genügt. Besser: »prüfen«, »versuchen«.
9. »Zentrale Ursache des Flüchtlingschaos« – was ist »zentral«?
10. »Massentierhaltung muss verboten werden« (BRD-Grüne) – aber Massenabtreibung wird vom BRD-Staat bezahlt. BRD-Politiker sind so dumm, dass sie gar nicht merken, wie dumm sie sind. Sie wollen die Menschheit zugunsten der Tierwelt abschaffen.

Sprachliste Juni 2016 – Teil 6

1. »Schwarzwaldregion« – richtig nur: »Schwarzwald«.
2. »Die Verletzte wurde ins Krankenhaus transportiert.« – Richtig nur: »... gebracht.« Aber: »Gegenstände werden transportiert.«
3. »Zeichen setzen« – richtig nur: »Zeichen geben«. Der Polizist gibt Zeichen zum Weiterfahren, er setzt keine Zeichen.
4. »Homos durften das Brandenburger Tor in ihren Regenbogenfarben anstrahlen.« – Wie durfte diese Umwidmung des Nationaldenkmals genehmigt werden? Wegen der »Toleranz« ist in der BRD auch das Unmögliche möglich.
5. »Berechtigte Notwehr« – Notwehr ist immer berechtigt, anderenfalls ist es keine Notwehr.
6. »Endlösung der Judenfrage« – schon im Dritten Reich wurde schlechtes Deutsch gesprochen: Wie kann man die Judenfrage endlösen?
7. »Kriege zwischen den Völkern (zuletzt in Nahost und in Afrika) und die dadurch ausgelösten Fluchtbewegungen müssen verhindert werden.«– Wer glaubt, die BRD oder die EU könnten ein solches Tun verhindern, ist ein Narr. Wer will heute noch kämpfen?
8. »Juden haben sich in Deutschland in 1000 Jahren nicht integriert und wurden nicht integriert.« – Wer glaubt, die Deutschen könnten Muslime und Afrikaner integrieren oder diese ließen sich integrieren, irrt. Die Deutschen werden auf der Strecke bleiben.
9. »Aus Anlass des 75. Jahrestages des Überfalls Hitlers auf die Sowjetunion am 22.6.1941 bedauern BRD-

Politiker die Leiden der Sowjetmenschen.« – Aber deutsche Bombenopfer und Vertriebene haben für alle Schandtaten gebüßt, Deutsche müssen noch heute für alles büßen und zahlen. Doch daran erinnern BRD-Politiker nur in Nebensätzen.

10. »Bewerbe dich jetzt!« – Mit diesen Worten wirbt eine Firma um zusätzliche Beschäftigte. Richtig: »Bewirb dich!«
11. »Vater, Mutter, Tochter, Sohn, alle wählen die Union.« – In den 40er Jahren des vorigen Jh's warb die CDU in der DDR mit diesen Worten für ihre Politik. Heute ist ein solcher Satz unmöglich geworden: Einträchtige Familien darf es nicht mehr geben, nur noch vielfältige.
12. »Ohne parlamentarische oder sonstige Debatten werden in der BRD Windräder gebaut.« – Über den Bau von Straßen, Kanälen und Schienenwegen darf gar nicht erst gesprochen werden – sie sind tabu.
13. »Flüchtlingskinder aus Nahost und Afrika haben Menschenrechte.« – Aber BRD-Kinder werden selbstverständlich abgetrieben. Europas Politiker sind zu Totengräbern ihrer Völker geworden.
14. »Potentieller Gefährder« (DLF) – »Gefährder« ist eine Wortneuschöpfung der BRD-Politiker und bedeutet: »von X könnte eine Gefahr ausgehen«. Was bedeutet aber »potentieller Gefährder«? »Potentiell« bedeutet auch nur »möglicher Gefährder«, also: doppelt gemoppelt.

Sprachliste Juni 2016 – Teil 7

1. »UN-Kinderhilfswerk fordert Hilfe für Kinder in den Entwicklungsländern.« – Warum keine Hilfe für europäische Kinder, die abgetrieben werden sollen oder von vornherein verhindert werden? Weil die Europäer die freie Entfaltung ihrer Persönlichkeiten für sich fordern, die von eigenen Kindern behindert werden würde, und weil Kinder aus den Entwicklungsländern im Interesse der Europäer später einmal ausgebeutet werden sollen (schon jetzt heißt es z. B. auf vielen Produkten, die in der BRD verkauft werden: Made in China). Das Fehlen eigener Kinder führt schon heute dazu, dass sich die Europäer militärisch nicht mehr verteidigen können und wollen und dass sie keine fähigen Köpfe mehr haben, um das Flüchtlingschaos und das Ende der EU zu verhindern. Die EU scheitert nicht wegen des Austritts Großbritanniens aus der EU, sondern weil das Leben und die Vernunft in der EU verneint werden.
2. »BRD-Familienministerin fordert mehr Betreuer (auch männliche) für Kinder in Kitas, weil zu wenig Betreuer auf ein Kind entfallen.« – Die Mütter der Kinder wären die besten Betreuer. Aber Mütter müssen aus ideologischen Gründen außer Haus arbeiten und stehen ihren Kindern nicht mehr zur Verfügung. Wegen der Abtreibungspolitik in der BRD gibt es weder Soldaten noch Soldatinnen noch Kinderbetreuer/innen.
3. »Bundeskanzlerin Merkel bedauert zutiefst das Selbstmordattentat mit vielen Toten in der Türkei.« – Aber warum verbietet Frau Merkel der Bundesluftwaffe, gegen den islamischen Staat (IS) zu kämpfen? Tatkräf-

tige Hilfe, die auch der BRD nutzt, wäre besser als Wortgeklingel, das niemandem hilft, auch der BRD nicht.

4. »X hatte sich im Kopfbereich verletzt.« – Richtig: »... am Kopf verletzt.« Alles andere ist nur Wortgeklingel. Ebenso: »Eingangsbereich«.
5. Ein vom Bürgerkrieg erschüttertes Land »stabilisieren« (DLF) oder »befrieden«? – Der bessere Ausdruck ist »befrieden«. Auch eine Diktatur kann auf Kosten des inneren Friedens »sich stabilisieren«. Wer kennt heute noch die Feinheiten der deutschen Sprache und die unterschiedliche Bedeutung der Wörter »befrieden« oder »stabilisieren«? Der DLF nicht. Er liebt nur Fremdwörter.
6. »Eine Studie soll klären, wie in Zukunft verfahren werden soll.« (DLF) – Studie = Entwurf, kurze Darstellung, Vorarbeit. Richtig also nur: »Forschungen müssen ergründen, wie ...« »Soll« ist immer verkehrt.
7. »Wegen des Austritts Großbritanniens aus der EU ist die EU in eine Krise geraten.« – Aber nicht der Austritt Großbritanniens ist die Ursache der Krise, vielmehr ist der Austritt schon die Folge einer falschen Politik der EU. Die EU ist leider nur eine Wirtschaftsunion. Sie müsste auch eine Kultur-, Wissenschafts- und Werteunion sein. Das Wort »Werte« ist durch seinen inflationären Gebrauch seitens Frau Merkel zwar entwertet worden, aber das Wort könnte wiederbelebt werden, wenn Europa nicht nur an Geld dächte, sondern an das, was die Welt im Innersten zusammenhält.

Sprachliste Juli 2016 – Teil 1

1. »Immer mehr islamistische Selbstmordattentate werden in der Welt verübt.« – Aber der Westen tut nichts *gegen* Attentäter und ihre Auftraggeber, aber auch nichts *für* die eigene Sicherheit. Friedensbewegte und Menschenrechtler des Westens bedauern vielmehr, dass bei den wenigen Drohnenangriffen der US-Amerikaner ungewollt auch viele Zivilisten getötet wurden (wie auch viele zivile Deutsche bei den Terrorangriffen der US-Bomber im WK II getötet wurden, aber diese hatten ja A. H. zugejubelt, also waren sie selber schuld). Das Denken in Gegensätzen ist BRD-Politikern fremd. Vor 120 Jahren hat der Westen noch die ganze Welt beherrscht. Aber heute ist er ein Getriebener des Islam. Um die zivilen Opfer des großen Völkerfreundes Genossen J. W. Stalin kümmert sich heute niemand mehr. Europa ist ein Tollhaus geworden: Muss ein strenggläubiger Muslim einer weißen deutschen Frau die Hand geben oder darf er sich auf das Recht seiner freien Religionsausübung berufen und somit die deutsche Frau diskriminieren? Das sind Gegensätze in Demokratie und Rechtsstaat, die die BRD-Politiker nicht beherrschen können, weil sie unfähig sind, sich zu entscheiden. Das Leben fordert Entscheidungen, auf die kein Gesetz eine Antwort gibt: Krieg oder Frieden. Rechtsstaat und Demokratie sind nicht alleinseligmachend. Es gibt noch etwas anderes. Aber was? Der Wille zu leben!
2. »Sicherheitsprobleme beim KKW X« (DLF) – »Sicherheitsprobleme« gibt es nicht, aber: »Mängel«, viel-

leicht auch: »Sicherheitsmängel« oder »Mängel bei der/an der Sicherheit«. Wer das Wort »Problem« benutzt, schwätzt.

3. »Schlacht bei Königgrätz zwischen Preußen und Österreich am 3.7.1866 (also vor nur 150 Jahren).« – Wer kann ehrlicherweise einen Grund dafür nennen, dass dieser Bruderkrieg geführt werden musste? Genauso wenig wird man einen Grund dafür nennen können, dass es innerhalb der EU Streit darüber gibt, wie man »Probleme lösen« kann, und es wird nicht zu erklären sein, dass es in vielen europäischen Ländern einen heftigen Streit zwischen äußersten Rechten und äußersten Linken in der Politik gibt, der die Nationen wird zerreißen können. Auch unbeantwortet ist noch die Frage, warum Deutsche von der »Schlacht von Königgrätz« sprechen, aber Engländer und Franzosen von der »Schlacht von Sadowa«. Der unterschiedliche Gebrauch der Namen (beide Namen sind die Namen von zwei kleinen Ortschaften im Gebiet der Schlacht) gibt zu denken.
4. »Skeptisch«, »Skepsis« Die deutschen Wörter »zweifelnd« und »Zweifel« tun es auch. Wer ganz gebildet tut, verwendet das Wort »Skeptizismus«. Dieses Wort beschreibt aber eine philosophische Denkweise und hat im täglichen Leben nichts zu suchen.
5. »Christopher Street Day am 3.7.2016 in der BRD mit Hunderttausenden von Demonstranten, die für ihre Rechte (welche?) kämpfen.« – Wenn ein Volk nur noch Homos im Sinne hat, aber nichts anderes, ist es reif für den Untergang.

Sprachliste Juli 2016 – Teil 2

1. »Resultate müssen besser festgelegt werden.« (Frau Merkel) – Das Wort »Resultat« bedeutet »Ergebnis« und wird nur rückblickend verwendet: z. B. »2015 waren Resultate/Ergebnisse (Produktion und Gewinn) der Fa. X sehr gut.« Zukunftsgerichtet darf man sagen: »Ziele für 2017 festlegen.«
2. »Der Einsatz von bewaffneten Drohnen wird von Friedensbewegten abgelehnt, weil es dafür noch keine Kriegsvölkerordnung gäbe.« – Solange vom Terrorismus bedrohte Staaten den Drohneneinsatz der USA in ihren Ländern (z. B. Pakistan) hinnehmen, vielleicht sogar billigen und fordern, ist aus rechtlichen Gründen gegen den Drohneneinsatz nichts zu sagen: Terroristen und IS halten sich ebenfalls nicht an das Kriegsvölkerrecht: Sie sind Partisanen und sind standrechtlich zu erschießen oder mit Drohnen zu töten. Aber in der BRD genießen alle Aufständischen Sonderrechte: Der DLF bezeichnet sie nur als »Kämpfer«, aber die Staaten, die von den Terroristen bekämpft werden, belegt der DLF mit allen denkbaren Schimpfwörtern. Der Westen wird aus ideologischen Gründen von Linken und Roten wehrlos gemacht: Keine Waffenexporte, keine Drohnen gegen den IS, der aus religiösen Gründen auch andere islamische Staaten bekämpft. Linke und Rote wollen einen ganz anderen Staat, aber welchen? Den Staat der Gotteskrieger? Linke und Rote verurteilen nie Terroranschläge. Dabei ist aber anzumerken, dass die Trauerbekundungen des Westens nach Terroranschlägen allzu formelhaft klingen. Von Rache, Vergeltung,

Eindämmung der Gewalt und Schutz der Bedrohten (z. B. Christen) spricht keiner. Den Linken, den Roten und den Medien sind bloße Waffen ein Dorn im Auge, sie sind deshalb gegen jede Art von Waffenexporten und sogar gegen das eigene Militär und fragen nie, wer Waffen verwendet oder wozu sie verwendet werden. Linke und Rote treten immer für Kämpfer, Aktivisten, Aufständische und Revolutionäre ein. Diese dürfen schrankenlos Gewalt anwenden, auch wenn Zivilisten sterben. Drohnen dürfen aber nach Meinung der Linken und Roten wegen der Gefahr für Zivilisten nicht eingesetzt werden.

3. »Alle Politiker und Einrichtungen, die rechts von der SPD/CDU stehen, werden von den Medien mindestens mit dem Wort ›Populist‹ verunglimpft, sogar Briten, die für den EU-Austritt stimmten.« – Die Medien sind tatsächlich die Vierte Staatsgewalt, wenn sie nicht gar die Erste Staatsgewalt geworden sind und werden den Ausgang der nächsten Bundestagswahl bestimmen.
4. »Im Sommer 2016 kamen fast keine Flüchtlinge mehr nach Europa.« – Müssen sie aus ihren Ländern nicht mehr fliehen? Sind Not und Krieg dort beendet? Oder wurden diese Menschen in ihren Heimatländern vernichtet? Auf diese Fragen geben BRD-Politiker keine Antwort. Warum keine Luftbrücken von Syrien und Nordafrika in die BRD, um diese Menschen zu retten?
5. »Die Deutschen haben gekämpft für Führer, Volk und Vaterland, für den Sozialismus und jetzt lösen sie Probleme.« – Wie soll diese Lösung aussehen?

Sprachliste Juli 2016 – Teil 3

1. »Mitkonkurrent« (DLF) – mit diesem Wort zeigt der Radiosprecher, dass er eine schlechte Schulbildung hatte: In dem lat. Wort »Konkurrent« ist schon der Wortbestandteil »mit« = »kon« enthalten. Das Allerschlimmste ist aber, dass die Leitung des DLF solche Fehler nicht verhindert. BRD und EU scheitern an ihren schlechten Schulen. Untergang des Abendlandes!
2. »Wenn Rechte gegen Migrantenunterkünfte gewalttätig vorgehen und Feuer legen, schreit die ganze BRD auf. Aber wenn der Regensburger Dom von Sinti und Roma besetzt wird, ist dies nur eine einzige Radiosendung wert. Der Rechtsstaat und die Kirche schweigen. In Berlin dürfen sogar zur gleichen Zeit die verschiedenen Nahost-Streitparteien demonstrieren: Juden, Palästinenser, ultraorthodoxe Juden, Judenfeinde.« – Noch ist das lustig wie in einem Zirkus. Aber der Bürgerkrieg »jeder gegen jeden« wird kommen. Und Deutschland wird, da von Linken, Roten und Grünen gewollt, untergehen. Der Pluralismus wird scheitern. Die Konservativen trauen sich nicht mehr zu kämpfen.
3. »Wenn ein AfD-Parlamentarier sich angeblich judenfeindlich geäußert hat, gerät die gesamte AfD ins Wanken.« – Warum wird in den Mittelpunkt der Diskussion nicht die judenfeindliche Äußerung gestellt? Warum wird über sie nicht gesprochen? Was hat er gesagt? Auch von Luther gibt es Äußerungen, die man als judenfeindlich ansehen kann. Darf man sich über Juden nicht mehr negativ äußern? Ist eine falsche Wortwahl schon antisemitisch? Warum verursacht political incor-

rectness bereits ein politisches Erdbeben? Ist das noch Demokratie? Muss man jede Äußerung auf die Goldwaage legen und Angst vor seiner Äußerung haben, die der Mehrheit nicht gefällt?

4. Deutsche Kaiser und christliche Päpste haben Europa nicht einigen können. Nicht einmal Bismarck ist es gelungen, wenigstens alle Deutschen in einem Reich zusammenzufassen. Aber Bürokraten wollen mit Hilfe der Rechtsstaatlichkeit und der Demokratie eine riesige EU einschließlich der Türkei aufbauen? – Welch ein Größenwahn der kleinen Geister (Frau Merkel)!
5. »Moderate Rebellen« (DLF) – moderate Rebellen in einem Bürgerkrieg (im Gegensatz zu besonders brutalen IS-Kämpfern im syrischen Bürgerkrieg) gibt es nicht: Für den bekämpften Staat sind alle Feinde gleich gefährlich und müssen bekämpft werden, wenn der Staat überleben will.
6. »Studien« – dieses Wort erfreut sich großer Beliebtheit, z. B.: »Wissenschaftliche Studien haben ergeben, dass …« Das Wort ist falsch, denn »Studie« bedeutet: »skizzenhafte Vorarbeit zu einem größeren Werk«. Der Duden erläutert zwar auch: »wissenschaftliche Untersuchung über …« Aber »studieren« und »Student« usw. bedeuten immer »lernen«, »noch in der Ausbildung«. Hingegen bedeutet »wissenschaftliche Untersuchung«, dass ein Wissenschaftler über ein Thema gearbeitet hat und zu einem Ergebnis gekommen ist; »wissenschaftlich« und »Studie« passen nicht zusammen: Studien werden auch von politisch beeinflussten Stellen verfasst.

Sprachliste Juli 2016 – Teil 4

1. »Benefizkonzert« – warum nicht: »Wohltätigkeitskonzert«?
2. »Militärbasis« – richtig: »Stützpunkt«.
3. »Kämpfe mit Rebellen« (DLF) – richtig: »Kämpfe gegen …«
4. »Juden und Zigeuner wurden von Deutschen vergast.« – Aber BRD-Politiker gehen gegenwärtig vor Juden und Sinti/Roma bei unterschiedlichen politischen Ansichten in die Knie: Waffenlieferungen an Israel und negative Äußerungen über Juden, Kirchenbesetzung durch Sinti/Roma und deren Nicht-Abschiebung nach Rumänien werden nicht hinterfragt. – Warum? Von einem Extrem in das andere! So sind die Deutschen. Vor 100 Jahren haben deutsche Jugendliche mit Begeisterung Indianerbücher gelesen, ohne deshalb Feinde der USA zu werden. Heute dienen den Medien die Kämpfe der Weißen gegen die Indianer vor 200 Jahren und die Unterdrückung/Diskriminierung der Neger dazu, die USA in den Augen der BRD-Menschen schlecht zu reden. Wie im WK I hat Deutschland heute keinen Verbündeten mehr: Russland nicht wie im Kampf gegen Napoleon, und die USA nicht wie im Kampf gegen den Kommunismus. Alle Deutschen haben die USA wegen ihrer Berliner Luftbrücke und ihres Kampfes gegen den Kommunismus geliebt. Die BRD hat sich aber jetzt mit allen Staaten angelegt und glaubt, Weltmachtpolitik allein gegen alle treiben zu können. Zugleich wird die gesamte deutsche Geschichte, nicht nur des III. Reiches, schlecht geredet: die Tötung der Herero durch deutsche Kolonialtruppen vor ca. 115

Jahren wird sinnloserweise und auch erst jetzt zum Völkermord erklärt. Heutige BRD-Menschen werden zu Heiligen gemacht: Allein die Deutschen sind Gutmenschen geworden, sie haben aus ihrer Geschichte gelernt, alle anderen sind uneinsichtige Menschen: alle Amerikaner, alle Russen, aber auch die Deutschen der Vergangenheit. Und dennoch haben alle Deutschen trotz ihres Wohlstands heute Angst vor ihrer Zukunft. Die politischen Parteien verlieren ihre Mitglieder. Die Wahlbeteiligung ist sehr gering. Demokratie, Rechtsstaat und EU scheinen in Gefahr, auch die Linken proben den Aufstand in Berlin und verbrennen Autos. Warum?

5. »Ein Heft des Bundesministeriums für den Marshallplan, 1951, und ein Heft des Presse- und Informationsamtes der Bundesregierung, 1961, tragen die stolzen Titel ›Das Tor ist offen nach Deutschland‹ und ›Leistung und Erfolg 1961‹.« – Solche hoffnungsvollen Schriften sind heute, da sich die BRD innerlich zerlegt, nicht mehr möglich.
6. »Diese Frage muss vertieft werden.« (Kardinal Koch) – Was soll diese inhaltsleere Formulierung? Fragen stellen und beantworten.
7. »Grundprinzipien des Rechtsstaats müssen erhalten werden.« (Kölner Generalvikar) – Richtig nur: »Der Rechtsstaat muss erhalten werden, aber nicht nur seine Prinzipien oder seine Grundprinzipien; natürlich darf der Rechtsstaat nicht pervertiert werden, er ist auch nur Menschenwerk.«
8. »Christliche Grundwerte« – was ist der Unterschied zwischen Christentum, seinen Werten und seinen Grundwerten? Richtig nur: »Christentum«.

Sprachliste Juli 2016 – Teil 5

1. »Mülleimer brennen, Eier und Erdklumpen fliegen gegen eine Hauswand. Eine Zeitung nennt die jugendlichen Täter: Nachtschwärmer.« – Hätten Rechte vergleichbare Taten begangen, z. B. Hakenkreuzschmierereien, hätte die Zeitung mit anderen Wörtern auf die Täter eingeschlagen. Die Presse berichtet schon gar nicht darüber, wenn die Linken in Berlin Autos anzünden.
2. »Franco-Tunesier tötet am 14.07.2016, Nationalfeiertag der Franzosen, mit einem Lkw mehr als 80 Menschen in Frankreich.« (DLF) – Warum sagt DLF nicht: »tunesischer Terrorist« oder »tunesischer Mörder«? Der Täter mag einen französischen Pass haben, aber er ist auch mit Pass doch kein Franzose! Es darf nach Meinung der Linken einfach keinen Unterschied mehr zwischen den Menschen geben – alle sind gleich, auch wenn sie noch so ungleich sind: äußerlich und innerlich. Notfalls werden Menschen mit einem Pass gleichgemacht. Auf die Herkunft eines Terroristen darf nach Meinung der Linken nicht hingewiesen werden. Die Linken haben den Terroranschlag auch nicht bedauert. Wie unterschiedlich sind West- und Ostdeutsche! Die Ostdeutschen haben angeblich mehr uneheliche Kinder als die Westdeutschen. Warum? Sind Sachsen und NRW-Menschen wirklich gleich? Möchte ein Sachse wie ein NRW-Mensch sein? Nie und nimmer! Möchte ein Badener wie ein Württemberger sein? Nie und nimmer!
3. »Am 15. und 16.07.2016 unternahm das türkische Militär einen erfolglosen Putsch gegen Präsident Erdogan.« –

Noch im vorangegangenen Halbjahr haben BRD-Medien gegen Erdogan polemisiert und ihn lächerlich gemacht: »Sultan Erdogan«. Medien werden immer von Ereignissen überrascht.

4. »Dieser Sachverhalt lässt sich nicht unabhängig überprüfen.« (DLF) – Dass ein Sachverhalt vom DLF vor der Sendung geprüft werden muss, versteht sich von selbst. Aber was bedeutet »unabhängig überprüfen«? Und auf das »über« muss auch verzichtet werden. Am besten wäre es, wenn der DLF nur über geprüfte Sachverhalte berichtete.
5. »Konkrete, belastbare Beweise« (DLF) – das Wort »Beweis« verträgt kein Attribut.
6. »Die EU droht mit Sanktionen, falls die Türkei die Todesstrafe wieder einführen sollte.« – Wie dumm! Die USA kennen die Todesstrafe und alle EU-Länder kannten die Todesstrafe. Vielleicht ist doch die Todesstrafe geeignet, Verbrechen zu verhindern? Eine grenzenlose Überheblichkeit hindert, darüber nachzudenken, weil Rechtsstaat und Demokratie die Todesstrafe angeblich verbieten.
7. »X entscheidet über mögliche Sanktionen« – richtig nur: ohne »mögliche«.
8. »Im Stuhlgang können Krankheitserreger festgestellt werden.« – Richtig nur: »Im Stuhl können …«
9. »Was ist ein Autobauer?« (DLF) – Gemeint ist ein Hersteller von Automobilen.

Sprachliste Juli 2016 – Teil 6

1. »to stalk« (engl.) (DLF) – warum im Deutschen nicht: »belästigen«?
2. »Körperverletzer auf der Flucht von Polizei erschossen.« (DLF) – Grüne fordern Untersuchung, ob Handeln der Polizei gerechtfertigt war, aber sie fordern nicht Untersuchung der Straftat des 17-jährigen Asylanten.
3. »Verhandlungen über Beitritt der Türkei zur EU werden trotz innenpolitischer Unruhen in der Türkei nicht förmlich beendet, weil Frau Merkel die Türkei, unabhängig vom Ausgang der Unruhen, unter allen Umständen zum Mitglied der EU machen will, und sogar die Visumverhandlungen werden nicht förmlich beendet. Stattdessen fordern nun sogar Politiker, nicht nur die evangelische Kirche, Islamunterricht an deutschen Schulen.« – BRD und EU müssen scheitern, denn wer will ein islamistisches Europa? Außer Frau Merkel: Keiner! Der Hitler-Stalin-Pakt vom 23.08.1939 und der Grenz- und Freundschaftsvertrag vom 28.09.1939 waren genauso verlogen wie der Flüchtlings-Deal zwischen Angela und Erdogan es heute ist.
4. »Der Rechtsstaat mit seinen zu vielen, immer wieder geänderten Gesetzen nimmt den Menschen das Denken ab und ist kein Garant dafür, dass alle Gesetze gerecht sind.« – Auch der Rechts- oder Richterstaat ist nur Menschenwerk und wurde und wird nicht in allen Gegenden der Welt als gerecht empfunden. Wie überheblich sind Europäer, wenn sie verlangen, dass der europäische Rechtsstaat überall anerkannt werden

muss! Es gab und gibt noch etwas anderes als gerade den Rechts- oder Richterstaat der BRD.

5. »Mögliche Entführer von Nonnen festgenommen.« – Haben Nonnen die Entführer festgenommen? Nein, die Polizei hat die Entführer der Nonnen festgenommen.
6. »Auf einer Ansichtskarte, die die Pauluskirche zeigt, steht: »… der Sakralbau … wurde in Anwesenheit von Kaiserin Auguste Viktoria eingeweiht.« – Warum »Sakralbau« statt »Kirche«, warum »eingeweiht« statt »geweiht«?
7. »Das Gerichtsurteil enthält falsche Tatsachen.« (DLF) – Wird die Dummheit in der BRD jemals enden? Richtig: »… falsche Tatsachenbehauptungen.«
8. »Der demokratische, soziale, freiheitliche Rechtsstaat gibt Raum für alle möglichen und unmöglichen Argumente, man kann so oder so über eine Sache denken: Freie Meinungsäußerung.« – Jede Meinung hat mindestens eine Gegenmeinung, also setzt sich keine Meinung endgültig durch. Staat und Parlament werden handlungsunfähig (Abtreibung, Flüchtlinge, Renteneintrittsalter, Steuern, Straßenbau, Homos, Polizei, Streitkräfte, Religionen, Rassen, Umweltschutz, Erziehung und Bildung). Trotz aller Erfahrungen vor, während und nach den WK I und II und trotz vieler Bestrebungen, Kriege zu verhindern, hat es danach wieder viele Kriege in der Welt gegeben. Die Menschen denken unterschiedlich und werden ihre unterschiedlichen Gedanken immer wieder mit Gewalt durchzusetzen versuchen.
9. »X wurde als Kandidat bestimmt« (DLF) – Richtig nur: »X wurde zum Kandidaten bestimmt, gewählt.« Oder »X wurde zum Regierungsrat ernannt.« Niemals: »als Kandidat oder als Regierungsrat«.

Sprachliste Juli 2016 – Teil 7

1. »Eine Berliner Schulleitung entschuldigt sich bei einem Imam, Vater eines Schülers, für das Fehlverhalten einer Lehrerin, das darin bestand, dass die Lehrerin ein Schulgespräch mit dem Vater abgebrochen hatte, weil dieser ihr aus religiösen Gründen nicht die Hand zum Gruß gegeben hatte. Der Abbruch des Gesprächs in Gegenwart des Sohnes sei auch aus erzieherischen Gründen untragbar gewesen.« – In Berlin gelten die westlichen Werte nichts mehr. Aber die Sitten und Gebräuche des Islam. Das kann nicht gut gehen. Wohin mit den vielen Islamisten, die sich stärker vermehren als die Einheimischen? Darauf weiß keiner eine Antwort, zumal die Heimatländer niemanden zurücknehmen. BRD und EU haben sich mit ihrem Rechtsstaatsgetöse und ihrem Gutmenschentum selbst stranguliert.
2. »Zum Tanz und Unterhaltung« – richtig : »Zu Tanz und Unterhaltung« oder »Zum Tanz und zur Unterhaltung«.
3. »Prioritäre Maßnahme« – so unsinnig spricht die BRD-Regierung.
4. »Banc of Japan« – DLF spricht den Namen der japanischen Bank englisch aus. Warum nicht deutsch oder japanisch? – Der DLF ist unerträglich.
5. »PEGIDA-Demonstrationen (PEGIDA: Patriotische Europäer gegen Islamisierung des Abendlandes) wurden von BRD-Medien und BRD-Politikern verunglimpft, lächerlich gemacht oder totgeschwiegen. Aber Türken, die ihren Präsidenten Erdogan zu Tausenden unterstützen, dürfen in Köln demonstrieren, obwohl Erdogan in seinem Land viele Menschen verhaftet hat.

Wegen der vielen Unterstützer Erdogans fällt der Protest der BRD-Medien an Erdogan nur noch gemäßigt aus. – BRD-Medien und BRD-Politiker erklären den BRD-Menschen nicht, was sich in der Türkei und in der türkischen Parallelgesellschaft der BRD abspielt.«

6. »Am 31.07.2016 demonstrierten im hillige Köln ca. 40.000 Türken mit türkischen Fahnen für ihren Staatspräsidenten Erdogan, der einen antidemokratischen Putsch gegen den türkischen Staat niedergeschlagen hat (2.700 deutsche Polizeibeamte mussten für einen störungsfreien Verlauf sorgen).« – BRD-Politiker können immer noch nicht in Gegensätzen denken: Für sie ist Erdogan kein Demokrat und kein Rechtsstaatler. Aber für Türken ist Erdogan ihr Präsident, die Türkei ihr Vaterland und der Islam ihre Religion. Deutsche Soldaten waren im WK II Faschisten, aber Soldaten der Sowjetunion waren Helden im Großen Vaterländischen Krieg. So sieht das noch heute Frau Merkel, die in der DDR erzogen worden ist. Wann lernen deutsche Politiker endlich deutsche Interessen zu wahren? BRD-Politiker kennen nur den Rechtsstaat und die Demokratie, aber nicht deutsche Interessen. Sie werden scheitern.
7. »Islamistisch motivierte Terroranschläge« – richtig: »islamistische Terroranschläge«. Was soll das Wort »motiviert« bedeuten?
8. »X schützt wirksam vor Y« – richtig: »X schützt vor Y«, ohne »wirksam«.
9. »LSR« (Abkürzung im WK II) = Luftschutzraum oder Leichenschauraum oder Lasst Stalin regieren.

Sprachliste August 2016 – Teil 1

1. »O Herr Jesus Christus, behalte uns den rechten, wahren christlichen Glauben. Hilf uns, dass wir deine Stimme kennen, aber keinem anderen Lockruf des menschlichen Wahns nachfolgen, auf dass wir nicht von dir weichen.« (Albrecht Dürer). – Albrecht Dürer hat den islamistischen Wahn der BRD-Politiker vorhergesehen.
2. »Phalanx« (DLF) – Ton liegt auf der ersten Silbe. DLF betont natürlich die zweite Silbe.
3. »Der Islam gehört zu Deutschland.« – Also gehört auch die Scharia zu Deutschland? Wie dumm sind unsere Politiker?!
4. »Die Humanitätsdussel in der BRD sind gegen die Todesstrafe in der Türkei, aber sie sind nicht gegen die Zerstückelung deutscher Kinder im Mutterleib.« – Europa verdient seinen Untergang. Der Islam wird siegen.
5. »Christliche Kreuze wurden in der BRD aus öffentlichen Gebäuden (z. B. aus Gerichtssälen) verbannt. Zurzeit wird darüber gestritten, ob muslimische Juristinnen in Gerichtssälen ihr Kopftuch tragen dürfen.« – Das Christentum wird abgeschafft, aber der Islam wird willkommen geheißen. Das ist der perverse Rechtsstaat. Wie dumm sind unsere Rechtsstaatler!
6. »Das Sittengesetz (Rechte und Pflichten) ist zum Menschenrecht (nur noch Rechte) verkommen. Das Abendland hat den Abend seiner Zeit erreicht.« Sarrazin, Hürlimann »Wunschdenken«, S. 345). – Dieser Pessimismus ist berechtigt.

7. »Warum laden die BRD-Ausländerfreunde alle Russen, die unter ihren strengen Wintern zu leiden haben, und alle Lateinamerikaner, die unter ihren schlechten Regierungen zu leiden haben, nicht ein, in die BRD zu kommen mit ihrem gemäßigten Klima und mit ihrer gar nicht so schlechten Regierung und rechtsstaatlichen Verwaltung?« – Antwort: Weil dies die BRD überfordern würde. Aber auch die jetzige Flüchtlings-, Asyl-, Migrations-, Schlepper-, Islamisten-, Wirtschaftsflüchtlings- und Glücksritterpolitik überfordert die BRD zum Schaden der eigenen Bevölkerung.
8. »Zurzeit gibt es im BRD-Bundestag eine Opposition innerhalb der sog. Großen Koalition: die SPD verhindert alles, was CDU oder CSU vorschlagen.« Nach der nächsten Bundestagswahl werden wir keine handlungsfähige Regierung mehr haben, aber eine handlungsfähige Opposition, die das Regieren mittels Anrufung der Gerichte und des Bundesrats verhindert.
9. »Eine Regierung und eine Bevölkerung, die ihre Staatsgrenze nicht mehr verteidigen wollen (Grüne, Linke, Rote) oder nicht mehr verteidigen können (CDU/CSU), haben und wollen keinen Staat.« Stalin wollte einen Staat.
10. »Anhalten« – welche Bedeutung hat dieses Wort? a) Der Polizist hält das Auto an (er stoppt es). b) Der Regen hält an (er stoppt nicht). Ist die englische Sprache vielleicht doch die klarere, bessere Sprache? Vielleicht.
11. »Grundlegendst« – sogar der PC erkennt, dass es eine Steigerung von »grundlegend« nicht geben kann.

Sprachliste August 2016 – Teil 2

1. »Die Türkei ist ein Staat wie alle anderen westeuropäischen Staaten auch und kann, soll und muss ein Mitglied der EU werden.« (BRD-Politiker) – Aber in der Türkei sind Staat und Religion eng verbunden. In Westeuropa sind Staat und Religion streng getrennt (Kreuze aus öffentlichen Räumen verbannt, nur noch ca. 30 % Christen). Deshalb darf und kann die Türkei kein EU-Land werden. Wenn EU-Politiker wegen ihrer Unbildung trotzdem die Türkei zu einem EU-Land machen wollen, so werden sie ungewollt Europa islamisieren und die Scharia einführen.
2. »BRD-Politiker streiten darüber, ob das Tragen der Burka aus rechtlichen Gründen erlaubt oder verboten werden muss oder aus sonstigen Gründen erlaubt oder verboten werden soll.« – Kein Streit herrscht aber darüber, dass NS-Symbole nicht mehr öffentlich gezeigt werden dürfen. Warum wohl? BRD-Politiker sind so verblendet und uneinsichtig, dass sie nicht wahrhaben wollen, was Kleidung, Uniformen, Abzeichen, Kreuze, Fahnen usw. für einen Menschen gefühlsmäßig bedeuten können (s. oben Nr. 1). Sie sehen diese Bedeutung nur bei NS-Symbolen, aber nicht bei anderen Symbolen.
3. »Ich habe die feste Absicht, Ihre Anforderungen nur dann bearbeiten zu wollen, wenn sie in deutscher Sprache verfasst sind.« – Dieser Satz ist Politiker-Deutsch. Richtig: »Ich bearbeite Ihre Anforderung nur dann, wenn sie …«, »feste Absicht« und »wollen« sind überflüssige Floskeln.

4. »BRD-Außenminister fordert Feuerpause sowohl von den syrischen Truppen als auch den Aufständischen, damit von neutraler Seite humanitäre Hilfe zur Zivilbevölkerung der umkämpften Stadt gebracht werden kann. Russland, das die syrischen Truppen unterstützt, sagt, dass eine Feuerpause von den Aufständischen missbraucht werden wird, um sich neu aufzustellen.« – Hier liegt ein typischer Fall des Denkens in Gegensätzen (Humanität/militärischer Erfolg) vor, das der BRD-Außenminister und die gesamte BRD-Regierung nicht verstehen.
5. »In den BRD-Medien wird nicht mehr von Asylanten gesprochen, sondern nur noch von Flüchtlingen.« – Das ist richtig, denn die Menschen, die nach »Germany« wollen, sind gar keine politisch Verfolgten gem. Art. 16 a GG, sondern Opfer von Krieg und sonstiger Not.
6. »Der Sarg des ehemaligen Präsidenten wurde aufgebahrt.« (DLF) – Wann wird endlich die deutsche Sprache durch den DLF beerdigt? Nicht der Sarg wird aufgebahrt, sondern der Tote!
7. »Alle Politiker und Medien verurteilen die Bombenangriffe auf Aleppo 2016 mit der Worthülse ›inakzeptabel‹. Keiner außer den Rechten in der BRD verurteilt die angloamerikanischen Terrorangriffe auf Dresden 1945.« – Das ist die doppelte Moral des gegenwärtigen Rechtsstaates.
8. »Schlüssig erklären« – kann man auch unschlüssig erklären? »Erklären« genügt.

Sprachliste September 2016 – Teil 1

1. »Auf der Idee vom Rechtsstaat, Richterstaat, Justizstaat, Gesetzesstaat ruht zurzeit die BRD.« – Diese Idee ist genauso richtig und so falsch wie die Idee vom Kommunismus, Nationalsozialismus, Kapitalismus, von der freien Marktwirtschaft usw. Die Idee vom Rechtsstaat verkennt, dass Menschen nicht nur Gerechtigkeit suchen, sondern auch jede Art von Gefühlen haben, die sie ausleben wollen: Liebe, Treue, Religion, Kunst, Leidenschaften, Ehrgeiz, Stolz, Wissensdurst, Rationalität, Lust, Strenge usw., und natürlich haben Menschen auch die jeweils gegenteiligen Gefühle. Und all diese Gefühle können mit der Idee vom Rechtsstaat übereinstimmen, aber ihm auch zuwider laufen: Religionsfreiheit kann den Propheten Mohammed beleidigen und das schürt wieder berechtigten Hass der Muslime. Haben Muslima das Recht (Religionsfreiheit gem. GG) oder sogar die Pflicht (gem. ihrer Religion), ein Kopftuch zu tragen? Oder müssen Muslima Schläge ihres Ehemannes befürchten, wenn sie gem. geänderter deutscher Rechtsauffassung (demokratischer Rechtsstaat) nun doch kein Kopftuch in der BRD mehr tragen dürfen?
   Mit seinen sich gegenseitig aufhebenden Rechten, den unterschiedlichen Ansichten der Parteien und dem langen Instanzenweg ist der Rechtsstaat viel zu schwerfällig, um sich gegen Einflüsse fremder Kulturen oder Mächte zu wehren. Er kennt zu wenig selbstverständliche Pflichten der einheimischen und fremden Bevölkerung. Die BRD ist immer in der Defensive, nie greift sie

an, um sich zu schützen. Sie gestattet den Bau von Moscheen, die keine deutschen, sondern türkische Namen tragen, und von Fremden finanziert werden. Die Toleranz ist zum Dogmatismus verkommen und macht die BRD handlungsunfähig gegenüber dem aggressiven Islam.

2. »Die Beurteilung des Direktors« – Beurteilt der Direktor oder wird der Direktor beurteilt?
3. »Lesbian, Gay, Bisexual, Transsexual, Queer, Intersex, Asexual, Sexismus« – Das sind die Themen, die die BRD-Menschen und BRD-Bildungspolitiker in Erregung versetzen, alles andere ist ihnen gleichgültig.
4. »Franzosen, Italiener, Russen schämen sich nicht wegen Napoleon, Mussolini, Stalin.« – Aber die Deutschen möchten am liebsten aussterben wegen A.H.
5. »Tiere müssen in der BRD artgerecht gehalten werden, aber menschliche Embryos werden im Mutterleib zerstückelt.« – Kann das gut gehen?
6. »Entwicklungshilfe leisten die BRD-Menschen seit 70 Jahren erfolglos.« – Warum? Weil die Bevölkerungen der Entwicklungsländer trotz Hilfe unfähig sind, ihre Staaten gut zu verwalten und gut zu regieren, und weil die Hilfe leistenden Europäer unfähig sind, sich in die besondere Lage fremder Bevölkerungen hineinzuversetzen. Deshalb haben sie auch ihre Kolonien aufgegeben. Es ist auf den ersten Blick viel einfacher, alle fremden Völker in Europa zu integrieren. Die gegenwärtigen US-Amerikanischen Rassenunruhen stehen den Europäern noch bevor. Die westliche Zivilisation scheitert.

Sprachliste September 2016 – Teil 2

1. »abspeichern« – »speichern« genügt. Es gibt den »Getreidespeicher«, aber nicht den »Getreideabspeicher«.
2. »Zehn Menschen wurden lebend gerettet.« (DLF) – Der DLF kann einem Leid tun: ohne »lebend«.
3. »Warum verliert die CDU-Vorsitzende Frau Merkel die Landtagswahlen?« – Weil sie sich um Ausländer kümmert, die noch gar kein Wahlrecht haben, aber nicht um Deutsche, die schon wahlberechtigt sind.
4. »Dreieinhalb Jahre dauert nun schon der Strafprozess vor dem Münchner Landgericht gegen die mutmaßliche Rechtsextremistin Zschäpe. Es müssten doch nun endlich Beweise gefunden worden sein!« – In den Schauprozessen der Kommunisten und Nationalsozialisten wurde immer kurzer Prozess gemacht. Aber nicht einmal das können gegenwärtige Rechtsstaatler.
5. »In den Naturwissenschaften gibt es nur zwei islamische Nobelpreisträger (bei 1,6 Milliarden Muslimen), aber mehr als 70 jüdische Nobelpreisträger (bei nur 15 Millionen Juden).« (Thilo Sarrazin, Wunschdenken, S. 82) – Aber diese Wahrheit gilt bei den BRD-Gleichheitsfanatikern nichts. Sie sind zwar auch Nutznießer aller mit Nobelpreisen geehrten Forschungen, aber ihnen ist es gleichgültig, wer erfolgreich forscht. Nach ihrer Meinung müssen alle klugen und alle leider geistig Behinderten sogar zum angeblich je eigenen Vorteil der beiden Gruppen in *einer* Schulklasse »erzogen« und gefördert werden: die Klugen könnten dann auch von den Behinderten lernen. Das ist richtig. Aber wird

die Klugheit dann nicht unterfordert? Den Verschleiß an Intelligenz kann sich kein Staat leisten, wenn er leben will. Und ist die Gleichheitsmarotte des Kommunismus nicht gescheitert?

6. »PISA (Programme for International Student Assessment)«. Warum englische Wörter, um die schlechten Leistungen deutscher Schüler zu bewerten? Die BRD-Unbildungspolitiker geben sich selbst auf.
7. »Alle BRD-Politiker sagen, sie hätten aus der Geschichte und besonders der des Dritten Reiches gelernt.« – Sind die BRD-Politiker jetzt weiser als die Politiker vor ihnen? Werden sie in Zukunft alles richtig machen? Nein, sie werden wie alle Politiker vor und nach ihnen Fehler machen, denn aus der Geschichte kann man nichts für Gegenwart und Zukunft lernen, weil Geschichte, Gegenwart und Zukunft nur von unvollkommenen Menschen gemacht werden. Sogar die Sowjetunion, die 1/6 der Erde umfasst hat und sich auf Marx, Engels, Lenin und Stalin berufen konnte, ist gescheitert.
8. »Die BRD-Politiker beschäftigt das Weltklima, das es in Zukunft geben wird, sie hoffen, es menschenfreundlich machen zu können.« – Keinen Politiker beschäftigt die Frage, ob es angesichts der geringen Zahl von Geburten und der schlechten Schulen in der BRD in Zukunft überhaupt noch ein handlungsfähiges Deutschland geben wird.

Sprachliste Oktober 2016 – Teil 1

1. »Schwierige Wirtschaftslage in den südlichen, aber nicht in den nördlichen EU-Ländern.« – Warum? Weil die nördlichen und die südlichen Länder eine jahrhundertlange unterschiedliche Geschichte (z. B. ev. und kath. Christentum, Islam) hinter sich haben. Das kapieren BRD-Politiker aber nicht, weil sie eine katastrophale Un-Bildungskarriere an BRD-Schulen hinter sich haben.
2. »Am 3.10.2016, dem Tag der Deutschen Einheit, berichtete DLF im 8-Uhr-Nachrichtendienst erst an dritter Stelle über die geplanten Feierlichkeiten. An erster und zweiter Stelle berichtete DLF über Ende des Bürgerkriegs in Chile und über einen Terroranschlag in Afghanistan.« – Eine solche Reihenfolge offenbart vieles.
3. »Die BRD-Medien verteufeln Assad und Putin, weil diese Bomben auf Krankenhäuser in Syrien werfen. Aber kein Medium erklärt, warum sie Bomben werfen.« – BRD-Medien führen *gegen* die bösen Bombenwerfer, aber *für* die syrischen Rebellen, einen Propagandakrieg wie seinerzeit Dr. Joseph Goebbels. Wer hätte gedacht, dass in einem angeblich demokratischen Staat mit seiner Pressefreiheit eine solch einseitige Berichterstattung möglich wäre, zumal die BRD unmittelbar vom Syrienkrieg gar nicht betroffen ist, abgesehen von den auf ihrer Flucht traumatisierten syrischen Bürgerkriegs- und Bootsflüchtlingen, die gar keine politisch Verfolgten gem. Art.16 a GG sind, also unrechtmäßig von der BRD-Regierung ins Land gelas-

sen wurden, wie auch die Flüchtlinge aus Afghanistan. Die BRD-Medien berichten nur von Strapazen auf der Flucht über das Mittelmeer, aber nie von politischen oder religiösen Verfolgungen in den Heimatländern der Flüchtlinge.

4. »Indigen« – DLF sagt nicht mehr »Eskimo«, sondern »indigenes Volk der Arktis«. Demnach gibt es auch keine Deutschen mehr, sondern dann, wenn in der BRD hauptsächlich fremde Völker leben, nur noch indigene Deutsche, d. h. deutsche Ureinwohner; früher sagte man bezüglich der wenigen Deutschen, die 1945 in den ehemals deutschen Ostgebieten verblieben waren: Autochthone. »Indigen« lt. Duden: einheimisch, eingeboren. Die Deutschen müssen darauf vorbereitet werden, dass sie kein Herrenvolk mehr sind, sondern nur noch »Einheimische«, »Ureinwohner« oder »Eingeborene«. So verändern die BRD-Medien zunächst die Sprache, dann das Denken der Menschen. Und genau das wollen sie ab der nächsten Bundestagswahl: Rot, Grün, Multi-Kulti.
5. »Rassismus, Sexismus« – dies sind zwei neue Vokabeln der Medien, mit denen jedes negatives Verhalten von Europäern (z. B. der Polizei) gegenüber Nicht-Europäern und jede negative Äußerung von Männern gegenüber Frauen verboten wird. Diese Vokabeln zeigen, dass die Menschen der Vergangenheit, Gegenwart und vielleicht auch der Zukunft nicht mit den gottgewollten Unterschieden zwischen den Rassen und Geschlechtern fertig werden. Einer muss immer geprügelt werden: zurzeit Weiße und Männer.

Sprachliste Oktober 2016 – Teil 2

1. »Richten, aufrichten, hinrichten, berichten, berichtigen« – durch Hinzufügen von kurzen Vor- und Nachsilben verändert sich die Bedeutung des Grundwortes.
2. »Die Roten, Linken, Grünen der BRD sind in politischen Debatten die besseren Redner: Ist z. B. die Strafverfolgung in einem bestimmten Fall erfolgreich, loben Rote, Linke und Grüne die Tätigkeit der Polizei (sie können nicht immer gegen die Polizei hetzen), aber sie fügen dem Lob sogleich den Nachsatz bei: also braucht die BRD keine strengeren Gesetze.« – Dieser Nachsatz ist den Feinden eines starken Staates wichtig, weil sie mit diesem Nachsatz verdeutlichen, dass es mit ihnen keine strengeren Gesetze geben wird, insbesondere keine Generalverdächtigungen bestimmter Gefährder (Asylanten).
3. »Bestimmte Voraussetzungen« – gibt es unbestimmte Voraussetzungen?
4. »Sexistisch« – dies ist eine neue Vokabel in der deutschen Gegenwartssprache, die deutlich macht, dass Nordamerikaner und Europäer mit der gottgegebenen Sexualität nicht mehr fertig werden. Sexismus spielt im amerikanischen Wahlkampf 2016 eine große Rolle. Das Thema »Dürfen Wiederverheiratete, die geschieden sind, zur Kommunion zugelassen werden?« beschäftigt die katholische Kirche. Und unerklärlicherweise schweigen Feministinnen zum Thema »Frauen im Islam«.
5. »Das BVerfG der BRD hebelt den Bundestag aus. Wenige BVerf-Richter übertrumpfen die vielen Bun-

destagsmitglieder. Wo ist die Herrschaft des Volkes, des Bundstages? Das Recht muss wieder Diener des deutschen Volkes werden, aber nicht Diener der Rechtsstaatler oder der Flüchtlinge. Von Asylanten redet schon keiner mehr. Wo sind die politisch Verfolgten des Art. 16a GG?

6. »Bildungsfern« – früher sagte man: »ungebildet« oder »dumm«.
7. »Ein Syrer, der sehr wahrscheinlich ein Selbstmordattentat in der BRD verüben wollte, begeht in seiner Untersuchungshaft in Leipzig Selbstmord.« – Dieser von den Gefängniswärtern nicht verhinderte Selbstmord verursacht in der BRD politische Erschütterungen mit Aufforderung zum Rücktritt der Verantwortlichen. Was wäre gewesen, wenn ein Polizist den Syrer erschossen hätte? Das Bombenattentat vom 20. Juli 1944 hat den NS-Staat nicht erschüttert, er konnte ohne Selbstzweifel die Attentäter vernichten.
8. »Der noch amtierende BRD-Bundespräsident, ein ehemaliger evangelischer Pfarrer, hält es für möglich, dass auch ein Muslim sein Nachfolger wird.« – Ja, in der BRD ist alles möglich! Es lebe die Vielfalt.
9. »Die von Roten, Linken, Grünen regierten Bundesländer müssen von den anderen Bundesländern finanziell ausgehalten werden, weil Rote, Linke, Grüne nicht wirtschaften können (auch in Baden-Württemberg regiert die CDU wieder als Junior-Partner).« Auch die Leistungen der Schüler in den konservativen Ländern sind besser.

Sprachliste Oktober 2016 – Teil 3

1. »So fanatisch wie A. H. war: Es darf nur die arische Rasse überleben, so fanatisch war auch Angela: Willkommen seien alle Ausländer. Aber BRD-Kinder werden im Mutterleib zerstückelt. Inzwischen will Angela aber die unrechtmäßig in der BRD lebenden Ausländer doch wieder abschieben.« – Ist deutschen Politikern noch Weitsicht und Verantwortungsbewusstsein zuzutrauen? Nein!
2. »DLF unterscheidet im Syrienkrieg zwischen einerseits: Terroristen, Islamisten, Islamischer Staat, Assad-Regime, aber andererseits: Freie Syrische Armee, Rebellen, Kämpfer, moderate Regimegegner, Zivilisten, Kinder.« Die zuerst Genannten sind natürlich die Bösen, die zuletzt Genannten sind die Guten. Warum dieser Unterschied? Beide Gruppen führen einen Bürgerkrieg gegeneinander. Und die Kinder dienen nur dazu, in Europa Mitleid für eine ganze Gruppe zu erregen. Assad und die Russen, die Assad unterstützen, sind böse, alle anderen sind gut – DLF erklärt das aber nicht.
3. »Die militärischen Verhältnisse vor Ort (gemeint ist die irakische Stadt Mossul) werden entscheiden, ob …« – Warum sagt der Schlachtenbeschreiber nicht: »am Ort« oder »in Mossul« oder »vor Mossul«?
4. »Endlich sagt ein BRD-Gericht, ein Kind sei im Sinne des BGB-Schadensrechts für seine Mutter dann ein materieller Schaden, wenn die Rabenmutter deshalb nicht außer Haus arbeiten gehen kann oder darf, weil die Gemeinde keinen Kindergartenplatz zur Verfügung stellt, und die Mutter somit ungewollt ihr eigenes Kind

selbst versorgen muss.« – Diese Gerichtsentscheidung ist ein weiterer Schritt hin zum Untergang des Abendlandes. Um wieviel mehr ist aber ein krankes Kind ein Schaden für die ganze Gesellschaft! Sog. Flüchtlinge, die krank sind, werden aufwändig im Sozialsystem der BRD unterstützt. Aber deutsche Kinder sind ein Kostenfaktor für Mutter und Staat. Weg damit! (ironisch gemeint).

5. »Unter A. H. wurden Mütter, die viele Kinder geboren hatten, mit dem Mutterkreuz ausgezeichnet, auch heute noch verleiht Bundespräsident Gauck das Mutterkreuz.« – Aber bald wird es abgeschafft werden (s. o. Nr. 4), denn wer will heute noch den Schutz des deutschen Blutes und der deutschen Ehre, gem. Gesetz? So wie die Gedanken des A. H. nur wenige Jahre gültig waren, so werden auch die gegenwärtigen Gedanken über Demokratie und Europa und Soziales nicht von Ewigkeit sein. Jedes kleine Geschichtsbuch zeigt, in welch kurzer Zeit sich die Welt rigoros verändert.
6. »In der BRD sprechen Politiker hauptsächlich über Kontrolle der Geheimdienste, aber nicht über ihre Aufgaben: Schutz des Staates gegen Angriffe von außen.« – Wann werden die Geheimdienste endlich abgeschafft? Genau das wollen Rote, Linke, Grüne, damit sie endlich ihren eigenen Staat bauen können – mit Geheimdiensten.

Sprachliste Oktober 2016 – Teil 4

1. »In Freiburg/Br. sollen Straßennamen, die irgendeinen Bezug zum III. Reich haben, geändert werden, z. B. die Hindenburg Straße, weil Hindenburg angeblich der Steigbügelhalter für A. H. war. Hindenburg musste aber A. H. zum Reichskanzler ernennen, weil die Weimarer Verfassung gar keine andere Ernennung zuließ. Hindenburg verlangte aber, dass A. H. v. Papen in seine Regierung aufnahm.« – Haben Rote, Linke und Grüne, die Initiatoren der Straßennamen-Umbenennungen, immer noch Angst vor dem Nationalsozialismus? Und glauben sie wirklich, mit solchen Umbenennungen die Welt verbessern zu können? 71 Jahre nach Kriegsende?
2. »Die Eltern eines Syrers, der ein Sprengstoffattentat geplant und sich in deutscher Untersuchungshaft sein Leben genommen hat, erwägen, die deutsche Justiz für den Tod haftbar zu machen.« – Sollte der BRD-Rechtsstaat den Eltern eine »Entschädigung« zusprechen oder die Justizbeamten wegen fahrlässiger Tötung haftbar machen, hätte sich der Rechtsstaat endgültig lächerlich gemacht. Der BRD-Rechtsstaat erwägt sogar, Homosexuelle, die noch während der Gültigkeit des § 175 StGB gesetzmäßig bestraft worden waren, zu »entschädigen«. Kommunismus und Nationalsozialismus haben sich überlebt, auch der Rechtsstaat wird sich überleben, wenn er solche Kapriolen schlägt. Rechtsgelehrte sind nun einmal keine Staatslenker wie Bismarck! Jede Dummheit findet ihr gerechtes Ende. Wann werden Parlamentarier zur Rechenschaft gezogen, die falsche Gesetze beschlossen haben? Wann werden Kaiser und

Könige, die Kriege gegen den Islam geführt haben, aus ihren Gräbern gerissen? Ganz Europa steht bei dieser Narretei auf dem Spiel, nicht nur die BRD.

3. »Das Gebäude Nr. 1 ist eines der attraktivsten Gebäude.« – Gibt es zwei oder drei attraktivste Gebäude? Nein, es gibt nur: »das eine attraktivste Gebäude«. Superlative sind meist überflüssig und nur Angeberei.
4. »Der Stadtbaumeister gestaltete das Stadtbild von X-Stadt entscheidend mit.« – Der Satz ist falsch: »Nicht das Stadtbild wird gestaltet, sondern die X-Stadt wird gestaltet« oder viel einfacher: »gebaut«. »Entscheidend mitgestalten« ist so schwülstig und nichtssagend wie »fest entschlossen«. Wird das Wort »entscheidend« gebraucht, dann bedeutet das, der Baumeister hat »zusammen mit anderen« die Stadt gebaut, aber er hat entschieden. Will man aber betonen, dass der Baumeister wirklich alles allein gestaltet hat, so genügt es zu sagen: »Er baute/gestaltete die X-Stadt.«
5. »Zentraler Blickfang« – mittlerer Blickfang?
6. »Aufnahme-Zentren für Flüchtlinge« – Lager für Flüchtlinge? Gibt es eine Mehrzahl von »Zentrum«? Mitte?
7. »Missbrauch (Pädophilie) von Kindern durch ältere Männer (Päderast).« – Heute werden diese Männer verachtet wie früher auch die Homos. Vielleicht denkt in 20 Jahren die veröffentlichte Meinung über die Knabenliebe genauso, wie über die Knabenliebe im Altertum gedacht wurde? Zeiten ändern sich und wir mit ihnen. Auch die Einstellung gegenüber Homos ändert sich.

Sprachliste Oktober 2016 – Teil 5

1. »Eine feige Politik hat noch immer Unglück gebracht« (Bismarck) – EU und BRD machen nur noch eine feige Politik: Sie handeln nicht mehr.
2. »Es wäre schlimmer, wenn sich Frau Merkel auf ihr Altenteil zurückziehen würde.« (DLF) – richtig: »... zurückzöge.«
3. »Der DLF kann mit bloßen Prozentangaben seine Hörer verunsichern, wenn er z. B. sagt: Steigerung der Kriminalität um z. B. 10 %.« – Dann können10 % in absoluten Zahlen sehr wenig sein, wenn die Kriminalität z. B. zunächst nur bei 1 % lag.
4. »Ein Staat ist nichts anderes als eine große Schulklasse.« – In einer Schulklasse gibt es fleißige, faule, kluge, dumme, ehrliche, unehrliche, gesunde, kranke, brave, aufmüpfige, weiße, schwarze Schülerinnen und noch Schüler aus unterschiedlichen Häusern und Wohnvierteln und ganz nebenbei auch noch Lehrerinnen und sogar noch Lehrer, die auch noch fleißig, faul usw. sind. Rote, Linke und Grüne wollen nun einerseits diese Unterschiede nicht wahrhaben, denn alle Menschen sind doch gleich und müssen notfalls gleichgemacht werden (Inklusion), aber andererseits fordern Rote, Linke und Grüne: Multi Kulti und Vielfalt. Was soll nun gelten?
5. »Frauen müssen sich selbst verwirklichen, aber nicht, indem sie Kinder gebären und erziehen, sondern indem sie es den Männern gleichtun und einen Beruf ausüben.« – Aber all diese Modetorheiten der Roten, Linken und Grünen werden letztlich scheitern, weil sie

gegen die Natur sind. Es gibt keinen Fortschritt der Menschheit. Der Mensch bleibt immer derselbe. Allein Wissenschaft und Technik schreiten voran.

6. »Kein Staat ist handlungsfähig, wenn er sich – wie gegenwärtig – keine eigene Meinung bilden kann, weil es zu viele entgegengesetzte Meinungen gibt. Das ist die negative Seite der so sehr propagierten Meinungsfreiheit.« – Eine eigene durchsetzbare Meinung kann sich aber nicht bilden, wenn unterschiedliche Religionen, Rassen, Völker und äußerst unterschiedliche Meinungen in einem Staat vorhanden sind und kein fähiger Staatsmann vorhanden ist, der das Vaterland über seine Person stellt (Bismarck). Nur vereinte Kraft ist stark (Kaiser Otto III.). Der gegenwärtige Sprachrigorismus, verbietet Wörter wie »Vaterland« und fordert die Gendersprache (z. B. Studierende statt Student) und die Gendererziehung für Kinder. Aber er erklärt gar nicht das englische Wort »Gender« und verwendet kein deutsches Wort.
7. »Todesstrafe in der Türkei, keine Pressefreiheit in der Türkei« – was gehen den deutschen Oberlehrer fremde Sitten und Gebräuche fern in der Türkei an?
8. »Konsequenzen ziehen« (DLF) – richtig: »Folgen haben« oder »zur Folge haben«. Kein Deutscher kann noch deutsch sprechen.
9. »Der größte Feind der Menschen ist nicht die Natur in Gestalt von Überschwemmungen oder Trockenheit, Hitze oder Kälte.« – Allein der Mensch selbst ist sein größter Feind.

Sprachliste November 2016 – Teil 1

1. »Es gibt einen Grad der Verblendung, der die Begegnung mit der Wirklichkeit unerträglich macht. (Erich Kuby).« – Dieser Satz gilt für Rote, Linke und Grüne und ihre BRD-Politiker.
2. »Bildung bleibt ein aktuelles Thema unserer Zeit.« – So einen Unsinn kann nur jemand schreiben, der das BRD-Un-Bildungssystem durchlaufen hat: Ein »aktuelles« Thema ist immer ein Thema »unserer Zeit«. Hätte der Autor statt des überflüssigen Fremdwortes »aktuell« aber »zeitgemäß« geschrieben, dann wäre ihm sein Irrsinn aufgefallen: »Bildung ist ein zeitgemäßes Thema« oder ganz einfach: »Erziehung und Bildung sind heute ganz besonders notwendig, nachdem Rote, Linke und Grüne die deutsche Schule zerstört haben.« Im WK II musste man »zeitgemäß« sagen, denn »gut« wäre gelogen und »schlecht« wäre defätistisch gewesen.
3. »Die Sankt-Hedwigs-Kathedrale in Berlin ist ein zentraler Ort der Erinnerung.« – Was soll dieser Unfug? Es gibt keinen »Mittelpunkt der …«, allenfalls »einen wichtigen Ort der Erinnerung.«
4. »Zentrale Grundlage des Staates« (Pfarrer und Bundespräsident Gauck) – Was sind zentrale Grundlagen? Das Wort »Grundlage« braucht kein Adjektiv!
5. »Elementarst« – eine Steigerung von »elementar« gibt es nicht, das merkt sogar der PC.
6. »… wird zentral in der Mitte … der Tabernakel seinen Platz finden. (Erzbischof von Berlin Koch).« – Kein Kommentar.
7. »Die SPD hat ein Einwanderungsgesetz vorgeschla-

gen.« – Aufgrund der Dummheit der BRD-Politiker ist die BRD ein Kolonialland geworden, das Entwicklungshilfe benötigt: BRD-Embryos werden im Mutterleib zerstückelt – folglich braucht die BRD zusätzliche Menschen auch aus Nicht-EU-Ländern. Und weil die Schulen und Universitäten nur noch den Kuschelkurs kennen, braucht die BRD nicht nur Menschenmaterial, sondern darüber hinaus auch fähige und gebildete Menschen auch aus Nicht-EU-Ländern. Die SPD macht mit diesem Gesetzesvorschlag deutlich, dass Menschen wohl doch ungleich sind, weil nur fähige und gebildete Menschen aufgenommen werden sollen, aber keine faulen und dummen. In der BRD herrschen noch nicht Zustände wie in der untergegangenen DDR, aber diese Zustände werden kommen, wenn nicht bald eine gegenteilige Politik gemacht wird. Linke Politik ist immer falsch: »… der schrecklichste der Schrecken, das ist der Mensch in seinem Wahn.« (Schiller: Das Lied von der Glocke). Dieser Schrei nach Zuwanderung aus Nicht-EU-Ländern sagt, wie verbrecherisch die Abtreibungspolitik der BRD war und ist: Die Folgen, die jeder erkennen konnte, bekommen die BRD-Menschen jetzt zu spüren. Sogar die heiligen Kühe »Frührente« und »hohe Renten« müssen geschlachtet werden. Andere Völker sollen nun den Nachwuchs gebären und erziehen, für den die BRD-Menschen zu dumm waren, selbst zu sorgen.

Sprachliste November 2016 – Teil 2

1. »Der Erzbischof von Bamberg Schick hält, wie schon Gauck, auch einen Moslem als Bundespräsidenten für möglich. Die Stadtverwaltung von Bamberg erklärt daraufhin, der Erzbischof, der von den Rechten wegen seiner Äußerung verunglimpft wurde, habe nur die Verfassungslage des GG wiedergegeben.« – Der Erzbischof hat sich also hinter dem GG versteckt. Das ist formalistisch. Warum hat er sich nicht auf seinen christlichen Glauben berufen und die Geschichte des Islam und dessen gegenwärtige Gewalttaten zu Rate gerufen? Denn mit der Duldung eines gläubigen Moslems als Repräsentant der BRD hätte dieser Staat kein GG mehr, sondern eine Scharia. Dieser Moslem würde die BRD verändern und zu einem muslimischen Staat machen, wie auch Erdogan zurzeit die Türkei zu seinem muslimischen Staat macht. Keiner will wahrhaben, dass man Verfassungen ändern kann, wenn man nur will, und dass Verfassungen durch Volkes Willen von heute auf morgen ungültig gemacht werden können: z. B. die Verfassung der DDR. Hätte der Erzbischof gesagt, er halte auch einen AfD-Politiker als Bundespräsidenten für möglich, wäre ein Proteststurm in den Medien die Folge gewesen. Aber es war nur ein Moslem – das ist nicht so schlimm (ironisch gemeint).
2. »Erdogan wird von allen Europäern wegen seiner Innenpolitik beschimpft, obwohl er sein Land doch wohl nur gegen Aufständische verteidigt, wie auch Assad sein Land gegen Aufständische verteidigt (?), aber die Verhandlungen über den Beitritt der Türkei zur

EU werden von der EU trotzdem nicht abgebrochen.« – Wer kann das noch verstehen? Europa muss an einer solchen Doppelzüngigkeit scheitern.

3. »Alle BRD-Medien lehnten den republikanischen Präsidentschaftskandidaten Trump ab. Nun hat ihn aber Volkes Stimme gewählt.« – Verteidigungsministerin von der Leyen sagt: »Das ist ein schwerer Schock«. Soll jetzt die Demokratie in der Welt abgeschafft werden, weil das Volk, vielleicht irregeführt von den Medien, falsch gewählt hat? Ob die Politik von Trump gut oder schlecht werden wird, weiß keiner, aber Vor-Verurteilungen sind fehl am Platze.
4. »Merkel bietet Zusammenarbeit mit USA an.« – Die Arroganz und Hybris der BRD, die sich militärisch nicht mehr selbst verteidigen kann, kennt keine Grenzen.
5. An die Opfer des NS-Regimes wird in der BRD in jedem Jahr erinnert (z. B. am 9.11.2016 an das Judenpogrom vor 78 Jahren am 9.11.1938). – Aber an Pogrome, deren Opfer nach 1945 Deutsche geworden sind, erinnert niemand, denn die Deutschen sind selbst an ihrem Unglück schuld. Auch die Deutschen damals waren von Medien und Dr. Joseph Goebbels verführt worden.
6. »Bernau bei Berlin« – DLF betont erste Silbe, Ton liegt aber auf der zweiten Silbe. »Bernau im Schwarzwald« wird auf der ersten Silbe betont.

Sprachliste November 2016 – Teil 3

1. »Mutmaßliche Islamisten«, aber: »Rechtsradikale« (ohne mutmaßlich). Die Polizei fahndet nach »mutmaßlichen« Islamisten« (DLF). – Nein, die Polizei fahndet nach Islamisten. Islamisten werden von den Medien sprachlich geschont, aber Rechtsradikale nicht.
2. »Bei einem Terroranschlag kamen zwei Terroristen, drei Frauen und fünf Kinder ums Leben, aber keine Deutschen.« (DLF) – DLF klassifiziert die Opfer. Also ist Opfer nicht gleich Opfer? Warum sagt DLF nicht »zehn Menschen«? Weil Radiohörer eben doch Unterschiede hören wollen.
3. »Vor 300 Jahren gab es noch keine Schulpflicht (1717 Schulpflicht in Preußen), aber trotzdem große kulturelle und technische Leistungen (z. B. Musik, Literatur, Baukunst).« – Sind wir heute weiter, zumal die Schulpflicht erst allmählich durchgesetzt wurde?
4. »Basel galt 1914 als reiches Industrie- und Finanzzentrum« und »Basel war ein regionales Zentrum.« – Sprachlich richtig: »Basel war 1914 eine reiche Industrie- und Bankenstadt« und »Basel war Mittelpunkt z. B. für Handel und Verkehr.« Eine deutsche Sprachkultur gibt es heute nicht mehr.
5. »Helfen-Können, Helfen-Dürfen, Helfen-Müssen« – Helfen kann einem Leben einen Sinn geben (Refugees welcome), besonders dann, wenn der Staat keinen Lebenssinn vermittelt und alles Eigene schlechtredet, aber alles Fremde gut-findet.
6. »Integration der Asylanten in die deutsche Gesellschaft (»in das deutsche Volk«, das geht wohl schlecht?).« –

Nein, junge deutsche Männer tragen jetzt Bärte und schwarze Strickmützen, sie lassen sich in die Zuwanderungsgesellschaft, z. B. der Syrer, integrieren.

7. »Integration« (das Lieblingswort der BRD-Politiker). – Die ungebildeten BRD-Politiker wissen aber nicht, wie schwierig Integration ist: Zwischen 1870/71und 1918 war es dem Deutschen Reich kaum gelungen, Elsässer und Lothringer zu »vollkommenen« Deutschen zu machen. Katharina d. Gr. holte 1763 deutsche Kolonisten in ihr Land. Bei ihrer Rückkehr 1990 ff. waren diese Deutschen immer noch Deutsche. Nach 1918 mussten Deutsche, die nicht elsässischer Abstammung waren, das Elsass verlassen. 1945 wollten Polen und Tschechen keine Deutschen integrieren. In Europa sind Juden noch heute nicht vollkommen integriert, obwohl sie mehr als 1000 Jahre hier leben.
8. »Demonstrationen der Türken in Köln gegen ihren Präsidenten Erdogan« – die Türken interessieren sich immer noch für türkische Politik. Interessieren sie sich aber auch für deutsche Politik? Sind sie integriert? Keiner fragt Asylanten, ob sie sich überhaupt integrieren lassen wollen. Vielleicht wollen sie das gar nicht? Vielleicht wollen sie bleiben, was sie sind? So wie früher die Russlanddeutschen und die Deutschen auf dem Balkan. Asylanten und sonstige Flüchtlinge haben in der BRD Schutz und Wohlstand gesucht. Aber wollen sie wirklich Deutsche werden? Europäische Kolonisten in Afrika wollten im 19. Jh. keine Afrikaner werden.

Sprachliste November 2016 – Teil 4

1. »Streit um Kandidaten/Kandidatinnen für das Amt des Bundespräsidenten/der Bundespräsidentin. (In der Berichterstattung ist das Wichtigste, dass die femininen grammatischen Formen beachtet werden, obwohl es das Verstehen erschwert.)« – BRD-Politiker sind so sehr zerstritten, dass es ihnen schwer fällt, sich auf zwei oder auch nur einen Kandidaten zu einigen, zumal es offensichtlich an fähigen Kandidaten fehlt, die das Amt ausüben könnten. Die Stimmen der konservativen Parteien in der Bundesversammlung, die den Präsidenten wählen muss, sind in der Minderheit. Die BRD triftet weiter nach links außen, obwohl die CDU schon jetzt links der Mitte steht. Und das alles trotz guter wirtschaftlicher Lage. Europäer könnten zufrieden sein: ihnen geht es viel besser als den Menschen in der kriegsgeschüttelten islamischen Welt. Die Unzufriedenheit wird von den Medien herbeigeredet. Warum? Sind Populisten ihre neuen Feindbilder? Oder ahnen sie mehr, als sie zu wissen vorgeben? Oder fühlen alle Menschen, dass der gegenwärtige Frieden keinen Bestand haben wird? Die BRD mit Merkel ist ein sozialistisches Museum geworden.
2. »Spezialkräfte der Polizei stürmten bei Großrazzien Wohnungen und Büros mutmaßlicher Salafisten.« (DLF) – Die Medien täuschen Entschlossenheit vor. Richtig nur: »Polizei durchsuchte Wohnung und Büros von Salafisten.« Falsch: »mutmaßliche«, denn die Polizei sucht keine mutmaßlichen Salafisten, sondern wirkliche Salafisten. Falsch sind auch sprachliche

Übertreibungen wie: »Spezialkräfte«, »Großrazzia«, »stürmen«. Linke riefen sofort zum Maßhalten auf. Bei staatlichen Maßnahmen gegen Rechte ruft niemand zum Maßhalten auf, man fordert mehr Repressionen.

3. »Kardinal Karl Marx und EKD-Vorsitzender Bedford-Strohm legen auf Bitten eines Muslims beim Betreten des Tempelbergs in Jerusalem ihre Brustkreuze ab.« – Feigheit vor dem Feind! Aber das sagt keiner. Auch das ist Feigheit. Aber der Islam hat keine Bedenken, Moscheen in der BRD zu bauen. Keiner weiß mehr, was Gesten und Haltungen (Kreuze tragen, Moscheen bauen) bedeuten.
4. »Die Beziehungen von EU und BRD einerseits zur Türkei andererseits werden immer schlechter.« – Warum? Der deutsche Kaiser hielt gute Beziehungen zum osmanischen Reich. Dies wird ihm von ungebildeten BRD-Politikern heute vorgehalten (Völkermord an den Armeniern während des ersten Weltkriegs). Wenn nur endlich die BRD-Politiker einsähen, dass die Welt viel komplizierter ist, als sich die Gleichheitsfanatiker vorstellen können. Es bestehen gottgegebene Unterschiede zwischen den einzelnen Menschen und zwischen den einzelnen Völkern. Warum wollten die Tschechen nach 1918 nicht mit den Deutschen in Böhmen zusammenleben? Warum haben sie 1945 die Deutschen vertrieben? Daran war nicht A. H. schuld. Aber die BRD-Menschen werden von ihrer Regierung jetzt gezwungen, mit fremden Menschen zusammenzuleben! Dieses Unternehmen wird scheitern.

Sprachliste November 2016 – Teil 5

1. »Alle reden in der BRD von Toleranz gegenüber dem Fremden, aber nicht gegenüber der AfD.« – Keiner fragt, was die BRD-Menschen selber wollen, was ihre eigenen Ziele sind. Antwort: Sie haben keine eigenen Ziele, sie wollen nur für andere da sein. Wie kann das gut gehen? Die BRD-Menschen wollen sich immer anderen anpassen: dem Islam, den Flüchtlingen. Oder kuschen sie schon?
2. »Die Polizei fuhr vor Ort.« – Gemeint ist: »Die Polizei fuhr zum Tatort.«
3. »Sexuelle Vielfalt, Umbenennungen von NS-verdächtigen Straßennamen (Straßen dürfen aber weiterhin die Namen von Kommunisten tragen), Verunstaltung der deutschen Sprache durch Bildung von geschlechtsneutralen grammatischen Formen (Studierende statt Studenten). Das sind die BRD-Tagesthemen.« – Diese Lächerlichkeiten gibt es in keinem anderen Staat.
4. »Vaterlandsliebe« – ein heute in der BRD nicht mehr bekanntes Wort. Auch »Patriotismus« ist ein Un-Wort geworden. Woran darf sich ein BRD-Bürger noch festhalten? An seinem Fußballverein? An der Globalisierung? Der Mensch braucht auch eine Befriedigung seiner Gefühle. Das verstehen Europa- und BRD-Politiker nicht. Deshalb reden sie heute so oft von politischem Durcheinander und fühlen sich selbst unsicher.
5. Ein Lehrer sagt: »Schüler sind wertschätzend zu behandeln und die Lehrer-Schüler-Beziehungen müssen in einem Prozess erarbeitet werden.« – Was bedeutet das Wort »wertschätzen«? Schüler sind zu erziehen, aber

nicht wertzuschätzen. Was soll das Wort »Prozess« in diesem Zusammenhang bedeuten? Dass Erziehung Zeit benötigt, versteht sich von selbst.

6. »Adventszeit, »Zeitraum«, »Zeitfenster« – nur »Adventszeit« ist richtig, »Zeitraum« muss man den Physikern überlassen, »Zeitfenster« den Angebern.
7. »Was A. H. und Walter Ulbricht nicht geglückt ist, glückt jetzt in der BRD den Roten, Linken und Grünen.« – Wegen der kirchenfeindlichen Politik in der BRD verdunstet das Christentum (es gibt keine Sünde mehr, nicht einmal Töten der Embryos ist noch Sünde), die Deutschen sollen aussterben. Das wollte zwar A. H. nicht. Aber mit seiner kirchenfeindlichen Politik hat er doch auch den Grundstein gelegt für die Verdunstung des Christentums. So werden zunächst ländliche Gebiete entvölkert und wird das Land gemäß den Wünschen der Grünen den Wölfen und Lurchen überlassen. Wir gehen herrlichen Zeiten entgegen. Menschen sind zweitrangig.
8. »Mit der AfD will kein BRD-Politiker etwas zu tun haben, aber die Verhandlungen über den Beitritt der Türkei zur EU werden nicht abgebrochen, sondern nur ausgesetzt, eingefroren.« – Welche Unentschlossenheit!
9. »Die Welt muss vorangebracht werden.« (BRD-Politiker) – Aber keiner sagt, in welche Richtung?
10. »City-Center« – »City« = Innenstadt, »Center« = Stadtmitte. Was soll »City-Center« bedeuten? BRD-Menschen können weder deutsch noch englisch.

Sprachliste November 2016 – Teil 6

1. »Vor Ort-Termin« – Richtig nur: »Ortstermin« (juristischer Fachausdruck, sogar der Duden sagt nicht: »Vor Ort-Termin«): »Das Gericht führte einen Ortstermin (z. B. am Ort des Verbrechens) durch.« Duden lässt aber »Vor-Ort-Termin« zu, denn anscheinend kann auch der Duden die Sprachverhunzung durch die Medien nicht mehr aufhalten, vielleicht will er das aber auch gar nicht. Wer will die deutsche Sprache noch retten? Keiner. Richtig: »X steht vor dem Bahnhof« oder »X steht am Bahnhof« oder »X steht beim Bahnhof«, aber falsch: »X steht vor Bahnhof«.
2. »Die Verhandlungen über den Beitritt der Türkei zur EU werden *eingefroren* oder *auf Eis gelegt.*« (DLF) – Diese Gassensprache ungebildeter Journalisten dient zur Beschreibung bedeutsamer politischer und rechtlicher Entscheidungen! Die BRD und die EU werden scheitern, Erdogan aber wird lachen. Richtig nur: »Die … werden *abgebrochen* oder *unterbrochen.*« Missverständlich ist auch »Die Verhandlungen werden *ausgesetzt.*« Der raffinierte Bundesverteidigungsminister von und zu Guttenberg verwendete das Wort *»aussetzen«*, um die Entscheidung über die Abschaffung der Wehrpflicht zu vernebeln. Er und der Bundestag sagten nicht *»Abschaffung«* der Wehrpflicht, sondern *»aussetzen«*. Dieses Wort hat viele Bedeutungen (z. B.: aussetzen eines Kindes) und sollte den Anschein erwecken, dass Wehrpflichtige nur vorübergehend nicht einberufen werden, dass aber im Notfall die Wehrpflichtigen ohne Verzug wieder zum Dienst herangezogen

werden könnten. Wie soll das möglich sein? Von heute auf morgen eine Verteidigungsarmee mit Soldaten und mit allen Waffen aufstellen? Aber alle Politiker ließen sich von Guttenberg einlullen und waren froh, dass das ungeliebte Kind Wehrpflicht und Kriegsdienstverweigerung aus Gewissensgründen endlich ausgesetzt war. Hurra! Ohne Wehrpflicht ist alles besser.

3. »Alle BRD-Politiker sagen: Wir müssen aus der Geschichte lernen.« – Da BRD-Politiker aber auf ihren Schulen und Universitäten nur die Geschichte des Dritten Reiches gelernt haben, so können sie nur aus dieser 12-jährigen Geschichte lernen, aber nichts aus der Weltgeschichte, die ihnen unbekannt ist. Natürlich sind Mauern (z. B. der Limes, die chinesische, die Berliner Mauer und der Atlantik Wall) letztlich überwunden worden, aber nur deshalb, weil sie nicht mehr von Soldaten verteidigt wurden. Wenn die europäischen Politiker Europa nicht mehr verteidigen wollen, dann wird Europa islamisch oder ein afrikanisches Land werden. Gegen den Kommunismus ist Europa noch verteidigt worden, sogar Atomwaffen hätten eingesetzt werden sollen. Jetzt will sich Europa nicht mehr verteidigen. Die Europäer wollen Multi-Kulti werden. Es ist doch alles egal, alles gleich, alles dasselbe. Ob Stuttgart 21 und der Berliner Flughafen gebaut werden oder nicht, es ist doch alles egal. Wären die Deutschen im 19./20. Jh. genauso eingestellt gewesen, so hätte Deutschland kein Schienennetz und keinen Luftverkehr. Es dürfen jetzt keine neuen Straßen gebaut, nur die alten Straßen dürfen repariert werden. Auf keinen Fall neue Autobahnen, die hat A. H. gebaut. Nie wieder!

Sprachliste Dezember 2016 – Teil 1

1. »Als ein Seebeben 2011 ein japanisches KKW zerstörte, gab es in der BRD ein politisches Erdbeben: Alle BRD-KKW sollten am besten sofort stillgelegt werden.« – In der Schweiz, das genauso weit von Japan entfernt liegt wie die BRD, gibt es bis heute noch keinen Plan für die Stilllegung von KKW. In vielen Ländern der Welt werden neue KKW gebaut. Gelten dort andere physikalische Gesetze als in der BRD?
2. »In der BRD wird über Rentenzahlungen in der Zukunft gestritten. Können die notwendigen Renten erwirtschaftet werden? « – Zurzeit unterhalten ca. 10 Erwerbstätige ca. 3 Rentner, i. J. 2040 werden ca. 10 Erwerbstätige ca. 5 Rentner unterhalten müssen. Und trotzdem wird die Abtreibung weiterhin als unabänderlich hingenommen. Der Erfinder und große Unternehmer Werner von Siemens (1816–1892) hatte 13 Geschwister. Nur bei einer solch großen Kinderzahl kann ein Staat große, leistungsfähige Männer hervorbringen. Deutsche Kaufleute waren in der ganzen Welt tätig. Aber heute wollen chinesische Kaufleute deutsche Firmen kaufen. Heute wollen deutscher Staat und deutsches Volk nichts mehr leisten. Frauen sollen sich selbst verwirklichen, sie müssen und dürfen also keine Kinder mehr großziehen. Nach 1945 erbrachte Deutschland nochmals große Leistungen (Wirtschaftswunder) und es gab sehr viele Geburten (Babyboomer). Der Geist des 19./ 20. Jh's war für kurze Zeit noch einmal lebendig geworden. Rentner und Rentnerinnen können nur von den zuvor geborenen Kindern unterhal-

ten werden. Aber jetzt sollen das Ausländer bewerkstelligen?

3. »Der Notarzt war schnell *vor* Ort und versorgte den Verunglückten noch am Unglücksort.« (Zeitungsmeldung). – Es muss »am Ort«, »am Unglücksort« heißen. Die Deutschen schreiben schon jetzt alles falsch. Was wird es erst geben, wenn die heutigen Schüler, schlecht ausgebildet und schlecht erzogen, ins Berufsleben eintreten? Eine Katastrophe!
4. »Recherchieren« – besser: »ermitteln« oder »nachforschen«.
5. »Früher: Zensur« – heute: Political Correctness.
6. »Team und Technik« (DLF) – Englisch: team and technology. Deutsch: Mannschaft und Technik. Die Sprechweise des DLF verdeutlicht die Missachtung der deutschen Sprache durch alle deutschen Medien. Schüler lernen nicht mehr den richtigen Gebrauch der deutschen Sprache beim Lesen oder Hören der Medien. Pisa-Tests belegen, dass deutsche Schüler in ihren Schulen nichts mehr lernen. Nun werden aber nicht die Lehrer aufgefordert, guten Unterricht – so wie früher – zu erteilen, sondern es werden die Prüfmethoden/Tests angezweifelt. Wichtiger als gutes Deutsch ist heute die korrekte Genderschreibweise (Geschlechtergerechtigkeit). Deutschland wird an seinem zu geringen und unfähigen Nachwuchs scheitern.
7. »Der Ausgang der Wahl gilt als offen.« (DLF) – Richtig: Das Wahlergebnis ist ungewiss. »Offen« ist das A-loch. Was soll »gilt« bedeuten?

Sprachliste Dezember 2016 – Teil 2

1. »Begabte und intelligente Schüler und Erwachsene passen nicht in den Egalitarismus der BRD.« – Diese werden gem. der Gleichheitsidee nicht gefördert, obwohl kein Staat auf die Leistungen von »Überfliegern« verzichten kann. Hingegen werden alle »sozial Benachteiligten« von der BRD-Regierung gehätschelt. Wie in der DDR. Sogar die Schulzeit wurde um ein Jahr verkürzt. Die Folgen erleben wir jetzt. Das Abitur ist nichts mehr wert.
2. »Gebt dem Kaiser, was dem Kaiser gehört, und Gott, was Gott gehört. (Lukas 20, 25, neuer Bibeltext).« – So gebet dem Keiser/was des Keisers ist/und Gotte/was Gottes ist. (Bibeltext von 1550). Welcher Text klingt sprachlich schöner? Nur der alte Text! Ich möchte aber im alten Text das Wort »und« durch »aber« ersetzen. Es macht den Unterschied deutlicher. »Viele erhoffen sich, dass …« – Richtig: »Viele hoffen, dass …« oder »Viele hoffen auf …«. »Sich erhoffen«, »ich hoffe mir« ist Neudeutsch.
3. »Bevölkerungsentwicklung« – richtig: »Bevölkerungswachstum«, »Bevölkerungsrückgang«, »Bevölkerungsschwund«. »Bevölkerungsentwicklung« sagt gar nichts.
4. »X ist mit ein Grund dafür, dass …« – Richtig: »X ist ein Grund (eine Ursache) dafür, dass …« Das Wort »mit« erfreut sich großer Beliebtheit (*Mit*arbeiter), ist aber überflüssig. Je nach Sachverhalt kann man aber sagen: »X ist der wahre Grund dafür, dass …« oder »Auch X ist ein Grund dafür, dass …«

5. »Vorläufiges Endergebnis« (DLF) – Was ist das für ein Irrsinn! Ein Endergebnis (z. B. nach Wahlen) ist kein vorläufiges Ergebnis.
6. »Frage klären« (DLF) – eine Frage kann man stellen oder beantworten. Man kann auch eine Frage so schlecht formulieren, dass der Gefragte nicht weiß, worauf oder wie er antworten soll. Duden versteht unter »Frage« auch ein erörterungswürdiges Thema. Aber »Frage klären« ist Unsinn wie auch »Frage lösen«. So verkommt die deutsche Sprache in den BRD-Medien.
7. »Ölproduktion zurückfahren« – ein Auto fährt zurück, aber die Ölförderung wird gedrosselt, damit die Preise steigen.
8. »Einheitsübersetzung der Heiligen Schrift« – Was ist eine Einheitsübersetzung? Wenn nicht einmal christliche Kirchen die deutsche Sprache beherrschen, dann ist Deutschland endgültig am Ende.
9. »Gegen Staat und Kapital Für die Revolution« (Linke und Rote) – sprachlich kurz und treffend. Aber inhaltlich das Ende des Staates und seiner Menschen. Revolution bedeutet Bürgerkrieg. Kapitalisten können ihr Kapital nur vermehren, wenn Friede herrscht, aber Revolution verhindert wird. Im Nachhinein werden vielleicht sogar die Russen ihre Oktoberrevolution verwünschen.
10. »Event« – Ereignis.

Sprachliste Dezember 2016 – Teil 3

1. »Der überhastete Ausstieg aus der Produktion von Kernenergie – nur in der BRD – war eine gefühlsmäßige, schicksalsergebene, typisch weibliche Entscheidung von Frau Merkel, ebenso das übertriebene Hereinwinken der Flüchtlinge 2014/2015.« – Mit Vernunft, Rechtsstaatlichkeit, Gerechtigkeit, Menschlichkeit hatten diese Entscheidungen nichts zu tun. Sie waren Entscheidungen aus dem Bauchgefühl. Gerade das Denken in Gegensätzen kennen die schrecklichen Vereinfacher der BRD-Politik nicht: Wie hätte der Arzt von Stalingrad entscheiden müssen, der zehn Verwundete aus medizinischen Gründen mit dem letzten Transportflugzeug aus dem Kessel ausfliegen lassen wollte, aber nur fünf freie Plätze zur Verfügung hatte? Diese Frage kann Frau Merkel, aber auch das Bundesverfassungsgericht nicht befriedigend für alle beantworten (oder wie es in Neudeutsch heißt: lösen). Zu den Terroranschlägen, die den türkischen Staat erschüttern, und die in muslimischen Ländern Christen töten, haben BRD-Politiker nur Phrasen übrig: z. B. »inakzeptabel«. Sie können nicht einmal mehr auf Deutsch z. B. sagen: ich bin traurig. Sie flüchten sich in Fremdwörter. Sie verkennen, dass es *unlösbare* Streitigkeiten zwischen Menschen, Staaten, Religionen und sogar in Ehen und Familien und in Staaten gibt, die nicht befriedigend für alle Seiten geschlichtet werden können. Traurig, aber wahr. Hätte Stalin am 22.06.1941 beim Angriff der Wehrmacht auf sein Land nicht besser den Völkerbund angerufen, um einen Krieg zu vermeiden und hätte er

den Konflikt mit A. H. nicht anders »lösen« können, als mit Krieg? Ironische Fragen. Aber sie machen deutlich, dass die Friedensapostel unserer Tage unverbesserliche Narren sind.

2. »Rechtsstaat« – was ist das? Ein Staat, der erzkonservativ und rechtsextrem ist und im Gegensatz steht zu einem Linksstaat? Nein, der Rechtsstaat war ursprünglich tatsächlich ein Staat, der gem. dem GG ein gerechter Staat war, aber nicht links- oder rechtslastig. Nun verändert aber jeder Staat, auch ein Rechtsstaat, seine Gesetze und Vorschriften je nach dem Ergebnis der jüngsten Wahlen: Ein Staat, in dem eine religiös gebundene Bevölkerung wählt, kennt keine Abtreibung. Geht z. B. die Bedeutung der Kirchen zurück, so wird die Abtreibung zugelassen und werden Moscheen gebaut. Der Staat wird liberal. Ein NS-Staat kennt grundsätzlich nur NS-Gesetze, ein kommunistischer Staat grundsätzlich nur kommunistische Gesetze, und auch ein Rechtsstaat kann sehr weit nach rechts oder links triften und ist je nach den Zielen und Fähigkeiten seiner Politiker auch nicht der Gefahr enthoben, eine Revolution erdulden zu müssen. Auch ein Rechtsstaat ist ein menschlicher Staat.
3. »Ein untergangenes Schiff heben.« (DLF) – richtig nur: »… bergen.«
4. »Schritte im Kampf gegen Einbrecherbanden ergreifen.« (DLF) – Unsinn. Richtig: Gegen Einbrecherbanden vorgehen. Schritte werden gemacht, aber Maßnahmen ergriffen.

Sprachliste Dezember 2016 – Teil 4

1. »Sanktion« – Bedeutung: Billigung (sanktionieren). Aber »Sanktionen« (Plural) sind Zwangsmaßnahmen (z. B. der EU gegenüber Russland).
2. »Werner von Siemens (1816-1892), Erfinder und Unternehmer, errichtete eine Krankenkasse für die Arbeiter (nicht »*Mit*arbeiter) in seinen Fabriken.« (DLF, Kalenderblatt am 13.12.2016). – In den Augen des sozialistischen DLF hat Siemens dies natürlich nicht aus humanitären Gründen getan, sondern nur, um seine Arbeiter besser motivieren zu können. Mit solchen negativen Bewertungen wird, besonders bei Jugendlichen, jede Anerkennung außergewöhnlicher Fähigkeiten und Leistungen anderer Menschen unmöglich gemacht. Wer kann dann noch Vorbild sein? Wann wird endlich der Bau des Petersdoms in Rom als bloße Arbeitsbeschaffungs- und als größte Ausbeutungsmaßnahme der Kirche dargestellt? (natürlich ironisch gemeint)
3. »Zivilbevölkerung« – was ist das? »Bevölkerung« genügt. Eine militärische Bevölkerung gibt es nicht.
4. »Fragestellung« – »Frage« genügt.
5. »Böser Assad, böse Russen, böser Trump, aber gute syrische Rebellen, bedauernswerte Frauen und Kinder in Aleppo.« – Das ist primitive Schwarz-Weiß-Malerei der BRD-Medien. DLF spricht trotz seiner ausführlichen politischen Kommentare nie über (Hinter-) Gründe des syrischen Bürgerkriegs. DLF zeigt in seinen einseitigen Kommentaren, die nur wiedergeben, was westliche Politiker denken: Das Denken unserer

Politiker ist von der Wirklichkeit weit entfernt: Befriedung Afghanistans, arabischer Frühling, Krimkrise, neue Türkei unter Erdogan, Flüchtlingsströme. Westliche Politiker reden nur von »Würde und unseren Werten«, ohne diese tiefgründig zu beschreiben. Der Westen will nicht wahrhaben, dass auch Demokratien scheitern können. Und sie scheitern tatsächlich, z. B. in Mittel- und Lateinamerika und in Afrika. Nicht etwa, weil böse Diktatoren sie erobern, sondern weil unfähige Parlamentarier und Regierungen die falschen Entscheidungen treffen. Mit der Gewalttätigkeit des Islam (Selbstmordattentäter) setzt sich kein westlicher Politiker auseinander, denn Gewalt und Terror passen nicht in ihr Weltbild. Sie wollen das Böse nicht wahrhaben.

6. »A. H. wollte die Juden auslöschen.« – Was haben Rote, Linke, Grüne mit den Deutschen vor?
7. »Chorraum in der X-Kirche.« – Was ist ein »Chorraum«? »Chor« genügt.
8. »34 afghanische Flüchtlinge werden von Frankfurt/M. mit dem Flugzeug im Zuge einer Sammelabschiebung nach Afghanistan abgeschoben.« (DLF) – Diese Nachricht wird ständig wiederholt. Warum? Mit dem Spektakel einer Sammelabschiebung will Frau Merkel zeigen, dass sie das Flüchtlingschaos beherrscht. Das sind aber nur Symbolmaßnahmen der BRD-Politiker.

Sprachliste Dezember 2016 – Teil 5

1. »Straffällige Asylbewerber« – bei Straftätern (männl.) verzichten die Genderliebhaber auf die weibliche Form. Niemand schreibt: »Straffällige Asylbewerberinnen«.
2. »Schwerwiegende Menschenrechtsverletzungen« – gibt es auch leichtwiegende Menschenrechtsverletzungen? Die (Rechts-)Sprache wird missbraucht, um die Interessen der Inländer nicht beachten zu müssen: Genfer Flüchtlingskonvention, Asylrecht, subsidiärer Schutz, Abschiebeverbot. Der Rechtsstaat ist beim besten Willen nicht mehr zu verstehen, wenn nur die Interessen der anderen, aber nicht mehr die Interessen der Eigenen noch etwas gelten. Die Medien sprechen mit scheinbarer Objektivität über das Für und Wider einer Entscheidung so lange, bis letztlich doch nur die eine gewollte Entscheidung übrigbleibt.
3. »Pluralismus« (Vielgestaltigkeit) – wie viel Pluralismus verträgt eine Ehe, eine Familie, eine Stadt, ein Staat? Nicht viel, denn ein Zuviel an Pluralismus zertrennt alle privaten und öffentlichen Bindungen. Lose Bindungen reichen nicht mehr aus, das Ganze zusammenzuhalten. Ein Gemeinwohl gibt es dann nicht mehr.
4. »Am 19.12.2016 Terroranschlag mittels LKW auf dem Berliner Weihnachtsmarkt mit elf toten Berlinern und einem toten Polen.« – Alle Politiker und Medien sagen: Auch die beste Polizei kann nicht alle Anschläge verhindern, der Westen darf sich nicht einschüchtern lassen, wir machen weiter so wie bisher. Alle zeigen sich »geschockt« und trauern. Als aber die AfD früher

einmal von Waffenanwendung an den deutschen Grenzen auch nur sprach, kochte die Volksseele über: Wir erdulden lieber alles, als dass wir das Richtige tun. Was sind auch 12 Tote, verglichen mit Tausenden von Toten, die im Mittelmeer bei ihrer Flucht umgekommen sind, weil der Westen keine Schiffe und Flugzeuge zu ihrer Rettung eingesetzt hat? Hätte er den Flüchtlingen wirksam geholfen, wäre es nicht zu dem Anschlag in Berlin gekommen. Das alles ist die Ironie des Schicksals und zeigt die Dummheit und Wirklichkeitsferne unserer Politiker. Nach der Wahrscheinlichkeitsrechnung gibt es unter einer Million Menschen immer eine Anzahl von Kriminellen. Das haben unsere gewählten Volksvertreter nicht wahrhaben wollen und haben Millionen fremder Menschen ins Land gelassen. Damit werden sie aber nun nicht fertig – zum Schaden der Alteingesessenen. Man redet vom mutmaßlichen Anschlag in Berlin, von mutmaßlichen Konsequenzen. Warum redet man nicht von Schlussfolgerungen, von Taten? Alles nur im Konjunktiv! Es werden nun sogar Rechte als Täter verdächtigt.

5. »Name des Tatortes (s. o.)?« – »Weihnachtsmarkt an der Kaiser-Wilhelm-Gedächtniskirche oder … auf dem Breitscheidplatz?« Breitscheid war ein SPD-Politiker, der von den Nazis ermordet wurde, also ist sein Name der korrekte Name, aber nicht Kaiser-Wilhelm-Gedächtniskirche, obwohl der Name Kaiser-Wilhelm-Gedächtniskirche geläufiger ist? In der weiteren Berichterstattung wird von Breitscheidplatz gesprochen. Propaganda ist alles!

Sprachliste Dezember 2016 – Teil 6

1. »Schlussfolgerungen ziehen« (DLF) – Der DLF wird immer dümmer. Man kann »schlussfolgern«, man kann auch »Schlüsse ziehen«, aber man kann keine »Schlussfolgerungen ziehen«.
2. »Bourgeois Bürger« – das fr. Wort war ein Schimpfwort der Kommunisten für die bürgerliche Gesellschaft. Das deutsche Wort ist ein halb-korrektes Wort. Richtig in Gender-Deutsch: BürgerInnen (hier streikt sogar der PC). Die männlichen Franzosen haben keine weibliche Form für »Bourgeois«. Das ist richtig, denn alle Bürger sind gleich. Frauen sind nicht gleicher.
3. »Die vermeintliche Rechtsterroristin Zschäpe ist jahrelang in BRD-Untersuchungshaft. Man kann ihr keine Straftat nachweisen, aber möchte sie dennoch nicht freilassen. Vermeintliche IS-Terroristen werden bald wieder freigelassen, weil man ihnen nichts nachweisen kann. Wer kann diese unterschiedliche Handlungsweise des angeblichen Rechtsstaates BRD noch verstehen? Neuerdings gibt es in der BRD das Wort »Gefährder«. Wer ist das? Ein Mann mit schwarzen Haaren und schwarzem Bart, der wie ein Syrer aussieht und sich nahe einer Moschee aufhält? Das Wort »verdächtig« ist ein dehnbares Wort, man kann es eng auslegen, wie deutsche Behörden es zurzeit tun (beim geringsten Zweifel an der Täterschaft eines Flüchtlings ist er nicht verdächtig) oder man kann es weit auslegen, wie Diktatoren es tun (jeder ist verdächtig). Mit gesundem Maß wird zurzeit in der BRD nicht ermittelt.
4. »Menschen werden aus dem Ostteil Aleppos evaku-

iert.« (DLF) – Bei dieser Formulierung und Wortwahl denkt der kriegserfahrene Deutsche (es gibt nur noch wenige von ihnen) daran, dass Frauen und Kinder aus von Feind und Krieg bedrohten Gebieten in Sicherheit gebracht werden. Gem. der unklaren weiteren Berichterstattung scheint es aber wohl so zu sein, dass Aufrührer, Rebellen, Terroristen und Feinde des syrischen Präsidenten Assad mittels Omnibussen den von ihnen beherrschten Ostteil Aleppos unter Gewährung freien Geleits verlassen durften. Die Bombenangriffe des syrischen »Regimes« richteten sich also nicht nur gegen Krankenhäuser im Ostteil Aleppos, wie der DLF berichtete, sondern auch gegen Aufständische.

5. »Flüchtlingsproblematik« – keiner darf Unbeteiligte und sich in Gefahr nur deshalb bringen, weil er Menschen in Not helfen möchte: Keiner darf all sein Geld den Flüchtlingen geben, so dass seine Familie und er selbst kein Geld mehr zum Leben haben. Keiner darf bei einem schweren Schiffsunglück oder bei einer leicht übertragbaren lebensbedrohlichen Infektionskrankheit versuchen zu helfen, obwohl er wegen fehlender technischer oder medizinischer Kenntnisse gar nicht sinnvoll helfen kann und er Unbeteiligte vielleicht sogar in Gefahr bringt. Frau Merkel hat wirklich Blut an ihren Fingern: Sie hat wahllos ca. 2 Mio. fremde Menschen, die gar nicht alle in Not, sondern z. T. Terroristen waren, ins Land gelassen. Hätte sie das nicht getan, wären die Morde auf dem Berliner Weihnachtsmarkt nicht geschehen. Uneinsichtige Gutmenschen bestreiten einen Zusammenhang zwischen der Merkel'schen Flüchtlingspolitik und den Morden in Berlin.

Sprachliste Dezember 2016 – Teil 7

1. »Die Ereignisse auf dem Berliner Weihnachtsmarkt 2016 dürfen für die Wahlen 2017 in der BRD nicht instrumentalisiert werden.« (Erzbischof von Berlin Koch) – Es gehört zur Selbstverständlichkeit einer Demokratie, dass Wähler die jüngsten politischen Entscheidungen ihrer Regierung berücksichtigen, wenn sie zur nächsten Wahl gehen. 1945 und 1989 wollte keiner die NS- oder die DDR-Zeit mit dem Stimmzettel wiederbeleben. Die nächsten Wahlen werden zeigen, ob das Volk die politischen Entscheidungen von Frau Merkel aus dem Jahre 2015 gutheißt.
2. »Die heutige Erderwärmung wird von allen verteufelt.« – Warum bedenkt man nicht, dass in der Winterzeit hohe Außentemperaturen helfen, die Heizkosten, den Schadstoffausstoß der Heizungsanlagen, die Zahl der Glatteisunfälle, und die Kosten für Schneeräumen und Salzstreuen zu senken? Also scheint die Erderwärmung für Deutschland nicht nur schädlich zu sein. Aber unsere Politiker wollen eine Weltuntergangsstimmung erzeugen. Die niedrige Wahlbeteiligung zeigt, dass die Wähler zu keiner Partei Zutrauen haben.
3. »Update« (DLF) – der DLF kann nicht mehr Deutsch sprechen.
4. »Wir sollten X und Y tun (oder nicht tun).« – Der Bundespräsident verwendet in seiner Weihnachtsansprache nur den Konjunktiv (sollten). Warum sagt er nicht: »Wir müssen X und Y tun (oder nicht tun)?« DLF berichtet in seiner Nachrichtensendung über Orkane in fernen Ländern, über die Weihnachtsansprache des

Papstes, aber nicht über die inhaltsleere Weihnachtsansprache des Bundespräsidenten Gauck. Warum nicht?

5. »Der Rechtsstaat kämpft zurzeit um sein Bestehen.« – Warum? Weil unfähige BRD-Politiker nicht einsehen, dass alles seine Zeit hat: Das Gottesgnadentum und der Vielvölkerstaat Österreich-Ungarn haben vor 100 Jahren ihr Ende gefunden, die stolze, machtbesessene Sowjetunion und die DDR haben vor 25 Jahren, ohne äußere Feinde zu haben, ihr Ende gefunden. Diese Wandel waren verursacht worden durch unfähige Politiker, die durch fähigere Politiker ersetzt wurden. Wie konnte Japan am 7.12.1941 die amerikanische Flotte in Pearl Harbor angreifen, wie konnte A. H. am 11.12. 1941 den USA den Krieg erklären? Warum können im Freistaat Bayern fast 40 Jahre nach einem Anschlag auf das Oktoberfest in München die strafrechtlichen Ermittlungen immer noch nicht eingestellt werden? Weil man rechte Täter zu ermitteln hofft! Aber kein einziges Verfahren wegen DDR-Unrechts gibt es heute noch! Politiker versuchen mit »Täterschutz statt Opferschutz« ihre roten und linken Ideen durchzusetzen und aus dem Rechtsstaat einen Linksstaat zu machen, sie fragen nicht nach den Interessen des Gesamtvolkes und denen des Staates. Sie kennen nur ihre eigenen Ziele. Aber Vernunft nicht.
6. »Mutmaßlicher Täter« (DLF) – Auch eine Woche nach dem Terroranschlag auf dem Berliner Weihnachtsmarkt und nachdem der Täter namentlich bekannt ist und von der italienischen Polizei erschossen wurde, spricht der DLF immer noch von *mutmaßlicher* Täter. Das ist ungeheuerlich!

Sprachliste Dezember 2016 – Teil 8

1. »In der BRD gibt es unerbittlichen Streit über die Sicherheit der Bürger auf Straßen und Plätzen; Video-Überwachung, ja oder nein?« – Dieser Streit wird geführt, wie früher Religionskriege geführt wurden. Aber in keiner Nachrichtensendung des Staatssenders DLF wird je die Schweiz erwähnt. Warum? Weil die Schweiz seit unvordenklicher Zeit von fähigen Politikern regiert wird. Die BRD wird aber zurzeit von den unfähigsten Politikern regiert. In der BRD wird die Demokratie scheitern, in der Schweiz nicht. Im Rot-Rot-Grünen Berlin übernachtete mindestens ein Obdachloser in einem U-Bahn-Bahnhof, dessen Kleidung von Ausländern angezündet werden sollte. Und in der Green City Freiburg/Br., das von einem extrem linken Bürgermeister regiert wird, der sich aber nur für die Umbenennung von Straßennamen seiner Stadt interessiert, gibt es sehr viele Bettler, die mit ihren Hunden die Innenstadt bereichern. Dort, wo Rote und Linke regieren, herrschen Unvernunft und meistens Chaos. Bedeutet BRD vielleicht »Bananenrepublik Deutschland«?
2. »Der von der Polizei Erschossene X soll möglicherweise der Täter sein.« (DLF) – Unsinn! Entweder: »X soll der Täter sein« oder »X ist möglicherweise der Täter«. Das sind zwei mögliche Formulierungen, die aber nicht in einen einzigen Satz passen. Medien und Politiker sprechen nur noch von Möglichkeiten. Mehr trauen sie sich nicht. Warum sagt man nicht: »A. H. soll ›möglicherweise …‹ gewesen sein.« Kein Gericht hat A. H. je verurteilt. Gilt nicht auch für ihn die

Unschuldsvermutung? Können im Rechtsstaat nur noch Gerichte die Wahrheit erkennen? Im Übrigen werden mutmaßliche IS-Täter sehr bald aus der Untersuchungshaft entlassen, aber niemals die mutmaßliche NSU-Terroristin Zschäpe, sie wird ungewollt zur Märtyrerin hochstilisiert.

3. »Das Foto zeigt Gläubige in dem vom IS zurückeroberten Ort unweit Mossul.« (Bildunterschrift in der Zeitung Die Tagespost) – Was bedeutet dieser Satz? »Wurde der Ort durch den erfolgreichen Assad wieder (zurück)erobert und befreit, also den IS-Truppen entrissen« oder »wurde der Ort von IS-Truppen zurückerobert«? Ja, deutsche Sprache sehr schwere Sprache.
4. »Friedensprozess« (DLF) – Gibt es einen Kriegsprozess? Richtig nur: »Weg zum Frieden« oder »friedlicher Weg«. Aber die dummen Deutschen benutzen wegen ihrer Minderwertigkeitskomplexe lieber Fremdwörter: z. B. Prozess. Die Deutschen geben nicht nur ihre Sprache auf, sondern auch ihr Land. Auch der Westen gibt sich auf: Die Geschicke im Nahen Osten bestimmen Russland und der früher einmal so genannte »Kranke Mann am Bosporus«, also die Türkei, aber nicht mehr USA, Frankreich oder Großbritannien, und die EU schon gar nicht. Letztere wollen Frieden, aber sie bekommen ihn nicht.
5. »Helfersyndrom, historische Schuld, Gesinnungsethik, Verantwortungsethik« (Stichwörter in einem Zeitungsartikel zur Jahreswende 2016/17). – Ja, wenn doch nur unsere sog. Politiker über diese Wörter einmal nachdächten.

Sprachliste Januar 2017 – Teil 1

1. »Eine zentrale, große Frage ist z. B. …« – Diese Frage gibt es nicht: Mittelpunkt-Frage? Gibt es auch kleine Fragen? Es gibt nur schwer zu beantwortende Fragen oder einfache Fragen.
2. »Chaos Computer Club«(DLF) – dies ist ein deutscher IT-Verein. Der englisch sprechende sog. Deutschlandfunk spricht den Namen natürlich englisch aus. Warum?
3. »Ihre Hilfe – für die Menschen im Nahen Osten – verhindert Flucht und Vertreibung« (eine wohltätige Stiftung). – Diese Formulierung macht deutlich, dass man 2017 keine weiteren Flüchtlinge ins Land holen will, sondern nur noch in den Krisengebieten selbst helfen will. Vor einem Jahr hat man noch geschrien: »Willkommen in Deutschland.« So ändern sich die Zeiten. Warum haben die für Flüchtlinge zuständigen Stellen in der BRD nicht die Einwanderungspolitik der USA im 18./19. Jahrhundert zu Rate gezogen? Die BRD-Stellen und auch Frankreich haben nur von europäischen Werten gesprochen, aber nie wie Ungarn und Polen von Europa.
4. »Alternde Gesellschaft« – endlich wird die Wahrheit gesagt. »Demografischer Wandel« war ein nebulöses Wort. »Demografie« bedeutet »Wissenschaft von den Völkern«. Diese Wissenschaft kann sich ebenso wenig ändern wie die »Geografie«, die »Wissenschaft von der Erde«. Nur Dummköpfe können von »demografischem Wandel« sprechen und damit die ungünstige Bevölkerungspyramide meinen: zu viele Alte und zu wenig Junge.

5. »Die Flüchtlingsunterkunft, das Hotel X, kann aufgegeben werden.« (Zeitungsmeldung). – In der Meldung wird aber nicht gesagt, wo denn jetzt die Flüchtlinge untergebracht werden sollen? Verschweigepresse!
6. »Rote und Linke verfolgen eine Politik wie ehemals die Sowjetunion und die DDR.« – Sie haben aus dem Untergang der Sowjetunion und der DDR nichts gelernt.

Sprachliste Januar 2017 – Teil 2

1. »Mittelständiger Betrieb« – richtig: mittelständischer Betrieb.
2. »Es ist zwingend geboten, dass …« – Ständige Übertreibungen stumpfen ab. »geboten« genügt.
3. »Kampf gegen Terrorgefahr« – Unsinn! Richtig: »Kampf gegen Terror«.
4. »Mögliche Delikte verhindern« – Unsinn! Richtig: »Delikte verhindern«.
5. »30 Positionen im Innenstadtbereich wurden geschützt« – Richtig: »30 Stellen in der Innenstadt wurden …«
6. »Gezieltere« – Steigerung von »zielen« oder »gezielt« gibt es nicht.
7. »800 Mitarbeiter von Sicherheitsfirmen wurden zusätzlich in der Silvesternacht 2016/17 in Köln eingesetzt.« – Wenn der Staat zusätzlich zu den staatlichen Sicherheitsdiensten private Sicherheitsfirmen mit dem Schutz öffentlicher Plätze beauftragen muss, ist der Staat am Ende.
8. »Vorreservierung« – richtig nur: »Reservierung«. »Wahlmöglichkeit« – Richtig: »Wahl zwischen …«. »Humanitäre Hilfe«, »humanitär versorgen« – was soll »humanitär« bedeuten? Hilfe von Menschen für Menschen? – All diese Formulierungen zeigen den sprachlichen und kulturellen Niedergang in der BRD. Materiell geht es den Deutschen sehr gut, aber wie wird die Zukunft sein? Frage ohne Antwort!
9. »Nafri« (Polizeitechnischer Fachausdruck für »Nordafrikanischer Intensivtäter« oder »Nordafrikanischer Flüchtling«) – die Abkürzung »Nafri« erschütterte die

grüne Spitzenpolitikerin Peter in der BRD wegen der angeblich politischen Inkorrektheit der Abkürzung, und sogar der zuständige Polizeipräsident hielt die Abkürzung für unglücklich. Andere nahmen die Abkürzung schlichtweg hin. Aber keiner erwähnt die Ossis und Wessis, keiner die Muttis und Vatis, keiner die Omis und Opis, keiner die Koseformen für Namen von Kindern (Susi statt Susanne, Kathi statt Katharina), und schon keiner die Nazis, die Russkis und Amis (Amerikaner, Ausdruck heute unüblich). Alle mit »i«. Oh, Deutschland, wie bist du so krank! Überall gibt es in der deutschen Sprache das »i«, das man für angemessen oder unangemessen halten kann. Natürlich darf man zum amerikanischen Präsidenten nicht sagen: »Du Ami!« Aber »Ami« statt »US-Soldat« war 1945 üblich.

10. »Sprache« – warum wird in der BRD kein gutes und korrektes Deutsch mehr gesprochen? Weil es in der BRD zum Schaden aller keine Bildung mehr gibt. Ohne korrekte Sprache, besonders Fachsprache, können sich zwei Handwerker oder zwei Ärzte nicht über die von ihnen zu verrichtende Arbeit verständigen. Es stimmt einfach nicht: Ganz egal, wie einer spricht, Hauptsache: man versteht ihn. – Nein, man wird sich nicht verstehen, und sogar missverstehen.
11. »Bezahlte Rückkehr von Flüchtlingen aus der BRD in ihre Herkunftsländer« (DLF) – welch Irrsinn! 2014/15 werden arme, politisch verfolgte Flüchtlinge aus aller Herren Länder ungeprüft in der BRD willkommen geheißen. Aber schon 2017 wollen viele dieser Flüchtlinge zurück in ihre angeblich ach so schreckliche Heimat, obwohl sich dort nichts geändert hat.

Sprachliste Januar 2017 – Teil 3

12. »Angebliche, mutmaßliche Flüchtlinge« – so spricht niemand in der BRD, obwohl alle wissen, dass viele Flüchtlinge gar keine Flüchtlinge sind, sondern Glücksritter. Aber alle Täter, auch die schon ermittelten, sind beim DLF nur »mutmaßliche Täter«.
13. »Gefahr von Glatteisbildung« (DLF-Wetterdienst) – warum nicht kürzer: »Gefahr von Glatteis«? Schwülstige Ausdrucksweise der Medien. »Gefahr« bedeutet in der deutschen Sprache: es kann zu einem Schaden kommen, aber der Schaden muss nicht eintreten. Nicht die *Bildung* von Glatteis ist entscheidend, sondern das *Glatteis.*
14. »Kooperationsbereitschaft zwischen CDU und SPD ist gering.« – Welch sprachlicher Schwachsinn: Das Fremdwort *Kooperation* zeugt von Dummheit, denn es gibt das gute deutsche Wort *Zusammenarbeit.* Das Wort *Zusammenarbeitsbereitschaft* ist Unsinn. Richtig also nur: *Zusammenarbeit zwischen CDU und SPD muss besser werden* oder *ist schlecht.*
15. »Die Autobahn zwischen X und Y wurde voll gesperrt.« (DLF) – Richtig: »Die Autobahn … wurde gesperrt.« »Vollsperrung« gibt es nicht, aber »vorübergehend« gesperrt.
16. »Null-Toleranz-Strategie, bessere rechtliche Rahmenbedingungen« (Armin Laschet, CDU-Politiker) – diese Phrasen wurden gesprochen nach einem Besuch in Duisburg-Marxloh, einem Problem-Stadtteil. Nicht nur die CDU wird scheitern, auch die BRD.
17. »Lösungsvorschläge« – alle BRD-Politiker sagen *Lösungsvorschläge.* Keiner sagt *Lösungen.* Keiner

sagt, was seine eigenen Lösungsvorschläge sind. Keiner sagt, dass es ideale Lösungen, die keinen belasten, nicht geben kann. Alle wirklichen Lösungen sind wie Gerichtsentscheidungen: Einer gewinnt den Prozess, der andere verliert ihn.

18. »Alle Linken sind gegen die Institution Staat« – die Linken rebellieren gegen jeden Staat, nicht nur gegen den diktatorischen Staat, sie sehen nur das Individuum, die Persönlichkeitsrechte, die Meinungsfreiheit, sie wollen nicht einmal einem Fabrikbesitzer mehr Rechte einräumen als den Beschäftigten, dem Lehrer nicht mehr als den Schülern. Linke erkennen keinen Vorrang, keine Unterordnung an.

19. »Der Europäische Gerichtshof für Menschenrechte hat entschieden, dass muslimische Mädchen zusammen mit europäischen Knaben am Schwimmunterricht teilnehmen müssen.« – Wann werden die Europäer endlich einsehen, dass es bei der Verschiedenheit von Islam und Europa eine Integration nicht geben kann. Einer muss nachgeben. Noch können europäische Gerichte entscheiden, bald werden in den Gerichten aber auch muslimische Richter Recht sprechen. Schon heute kann man nicht mehr Islam und Christentum gegenüberstellen, denn Europa ist mehrheitlich nicht mehr christlich; in den öffentlichen Gebäuden mussten die Kreuze abgehängt werden, aber nicht, weil die Muslime dies verlangten, sondern weil die Europäer nicht mehr Christen sein wollten. Gleichheit, Gleichheit über alles!

Sprachliste Januar 2017 – Teil 4

1. »Vorsorge treffen« – richtig: »vorsorgen«.
2. »Die Baukosten sind teurer geworden.« – Richtig: »… sind gestiegen.«
3. »Die Elbphilharmonie in Hamburg ist ein demokratischer Bau.« – Früher hieß es: Königsschloss, Stadttheater – und heute demokratischer Bau?
4. »Volksverräter« (Unwort des Jahres 2016) – in den Jahren 2014/2015 haben Politiker und Medien die ausländischen Flüchtlinge bejubelt, wie früher Kaiser und Könige von ihren Völkern nicht bejubelt wurden. Aber 2017 wird kein Flüchtling mehr bejubelt. Politiker aller Parteien machen sich jetzt Gedanken darüber, wie sie Flüchtlinge wieder in ihre Heimatländer abschieben können. Politiker sind wetterwendisch, sind sie vielleicht nicht doch Volksverräter?
5. »Warum wird es Krieg geben?« – Frau Merkel und alle europäischen Politiker wollen um des lieben Friedens willen und weil sie gemäß ihren Verfassungen so tolerant sein müssen, das ganze Europa, den Nahen Osten und Afrika (christliche Gebiete) den Islamisten überlassen. Der Klügere gibt doch immer nach! Nur die Israelis verteidigen ihre Interessen und werden nie nachgeben. Und deshalb wird es Krieg geben.
6. »Die BRD-Regierung hat erklärt, dass BRD-Behörden schuld seien am Terroranschlag am Berliner Weihnachtsmarkt 2016.« – Aber nicht die Behörden sind schuld, sondern die Regierung wegen ihrer Kuschelpolitik gegenüber dem Islam. Wer seine Untergebenen haftbar macht für seinen eigenen Misserfolg, ist immer

ein schlechter Vorgesetzter und bleibt doch letztlich immer selbst verantwortlich. Der Feldherr ist Sieger oder Verlierer einer Schlacht, aber nie der einfache Soldat. Der Streit in der BRD zwischen BRD-Staat und Islam wird heftiger werden als der Streit um NSU, NPD, AfD und PEGIDA.

7. »Streit in der BRD über den Einfluss des türkischen Staates auf die Moscheen in der BRD.« – Über die Moscheen beeinflusst Erdogan die in der BRD lebenden Türken. Moscheen sind Stützpunkte der islamistischen Partisanen. Das versteht die treuherzige BRD-Regierung nicht. Und deshalb wird es einen Bürgerkrieg geben. Wenn die BRD-Regierung den Bau von Moscheen zulässt, ist nur sie allein für die Islamisierung Deutschlands verantwortlich, aber es sind nie die ihr nachgeordneten Behörden und Polizisten, die weisungsgebunden sind.
8. »Die BRD-Regierung will ein Tierwohl-Label (gemeint ist ein Zeichen) einführen, damit die noch Fleisch ›fressenden‹ BRD-Menschen wissen, welcher Bauer seine Tiere ›menschlich‹ hält: große Stallungen für wenige Tiere.« – Das Denken der BRD-Eliten ist so pervers, dass eine Steigerung nicht mehr möglich ist: Tierschutz – statt Schutz menschlicher Embryonen! Fremde Wölfe werden ins Land gelassen, die dann deutsche Schafe reißen.
9. »Europäer fordern Reichensteuer.« – Das ist nichts als Neid gegenüber Menschen, die viel arbeiten und viel leisten, das ist die Wiederauferstehung des Marxismus.

Sprachliste Januar 2017 – Teil 5

1. »Kurzzusammenfassung der Injektionstechniken an der Wirbelsäule« (Titel einer Schautafel in einer Arztpraxis) – »Kurzzusammenfassung« gibt es nicht, richtig nur: »Zusammenfassung« (eine Zusammenfassung ist immer gekürzt). »Injektionstechniken an der Wirbelsäule« gibt es nicht; richtig: »Injektionen in die Wirbelsäule«. Der vorstehende Satz muss richtig lauten: »Zusammenfassung der Techniken von Injektionen in die unterschiedlichen Teile der Wirbelsäule.«
2. »Volksdemokratie« – heute nicht mehr gebräuchliches Wort, das aber in der DDR-Zeit trotz seines nicht nur sprachlichen Widersinns gang und gäbe war: Im gr. Wort »Demokratie« ist das Wort »Volk« bereits enthalten. Heute ist aber die Sprech- und Schreibkultur nicht nur in den politischen Parteien verkommen, sondern in allen Berufen (s. o. Nr. 1).
3. »Kinderarbeit ist heute verboten« – früher war es selbstverständlich, dass Kinder, z. B. in der Landwirtschaft, ihren Eltern halfen, dies stärkte das Selbstbewusstsein der Kinder. Ich war stolz, als ich als Achtjähriger in der Textilfabrik meines Großvaters den mechanischen Webstuhl bedienen durfte. Der furchtbare Krach der Webstühle war für mich wie Musik.
4. »Die Links-Partei besteht auf der Doppelspitze ihres Vorstandes (eine Frau und ein Mann).« –Warum? Weil Frauen oder Männer eben doch nicht gleich geeignet sind, die Partei zu vertreten.
5. »A. H. und Erdogan sind ohne Bürgerkrieg, aber mit Zustimmung ihrer Parlamente an die Macht gekom-

men. Auf dem Balkan herrschen noch immer Auseinandersetzungen zwischen Serben und Nicht-Serben. Lateinamerika ist ein unruhiger Kontinent.« – Wann verstehen BRD-Politiker endlich, dass »Frieden wollen« das eine ist, aber »Frieden schaffen« das ganz andere. Warum werden noch immer nicht die Verhandlungen über den Beitritt der Türkei endlich abgebrochen?

6. Im Jahre 2015 erregte das Schicksal eines kleinen Flüchtlingsmädchens große Aufmerksamkeit in der Presse. Frau Merkel setzte sich persönlich dafür ein, dass das Mädchen auch ohne Rechtsgrundlage in der BRD bleiben konnte. Aber eine Staatstrauer wegen der Terroropfer am Berliner Weihnachtsmarkt 2016 findet erst einen Monat später statt. – Warum?
7. »In Zeiten einer Wirtschaftskrise versagt das Urteilsvermögen der Menschen, sie rufen dann nach einem Heilsbringer, wie 1933 die Deutschen nach einem Führer gerufen haben.« (Papst Franziskus) – Diese Äußerung ist richtig, aber sie gilt nicht nur im Falle einer Wirtschaftskrise. Zurzeit herrscht in Deutschland keine Wirtschaftskrise. Dies gilt auch dann, wenn Deutschland, wie gegenwärtig, von unfähigen und zerstrittenen Politikern mehr schlecht als recht regiert wird, obwohl kein Krieg von außen droht und Deutschland von Unwetterkatastrophen verschont ist. Trotz dieser guten Lage sind alle Deutschen unzufrieden, wie in jedem Medium nachzuhören (DLF) und nachzulesen ist.

Sprachliste Januar 2017 – Teil 6

1. »Rudolf Augstein hat im Spiegel (49/1998) das Gleiche gesagt, was der AfD-Politiker Björn Höcke gesagt hat (Spiegel S. 138 Heft 4 vom 21.1.2017): Das Holocaust-Denkmal soll in der Mitte der wiedergewonnenen Hauptstadt Berlin an unsere fortdauernde Schande erinnern. Anderen Nationen wäre ein solcher Umgang mit ihrer Vergangenheit fremd.« – Polen und Tschechen schämen sich nicht, weil sie 1945 Deutsche aus deutschen Gebieten vertrieben haben. Keiner wagt heute zu sagen, dass die Deutschen als Opfer des Bombenkriegs, wegen Flucht und Vertreibung und mit dem Verlust großer deutscher Gebiete genug dafür gebüßt haben, dass sie A. H. gewählt haben. Israel erhält noch heute wegen des Holocausts von Deutschland Waffen, um sich verteidigen zu können. Warum sind die Deutschen nicht mehr selbstbewusst? Deutschland, Deutschland über alles?
2. »Gefährden Demokraten und demokratische Politiker die Demokratie? – Ja, Anfang 2017 sagen sogar alle demokratischen Politiker, dass die Behörden dafür verantwortlich sind, dass islamistischer Terror nicht verhindert wurde und dass Nordafrikaner eher gewaltbereit sind. Natürlich haben die Behörden nicht pflichtvergessen gehandelt, sondern sie haben sich an die Gesetze gehalten. Aber diese waren bewusst unzulänglich, weil der Rechtsstaat zum Linksstaat geworden war. Nicht unzulänglich sind jedoch die Strafverfolgungsbehörden und -gesetze, wenn es um NS-Unrecht geht: Gegen einen 92-jährigen SS-Mann (72 Jahre nach 1945) soll

2017 ein Verfahren wegen Beihilfe zum Mord in einem KZ durchgeführt werden. Der Rechtsstaat kennt, aber nur in diesen Fällen, keine Barmherzigkeit. Hingegen hat der israelische Ministerpräsident 2017 einen israelischen Soldaten begnadigt, der von einem israelischen Strafgericht verurteilt worden war. Dieser israelische Soldat hatte einen palästinensischen Aufständischen, der schon kampfunfähig am Boden lag, aus Zorn getötet, weil dieser zuvor einen israelischen Soldaten getötet hatte. Der BRD-Rechtsstaat macht sich jetzt schon lächerlich: Bei einer lustigen, dörflichen Theateraufführung zitiert ein Laienschauspieler/Beamter aus einem Phantasiegesetzbuch: § 200 Teil 5 Abs. 20 Unterabsatz 25 Satz 10. Das ist der übertriebene BRD-Rechtsstaat! Die Jahreswasserabrechnung für ein Einfamilienhaus benötigt zwei DIN A 4 Seiten.«

3. »Keiner nimmt heute noch Anstoß daran, dass der Pfarrer i. R. Bundespräsident Gauck in wilder Ehe lebt (er ist von seiner ersten Frau nicht geschieden), fast alle finden Homosexualität ganz normal, Sexualerziehung von Kindern finden viele gut. Aber wenn der jetzige amerikanische Präsident der USA angeblich früher eine Frau unsittlich berührt hat, so wird dies in den BRD-Medien schadenfroh berichtet.« – Darf man nicht an unserer Pressefreiheit und Demokratie zweifeln? Ja, man darf.
4. »Freie syrische Armee« (DLF) – warum nennt der DLF immer noch die gegen den syrischen Präsidenten kämpfenden Aufständischen »Freie syrische Armee«? Sind die Aufständischen die Guten, aber Assad der Böse?

Sprachliste Januar 2017 – Teil 7

1. »Das Wort ›sozial‹ beherrscht heute alles. Sogar die EU, die ursprünglich eine EWG (Europäische Wirtschaftsgemeinschaft) war, wendet sich dem Sozialen zu.« – Wer soll diese sozialen Wohltaten bezahlen? Warum spricht niemand über Erziehung und Bildung, über Schulen und Universitäten, über Lernen, Lehren und Forschen und über Kunst und Kultur? »Sozial« erinnert an Sozialismus, aber der ist gescheitert.
2. »X wurde vorgewarnt« – welch Irrsinn!
3. »Der Terrorist ist Deutscher mit afghanischen Wurzeln.« (DLF) – Ja, die Deutschen sind alle Verbrecher! Richtig: »Der Terrorist ist Afghane mit (leider) deutschem Pass.« Auch A. H. war kein Deutscher, auch er hatte aber einen deutschen Pass. Mit der Sprache können die Medien alles durcheinander bringen.
4. »Überall wird rechtlich geprüft.« – Die Maut (Benutzungsgebühr) wird seit alters her erhoben, um Verkehrswege bauen und unterhalten zu können. Eine solche Maut wollte die BRD einführen, bisher scheiterte die Einführung, weil die zahlungspflichtigen Ausländer sich diskriminiert (richtig: benachteiligt) fühlten, denn nur diese sollten zahlen. Inzwischen ist aus dieser Maut eine Umweltmaut geworden, denn nur die Halter solcher Autos, die die Umwelt besonders belasten, sollen diese neue Maut zahlen. Der monatelange »rechtliche« Streit ist immer noch nicht beendet. Wo bleibt die Vernunft? Es geht nicht mehr um Baukosten oder Umweltschutz, es geht nur noch um die Frage: Gleichbehandlung oder Diskriminierung. Wer hat Recht? Der

Rechtsstaat ist unvernünftig geworden. Wie auch in der Flüchtlingspolitik. Und deshalb befinden sich die BRD, Europa und der Westen in einer Krise.

5. »Ausdruck der elektronischen Lohnsteuerbescheinigung« – warum nicht einfach: »Lohnsteuerbescheinigung«?
6. »Astana« – DLF spricht den Namen der Hauptstadt Kasachstan natürlich französisch aus: »Astaná«. Richtig: »Astána«.
7. »Grundpfeiler« – was soll das sein? Richtig nur: »Pfeiler«.
8. »Lösung der Flüchtlingsfrage« – »Lösung« = flüssiges Stoffgemisch?
9. »Rote, Linke, Grüne respektieren und tolerieren alles Fremde.« – Aber genau dies wollen sie den eigenen Landsleuten, die etwas rechts von der links gewordenen CDU stehen und die sie als Populisten, Konservative und Rechte geißeln, nicht zubilligen.
10. »Religionsstreitigkeiten gibt es in der BRD zwischen den verschiedenen Glaubensrichtungen des Islam einerseits und den Schulbehörden der BRD andererseits.« – Das war vorhersehbar, wurde aber von den treuherzigen BRD-Politikern nicht erkannt, und so gibt es zusätzlichen Streit.
11. »Die Kolonialpolitik der Europäer in den vergangenen Jahrhunderten wird von den heutigen Europäern verurteilt.« – Aber die Einwanderung der Nicht-Europäer nach Europa wird von allen Europäern gutgeheißen. Wer kann das verstehen?

Sprachliste Januar 2017 – Teil 8

1. »Am 27.01.2017 gedenkt der deutsche Bundestag der vom NS-Regime ermordeten Menschen mit Behinderung« (Euthanasie, lebensunwertes Leben) – Wer gedenkt aber der in der BRD auf Staatskosten zerstückelten, obwohl gesunden Embryos? Menschen mit Behinderung seien unnütze Esser gewesen, und Embryos behindern heute die freie Entfaltung der Persönlichkeit. Ohne die Zuwanderung von Menschen aus unterentwickelten Gebieten wäre die »EinwohnerInnenzahl« in der BRD zurückgegangen, nun ist sie aber sogar gestiegen. Ob zum Vorteil oder Nachteil des Staates, wird sich erst noch zeigen. Zurzeit tut sich die BRD schon schwer, fähige Politiker für höchste Staatsämter und herausragende Naturwissenschaftler zu finden. Der Mangel an Lehrlingen und Polizisten ist seit langem bekannt. Oh, was soll aus Deutschland werden? Im Wartezimmer einer Arztpraxis in Lahr/Schwarzwald warteten sechs Türken und zwei Deutsche; die Türken lachten und scherzten sehr laut, sie sprachen natürlich türkisch. Über wen lachten sie?
2. »Der Täter, der auf dem Berliner Weihnachtsmarkt 2016 einen Terroranschlag verübt hat, war ein jugendlicher Islamist.« – Dieser Tatsachenbericht ist nur die halbe Wahrheit: Täter ist neben dem Attentäter auch die Religion des Islam. Das mögen demokratischer Rechtsstaat (Religionsfreiheit), CDU (Christlich Demokratische Union), Rote, Linke, Multi-Kultis und beide christlichen Kirchen nicht wahrhaben. Sie erkennen den wahren Täter nicht, der letztlich den Kampf gegen

Europa begonnen hat. Ohne Islam, ohne Moscheen, die mit Freuden von den deutschen Stadtverwaltungen entgegen dem Wunsch deutscher Anlieger gebaut worden sind, und ohne die teils leerstehenden christlichen Kirchen hätte es Terroranschläge in Berlin, Brüssel und Frankreich nicht gegeben. Die christlichen Kirchen haben nicht einmal länderübergreifende Gedenkgottesdienste für christliche Opfer abgehalten. Aber nun wird zurückgeschossen: Ein Frankokanadier (nach deutschem Sprachgebrauch: ein weißer, französisch-sprechender Kanadier, DLF nennt nicht die »Wurzeln« des Täters) erschießt muslimische Gläubige beim Gebet in ihrer Moschee. Nur PEGIDA (Patriotische Europäer gegen Islamisierung des Abendlandes) haben die islamistische Gefahr für Europa erkannt. Europäische Politiker haben Europa und seine Werte (welche?) längst aufgegeben. Sogar Homos und Feministinnen kämpfen nicht mehr gegen den Islam, sie schweigen.

3. »Verteidigungsministerin von der Leyen sorgt sich um Homos und Soldatinnen in der Bundeswehr.« – Wer kümmert sich um Aufgaben der Bundeswehr (warum noch Bundeswehr?), um Personallage, um Bewaffnung? BRD-Politiker kümmern sich nur um ausgegrenzte Minderheiten und deren Privilegien, aber nicht um die jeweiligen Mehrheiten. Erkennen Politiker nicht, dass die Bevorzugung der Minderheiten zu Protesten der Mehrheiten führen muss? BRD-Politiker sind Pharisäer (hochmütig, selbstgerecht). Keine Diskriminierung von Minderheiten, aber die kleine AfD soll bekämpft werden!

Sprachliste Februar 2017 – Teil 1

1. »Streik der Lehrer an BRD-Schulen für 6 % höheres Gehalt.« – Hier werden Schülerinnen und Schüler missbraucht für materielle und zu hoch bewertete Interessen der Lehrer. Hier lernen Schüler, dass es in der BRD nur Rechte zu Lasten anderer, aber keine Pflichten gibt. Ein solcher Staat muss scheitern, und er wird scheitern. Wie viele Erschütterungen vertragen BRD und Demokratie noch?
2. »Leben ohne Angst, ohne Polizeieinsätze in der BRD vor 2014. Seit 2015 ständig Berichte in den Medien über Jagd auf straffällig gewordene Flüchtlinge.« – An allem ist Genossin Merkel schuld, weil sie nicht abwägen konnte: Barmherzigkeit gegenüber Flüchtlingen einerseits, aber andererseits Sicherheit für die von ihr regierten Menschen. Das hat sie von ihrem Vater, einem evangelischen Pfarrer, aber nicht gelernt: Jesus ist kein Sozialarbeiter, kein Integrationsbeauftragter, Christentum ist kein Wohlfühlchristentum. Die heutigen Christen sind Duckmäuser, sentimentale Moralisten, Heuchler (Formulierungen übernommen aus: Wilfried Westphal, Heiliger Krieg und Frohe Botschaft, Islam und Christentum: der große Gegensatz).
3. »Warum arbeitet ein Fabrikbesitzer in seiner eigenen Fabrik, warum beutet er nicht ausschließlich seine Arbeiter aus, aber genießt sein Leben? – Weil er am nächsten Ersten den Lohn an seine Arbeiter zahlen muss, die ohne Lohn aus seiner Fabrik davonliefen und sein Wohlleben somit beendeten!«
4. »Frau Merkel gibt anderen Staatsmännern, z. B. Erdo-

gan, immer gute Ratschläge über Rechtsstaatlichkeit und Demokratie. Aber daran sind andere Staatsmänner gar nicht interessiert, weil diese ein anderes Menschenbild, einen anderen Selbstbehauptungswillen und ein anderes Gottesverständnis haben.« – Warum lässt sich Frau Merkel von ihren Beratern nicht über die anderen Weltanschauungen auf dieser Erde ins Bild setzen? BRD-Menschen leben herrlich und in Freuden auf Kosten der von ihnen abgetriebenen Kinder. Aber wie lange noch? Jetzt fehlen der BRD-Justiz sogar Juristen für die vielen Strafverfahren, die gegen Terroristen geführt werden müssen.

5. »In bequemer Indifferenz gehen die Christen im 21. Jh. Konflikten aus dem Weg und konzedieren Muslimen einen Anspruch, der ihnen nicht zusteht (Wilfried Westphal, Heiliger Krieg und Frohe Botschaft). Die EU-Staaten und der libysche Staat, der Dank des arabischen Frühlings gar kein Staat mehr ist, wollen geldgierige Schlepper daran hindern, Flüchtlinge mit seeuntüchtigen Booten nach Italien zu bringen.« – Ja, nur die Schlepper sind böse, aber nicht hilfsbedürftige Flüchtlinge und nicht Europäer, die den Libyern Geld für dieses Zusammenspiel zahlen. Und was hat Genossin Merkel, die größte Fluchthelferin aller Zeiten, getan? Sie wollte Konflikten mit Flüchtlingen aus dem Weg gehen und nicht schießen, sie hat zwei Millionen Flüchtlinge gesetzeswidrig ins Land gelassen und willkommen geheißen. »Eine feige Politik hat noch immer Unglück gebracht.« (Bismarck)

Sprachliste Februar 2017 – Teil 2

1. »Nur noch ca. 40 % der Bevölkerung der westlichen Welt haben angeblich noch Vertrauen in ihr politisches System.« –Warum? Weil alle Politiker sich unbequemen Wahrheiten verweigern. Nach dem Ende des verlorenen WK I wurden in allen Gemeinden Kriegerdenkmale errichtet. Man hatte sich damals dem schrecklichen Schicksal nicht verweigert.
2. »Der entscheidende Grund ist, …« – Es gibt »Grund« und »Entscheidung«, aber keinen entscheidenden Grund.
3. »Einige Bundesländer wollen Abschiebungen von Flüchtlingen, die von der BRD-Regierung vorgesehen sind, nicht unterstützen.« – Dies ist die Auflösung der Staatsgewalt. Man kann Trump verstehen, wenn er die USA wieder handlungsfähig machen will.
4. »Der Mieter wird gekündigt.« – Richtig: »Dem Mieter wird gekündigt« oder »der Mietvertrag wird gekündigt.« Richtig auch: »Der gekündigte Vertrag ist am … außer Kraft getreten.« Falsch: »Der gekündigte Mieter hat die Mietwohnung verlassen.«
5. »Fluggäste« – richtig: »Flugreisende«. Richtig aber: »Hotelgäste«.
6. »Zum Kern der Frage kommen« – seit wann haben Fragen Kerne? Leider hat das Wort »Frage« im Deutschen auch noch die Bedeutung »Gegenstand einer Erörterung«.
7. »Für fortschrittliche Politiker gibt es keinen Unterschied zwischen Pflanzen, Tieren und Menschen. Alle sind gleich erhaltenswert (Artenschutz). Ausnahme:

menschliche Embryos).« – Die Roten, Linken und Grünen werden mit dieser Politik scheitern und alle anderen mit ihnen.

8. »Ausreisezentren für abzuschiebende Flüchtlinge« – mehr als *ein* Zentrum gibt es nicht, aber es gibt mehrere »Stellen für …«
9. »Globaler« – einen Plural für »global« gibt es nicht.
10. »Potentielle Täter« – wer könnte das sein? Es gibt nur (Straf-)Täter, die eine (Straf-)Tat begangen haben. Aber aus Erfahrung weiß die Polizei, dass es Menschen gibt, die wegen ihrer kulturellen Prägung zur Begehung bestimmter (Straf-)Taten eher neigen als andere Menschen.
11. »Vertiefung der Elbe bei Hamburg, um auch sehr großen Schiffen die Fahrt zum Hafen zu ermöglichen. Das Bundesverwaltungsgericht verlangt, dass vor Beginn der Arbeiten, weitere Untersuchungen zum Schutz von Wasserpflanzen und des Sauerstoffgehalts des Wassers durchgeführt werden. Die Vertiefung der Elbe könnte zu Umweltschäden führen.« – Wenn die Deutschen 1895, als der Kaiser-Wilhelm-Kanal nach nur achtjähriger Bauzeit eröffnet wurde, ebenso technikfeindlich gedacht und gehandelt hätten, gäbe es heute nicht das Industrieland BRD. Heute darf man nicht mehr Kaiser-Wilhelm-Kanal sagen, sondern nur noch Nord-Ostsee-Kanal. Wie lange kann dieser Widersinn noch gut gehen?

Sprachliste Februar 2017 – Teil 3

1. »Grundgedanke, Grundziele, Grundpfeiler, Grundwerte« – was bedeutet »Grund«? BRD-Menschen können nicht mehr (grund-)denken, deshalb haben sie keine guten Gedanken, sie haben kein Ziel, ein *Pfeiler* genügt ihnen nicht, es muss ein Grundpfeiler sein, und sie kennen keine Werte mehr (außer dem Grundwert der sexuellen Vielfalt).
2. »Soft Feet Creme« – Name der Creme eines deutschen Herstellers. Warum wird die Creme nicht Fuß-Salbe genannt? Im Englischen werden auch Hauptwörter (Substantive) in der Regel klein geschrieben.
3. »Neunmalkluge Besserwisser und Nachgeborene werfen den verblendeten Deutschen vor, sie hätte von den Verbrechen der Nazis gewusst, aber nichts dagegen unternommen.« – Wer kann oder will heute etwas gegen Abtreibung tun? Wie damals traut sich keiner, gegen Staatsgewalt oder allgemeine Meinung zu opponieren. Man macht sich doch lächerlich!
4. »Gemeinsames Terrorismus-Abwehrzentrum« – »Zentrum« bedeutet Mitte – also gemeinsame Mitte? Das darf doch nicht wahr sein! Gemeint ist: Bund-Länder-Terrorismus-Abwehramt oder …stelle.
5. »Am 13.02.2017 erinnern bürgerliche Kräfte, z. B. der Oberbürgermeister (FDP) von Dresden, an die Bombenangriffe der Alliierten am 13. und 14.02.1945 auf Dresden.« – Warum ausgerechnet am 72. Jahrestag? In den Jahren zuvor hat nur eine kleine konservative Gruppe unter gewalttätigem Protest linksradikaler Gruppen (Harris, do it again) regelmäßig an die Bom-

bennächte erinnert. Die Gedenkkultur in Deutschland besagt, dass, abgesehen von kirchlichen Feiertagen (z. B. Ostern, Pfingsten, Weihnachten), nur nach runden Jahren Gedenk-Veranstaltungen stattfinden (z. B. nach 25, 50, 75, 100 Jahren). Zum Gedenken an die Opfer des syrischen Bürgerkriegs, der noch gar nicht beendet ist, wurden aber am 07.02.2017 drei große Omnibusse hochkant vor der Dresdner Frauenkirche aufgestellt, obwohl auch in diesem Bürgerkrieg, wie in jedem Krieg, nicht nur gute Aufständische gegen das böse Regime gekämpft haben. Den Dresdnern hat man am 13.02.2017 vorgehalten, sie seien an den Bombardements im Februar 1945 nicht schuldlos, denn es habe Rüstungsbetriebe in Dresden gegeben. Ja, Deutsche sind an ihrem Unglück und an dem anderer schuld, die anderen sind stets Engel. Eine solche Art zu denken, widerspricht aller Vernunft. Niemand lernt doch aus der Geschichte, obwohl alle BRD-Politiker verlangen, die Deutschen sollten endlich aus der Geschichte lernen. Politiker lernen selbst nicht aus der Geschichte. Wie könnten sie auch? Das erstmalige staatliche Gedenken an die Bombenopfer Dresdens ausgerechnet am 13.02.2017 ist eine Blamage für die BRD-Politik, und dieses Gedenken wurde noch dadurch relativiert, dass man auch der Bürgerkriegsopfer in Syrien und anderer Kriegsopfer gedachte, die mit dem 13.02.1945/2017 nichts gemein haben. Wer denkt heute noch an die elf Israelis, Opfer eines palästinensischen Terroranschlags während der Olympischen Spiele in München 1972, und an RAF (Rote Armee Fraktion)-Opfer? Deutsche Politiker denken nur an den Holocaust.

Sprachliste Februar 2017 – Teil 4

1. »Rechtsstaat« – CDU-Politiker suchen nach Rechtsverstößen, die der jetzige Kanzlerkandidat der SPD Schulz während seiner Amtszeit als EU-Parlamentspräsident begangen haben könnte. Bei der unübersehbaren Zahl von Rechtsvorschriften ist kein Mensch vor – auch unverschuldeten – Rechtsverstößen gefeit. Natürlich müssen die behaupteten Rechtsverstöße aufgeklärt werden, das verlangt der Rechtsstaat. Wird er auch Frau Merkel wegen ihrer rechtswidrigen Einwanderungspolitik zur Rechenschaft ziehen? In der hohen Politik gibt es kein Recht. Dort gilt: Interessen durchsetzen. Zur Not müssen neue Gesetze die alten ändern (Münchener Abkommen)!
2. »In der preußischen Provinz Posen entfallen 2/3 auf das polnische, 1/3 auf das deutsche Element, 1,2 Mio. sind katholisch, 0,5 Mio. sind protestantisch, 35.000 sind jüdisch. Deutsche und Polen haben auf Posens Boden seit Jahrhunderten im Kampf gelegen.« (Die Provinz Posen, 1907). – BRD-Politiker glauben, sie könnten 110 Jahre später mittels des Rechts ein friedliches Zusammenleben der Völker und Religionen auf deutschem Boden »schaffen«. Warum lesen deutsche Politiker keine Geschichtsbücher? Recht und Gerechtigkeit sind schön und gut, aber mit Rechtsvorschriften kann man nicht einmal die Opelwerke und deren Arbeitsplätze bei einem Verkauf an einen neuen Eigentümer retten, sondern nur mit fähigen Ingenieuren und fähigen Kaufleuten. Aber bei einer globalen Wirtschaftskrise sind auch diese hilflos.

3. »SPD-Politiker verlangen auf Grund ihres Gleichheitsfanatismus in Ost- und Westdeutschland gleiche Renten.« – SPD-Politiker fragen nicht, ob die Kaufkraft in den beiden Teilen Deutschlands gleich oder ungleich ist. Auch innerhalb Westdeutschlands sind Löhne und Preise je nach Gegend unterschiedlich. Niedrige Löhne in dem einen Landesteil sind für Investoren ein Grund, gerade in diesem Landesteil zu investieren. Ohne die niedrigen Löhne in Ostdeutschland wäre der wirtschaftliche Aufschwung dort nicht zustandegekommen.
4. »2 % der Wirtschaftsleistung/BIP soll jedes Mitgliedsland der NATO für die Verteidigung der Allianz aufbringen.« – Warum ausgerechnet 2 %? Art der Verteidigung und deren Kosten sind abhängig von der Art der Bedrohung. Warum sprechen BRD-Politiker nicht darüber? Die BRD hat nicht genügend Lehrlinge, somit kann sie auch keine Soldaten stellen, sie ist auch nicht fähig, Waffen (einsatzfähige Gewehre, Hubschrauber, Flugzeuge) herzustellen und diese der Allianz an Stelle eigener Soldaten zur Verfügung zu stellen. Rote, Linke, Grüne wollen Frieden schaffen ohne Waffen. Ohne eigene Leistung soll alles beim Alten bleiben. Die BRD bleibt abhängig von der Friedfertigkeit anderer und der Hilfe der USA. In den Kriegsgebieten des Nahen Ostens stellt die BRD nur Tank- und Aufklärungsflugzeuge, aber keine Bomber oder Kampfflugzeuge. Den Unterschied zwischen »Aussetzung der Wehrpflicht« und ihrer »Abschaffung« weiß auch keiner (Wortklauberei).

Sprachliste Februar 2017 – Teil 5

1. »Grundlegendes Fundament« – in der deutschen Sprache ist aller Unsinn möglich: Ein Fundament ist immer »grundlegend«.
2. »Stellenwert« – beliebtes neudeutsches Wort. Richtig nur: »Wert« oder »Stelle« (z. B. nach dem Komma).
3. »Bundeszentale für politische Bildung« – warum nicht: »Bundesamt für …« oder »Stelle für …«
4. »Grundsätzlichere« – Steigerung von »grundsätzlich« kann es nicht geben.
5. »Friedenslösung« – was soll das sein?
6. »Ich denke mir, …« – beliebte neudeutsche Formulierung ohne Inhalt.
7. »Lügenpresse« – neuerdings darf man nur noch »Fake News« sagen. Deutsch ist immer schlecht. Im Englischen werden aber auch Hauptwörter klein geschrieben.
8. »Luther war Antisemit« – im Mittelalter waren alle Christen Antisemiten, also auch Luther. Warum denn nicht? Die Europäer kämpften auch gegen den Islam. Viele Christen werden auch im 21. Jh. wieder Antisemiten werden, wenn die israelische Regierung die Zweistaatenlösung (Israel und Palästina sollen je einen Staat, also insgesamt zwei Staaten bilden) ablehnen sollte. Der Islam wird von vielen linken Europäern dem Judentum vorgezogen.
9. »Luther hat ganz wesentlich den Übergang vom Mittelalter zur Neuzeit mitgeformt.« – Richtig: »Luther hat den Übergang … geformt.« Das Wort »ganz« sagt in diesem Zusammenhang gar nichts. Wenn einer

»wesentlich« formt, dann ist die Vorsilbe »mit« überflüssig und schränkt sogar das »wesentlich« ein. »*mit*-formen« gibt es nicht, allenfalls »auch«: »Auch Luther hat, zusammen mit anderen, den Übergang … geformt.« Was ist gemeint? Hat Luther nun allein geformt oder aber zusammen mit anderen?

10. »Respekt« –abgedroschenes Wort der BRD-Politiker. Warum nicht: Achtung, Ehrerbietung, Anerkennung. Diese Wörter klingen würdig und anders als das Fremdwort »Respekt«. Und es sind deutsche Wörter, keine Fremdwörter. Sie werden von allen verstanden und haben mehr Inhalt.
11. »Presse, freie Presse, Lügenpresse, Fake News« – wird es je eine Presse oder Medien geben, die die Wahrheit verbreiten? Eine solche Presse kann es gar nicht geben, weil mit jeder Nachricht oder Berichterstattung, sogar mit ihrer Wortwahl, etwas bewirkt werden soll. Je größer die Verbreitung, umso besser. Sonst hätte man gar nichts in die Welt zu setzen brauchen und hätte besser geschwiegen. Allerdings kann auch bewusstes Schweigen etwas bewirken: Frankreich hat über seine Schande von 1870/71 geschwiegen, auf Revanche gesetzt und 1918 Erfolg gehabt. Die BRD denkt seit 72 Jahren nur an das III. Reich und wird mit ihrer Erinnerungskultur doch nicht fertig und glücklich, wie die gesamte gegenwärtige Presse zeigt, die von Krise in der BRD und in ganz Europa spricht. War die Politik seit 1945 falsch? Das wäre doch erst recht eine Katastrophe! Ausschließlich Erinnerungskultur, das lähmt den Blick auf die Zukunft.

Sprachliste Februar 2017 – Teil 6

1. »Patienten Service Zentrum« – was soll das sein? – Kranke, Dienst, Mitte. Ein Volk, das nicht mehr seine eigene Sprache sprechen will und dessen Sprache unverständlich wird, verdient seinen Untergang.
2. »Seit 50 Jahren zahlt Deutschland/BRD Entwicklungshilfe an afrikanische Länder, um diese Länder zu wohlhabenden Demokratien zu machen.« – Erfolg = Null. Wann verstehen die Europäer endlich, dass sie andere Völker nicht umerziehen können? A. H. nannte manche Menschen »Untermenschen«. Und was denken Europäer über andere Menschen: Die müssen auch Demokraten und Rechtsstaatler werden wie wir. Wollen fremde Völker das?
3. »Welt ohne Führung. Der Westen zerfällt. Europa ist gespalten. Übernimmt jetzt China?« (Trauerbotschaften der Frankfurter Allgemeinen vom 17.02.2017) – Sind der Rechtsstaat und die Demokratie gescheitert? Ja, weil alles übertrieben wurde.
4. Bundeskanzlerin Merkel: »Ausspähen unter Freunden, das geht gar nicht.« und »Wir schaffen das!« – Frau Merkel hat wahrscheinlich nie Geschichtsbücher gelesen, in denen oft von Spionage und Gegenspionage geschrieben ist (z. B. Dr. Sorge, der der Sowjetunion im Oktober 1941 verriet, dass Japan die Sowjetunion nicht angreifen werde, Stalin konnte somit alle seine Truppen an seine Westfront verlegen). H. Kohl hatte Recht, als er Frau Merkel als »Mädchen« bezeichnete, die aber ein naives, einfältiges Mädchen ist. Frau Merkel wird nie als große Staatsfrau in die Geschichte eingehen wie

Bismarck, der unbestritten ein großer Staatsmann war. Frau Merkel konterkariert ihre Flüchtlingswillkommenspolitik von 2015, indem sie 2017 viel Geld ausgibt, um Flüchtlinge wieder in ihre Heimatländer zurückzuführen. Sie gibt den Herkunftsländern und den Flüchtlingen Geld, getarnt als Entwicklungs- und Starthilfe.

5. »Die BRD ist ein Rechtsstaat, ohne Gestapo und Stasi, aber trotzdem werden die Bürger notwendigerweise wegen der Terroristen unter den Flüchtlingen video- und durch Polizei überwacht.« – Bundeskanzlerin Merkel wird sagen: »Den Terrorismus schaffen wir!« Oder auch nicht.
6. »Seit drei Jahren streiten Juristen der BRD und der EU, ob eine Maut für deutsche Straßen (für Autobahnen oder nur andere Straßen?) von Deutschen und Ausländern gleichermaßen erhoben werden muss, und ob die Maut eine ökologische Komponente (›saubere‹ kleine Autos, im Gegensatz zu großen ›Dreckschleudern‹) haben darf, und ob die Maut überhaupt unter Berücksichtigung des Verwaltungsaufwandes (deutsche Autofahrer sollen die von ihnen auch zu bezahlende Maut über die Kfz-Steuer erstattet bekommen) wirtschaftlich erhoben werden kann, und ob mit dem wahrscheinlich geringen Erlös überhaupt Straßen und Autobahnen saniert oder gar gebaut werden können, zumal Autobahnen gar nicht mehr gebaut werden sollen, denn keiner will doch Landschaftsverbrauch.« – Wer glaubt bei diesem Dauerstreit wegen einer lächerlichen Maut, die andere Staaten längst eingeführt haben, noch an Rechtsstaat und Vernunft der BRD-Politiker?

Sprachliste Februar 2017 – Teil 7

1. »Kolonien«, »Kolonialismus« – im Kaiserreich hieß es positiv »unsere Kolonien«. In der BRD heißt es negativ »deutscher Kolonialismus, dessen wir uns schämen«. Wer kann diese Einseitigkeit in einer angeblich aufgeklärten, modernen Welt noch verstehen, zumal fast alle Staaten nach ihrer Dekolonisierung gescheitert sind?
2. Ein alter Schlager hieß: »Die Männer sind alle Verbrecher, aber lieb, aber lieb sind sie doch …« (Welche Frau kann ohne Mann leben?) – Ein neuer Text könnte lauten: »Die Deutschen sind alle Verbrecher, aber lieb, aber lieb sind sie doch, wenn sie für ihre 1000-jährige Geschichte immer wieder zahlen, zahlen und nochmals zahlen.« Welcher Mensch und Staat hat nicht schon unter den Deutschen gelitten und verlangt jetzt gesetz- und rechtmäßig Entschädigungszahlungen?
3. »Die Zustimmung ist allmählich abgestürzt.« – Was soll dieser Widerspruch? »Allmählich« und »abstürzen« widersprechen sich.
4. »Die Maßnahme X ist vollkommen überzogen.« – Mehr als »überzogen« gibt es nicht, »vollkommen« ist überflüssig.
5. »Rechtsstaat« – was ist das? Konservative haben andere Vorstellungen vom Rechtsstaat, als Rote und Linke. Konservativen ist »Staat« im Zweifel wichtiger als der einzelne Bürger oder Flüchtling: Gemeinnutz geht vor Eigennutz. Rote und Linke sagen, der einzelne Bürger oder Flüchtling ist wichtiger als der Staat: Eigennutz geht vor Gemeinnutz. Wer hat Recht? Das wird die Zukunft zeigen. Als die Roten noch Kommu-

nisten hießen, galt auch ihnen der Kommunismus in seiner Gänze mehr als der einzelne Proletarier. Den Kampf zwischen oben und unten wird es immer geben. Wegen der Abschiebung von ca. 50 Afghanen (1 Flugzeug) streiten die politischen Parteien der BRD auf das heftigste: DLF-Reporter, deren Sympathie den Flüchtlingen gilt, lassen im Interview CDU-Politiker, die die Interessen des Staates, wenn auch nur halbherzig, vertreten, kaum zu Wort kommen. Die CDU-Kanzlerin schweigt. Ein solcher Staat ist kein Rechtsstaat und auch kein Staat mehr, denn er vertritt nur noch die anderen, nicht mehr die Eigenen. Ein solcher Staat wird und muss scheitern. Er wird auch deshalb scheitern, weil er in arbeitsrechtlichen Auseinandersetzungen zwischen Arbeitgebern und Arbeitnehmern und sozial- und steuerpolitischen Auseinandersetzungen zwischen Reichen und Armen grundsätzlich die Arbeitgeber und Reichen benachteiligt, die dann keine Arbeitgeber mehr sein können und wollen und sich in Steuerparadiese mit ihrem Reichtum flüchten. Unterhalb der staatlichen Ebene sind in der BRD nichtstaatliche Menschenrechtsorganisationen (NGOs) tätig, die alles staatliche Handeln in Frage stellen.

6. »Der Friedensprozess schreitet voran« (DLF) – welch sprachlicher Wahn: Im Wort »Prozess« (procedere lat.) ist bereits das Wort »voranschreiten« enthalten.

Sprachliste Februar 2017 – Teil 8

1. »Die katholische Kirche könnte auch das Reformationsfest der evangelischen Kirche mitfeiern.« – Lieber nicht! »Mitfeiern« gibt es nicht. In dem Wort »auch« steckt schon der Gedanke, dass *beide* Kirchen gemeinsam feiern könnten.
2. »Entscheidendes Problem« – wie kann ein Problem (Aufgabe, Schwierigkeit) entscheidend sein? Was soll entschieden werden? »Konsequenter« – Steigerung von »konsequent« (folgerichtig) gibt es nicht.
3. »X wurde entscheidend geprägt durch …« – Kann man eine Münze entscheidend prägen? Nein, sie wird schlicht geprägt – basta.
4. »Fachkollege« – »Kollege« genügt.
5. »Überkompensation« – warum waren Polen und Tschechen 1945 so unendlich grausam gegenüber Ostpreußen, Schlesiern und Sudetendeutschen? War es eine Überkompensation für ein Unterlegenheitsgefühl, das sie bis 1945 gespürt hatten, da bis zu dieser Zeit Deutsche übermächtig schienen? Das Denken in den Kategorien des Nationalstaates, das nicht nur im Deutschen Reich, in Österreich und Ungarn gegolten hatte, aber heute, besonders in der BRD, verpönt ist, ist in slawischen Staaten, z. B. in Polen und der Ukraine, lebendig. Die Westeuropäer wollen keine Völker mehr sein, keine Germanen, keine Franken, keine Romanen, aber Rechtsstaatler und Demokraten. Sie verachten völkisches und nationales Denken. Frankreich hat seine östlichen Gebiete Elsass, Lothringen, Ardennen, Champagne zur Région Grand Est zusammengefasst. Selbst die

Religion wird in Europa relativiert: alle könnten doch friedlich zusammenleben, sogar mit Muslimen, die sich nur ein wenig modernisieren sollten (Reformislam). Die Europäer haben kein Selbstbewusstsein mehr und werden an der Wirklichkeit der Welt zerbrechen. Sie wagen nicht einmal das Tragen einer Burka zu verbieten, weil sie nicht wissen, ob das Verbot der Burka in Europa rechtmäßig wäre oder nicht. In Afrika und Nahost sind die Europäer schon gescheitert, dort herrschen Stammes-, Religionskriege und Hungersnot. Es ist dort schlimmer als zu Zeiten der europäischen Kolonialherrschaft. Aber in der BRD streiten Rechtsstaatler. Entscheidungsfähige Politiker gibt es nicht mehr: Dürfen 18 teils kriminelle afghanische Flüchtlinge mit dem Charterflugzeug nach Afghanistan abgeschoben und Handys der Flüchtlinge von den Behörden gelesen werden? Was wird geschehen, wenn die Wirtschaft der BRD in Zukunft einmal nicht mehr so erfolgreich sein sollte wie jetzt und den Rechtsstaatlern das Geld für ihre Eskapaden ausgehen sollte? Haushaltsmittel für Verteidigung (gegen wen?) werden schon jetzt kaum noch bewilligt.

6. »Wer ist Präsident für die in der BRD als Doppelstaatler lebenden Türken?« – Für die in der BRD lebenden muslimischen Türken ist Erdogan ihr Präsident und erst in zweiter Linie Frau Merkel die ihm nur folgende, hörige Kanzlerin. Damit wird jede staatliche Ordnung in der BRD ausgehöhlt und untergraben. Wer hat die Hoheitsrechte? Die BRD enthauptet sich selbst.

Sprachliste Februar 2017 – Teil 9

1. »Trauminsel Elba, die Insel Napoleons« (Werbung eines deutschen Reiseveranstalters) – Wie kann eine deutsche Firma mit dem Verbrecher Napoleon werben, der so viel Unglück über Deutschland und Europa gebracht hat? Die Deutschen haben keine Geschichtskenntnisse und werden wegen ihrer Dummheit sich selbst ins Unglück stürzen. Keinem Russen fiele eine solche Geschmacklosigkeit ein. Die Russen verehren ihren Feldherren Kutusov, der erfolgreich gegen Napoleon kämpfte.
2. »Ein Autofahrer fährt bewusst in eine Menschenmenge, tötet einen Menschen, wird von der Polizei durch Schüsse verletzt. Der mutmaßliche Täter wird festgenommen.« (DLF) – DLF hat immer noch nicht verstanden, dass es bei einem solchen Tathergang keinen »mutmaßlichen« Täter gibt, sondern nur einen Täter.
3. »Integration der Türken in die deutsche Gesellschaft.« – Türken zeigen bei ihren Versammlungen in der BRD die türkische, aber nicht die deutsche Fahne. Ist dies Integration? Die BRD ist eine Außenstelle der Türkei und kuscht vor Erdogan, weil sie um den Bestand des Flüchtlingsdeals, vereinbart mit der Türkei, fürchtet.
4. Deutsche Soldaten versuchen in Afghanistan Recht und Ordnung herzustellen, zugleich halten sich afghanische junge Männer als Flüchtlinge verkleidet in der BRD auf.« – Wer kann das noch verstehen? Warum tun diese jungen Männer nicht auch das, was deutsche Soldaten, allerdings vergeblich, versuchen?

5. »BRD-Politiker verabscheuen die NS-Eugenik, aber sie wollen, dass Menschen mit Behinderung nicht mehr geboren werden (Reproduktionsmedizin, planbare Schwangerschaft, das perfekte Kind, Leihmutterschaft).« – Die Menschheit ändert sich nicht, sie bleibt, was sie ist.
6. »Abändern« – was ist das? Das Schiff ändert seinen Kurs ab; was ist ein Abänderungsschneider? Es heißt nur: »ändern«.
7. »Alles, was ›Staat‹ ist, wird in den Medien schlecht geredet (Staat schiebt sog. Flüchtling ab).« – Aber alle NGO's (Non Government Organizations), die gegen Abschiebungen protestieren, sind gut. Diese Einseitigkeit in einer Demokratie ist unerträglich.
8. »X hat sich mit Y beraten.« (Spiegel) – »Sich« mit einem anderen beraten – das geht nicht. Richtig: »mit sich zu Rate gehen«, richtig auch: »sich beraten lassen«. Falsch: »sich selbst beraten«. Obiger Satz muss lauten: »X und Y haben beraten über …« Möglich vielleicht auch: »X und Y haben sich beraten über …«
9. »Niemand kann zwei Herren dienen.« – Wem dienen Türken, die in der BRD leben? Erdogan oder Merkel? Im Zweifel ihrem Präsidenten Erdogan, denn die vielen türkischen Fahnen bei türkischen Veranstaltungen in der BRD lassen keinen anderen Schluss zu.

Sprachliste März 2017 – Teil 1

1. »Wenn eine linke Regierung mit Gesetzen die Entscheidungsfreiheit der Unternehmer, z. B. über die Höhe der Löhne zu sehr einschränkt, werden diese handlungsunfähig.« – Die Folge wird sein, Unternehmer können und wollen keine Unternehmer mehr sein, Investitionen unterbleiben und Unternehmen schrumpfen.
2. »Lösung des Nahostkonflikts« – was soll dieser sprachliche Unsinn? Ein Konflikt kann und muss beendet oder ein Land befriedet werden mit den Mitteln X oder Y. Der Konflikt kann aber nicht gelöst werden – wovon lösen? Alles nur Worthülsen der BRD-Politiker.
3. »Schlepper und Schleuser nehmen an den Küsten Nordafrikas sog. Flüchtlinge auf, um diese nach Europa zu bringen. Sie verwenden dafür seeuntaugliche Boote, so dass Frontex die Flüchtlinge aus humanitären Gründen aufnehmen muss und nach Europa bringt, gerade so, wie Flüchtlinge und Schlepper es gewollt hatten. Frontex ist eine europäische Behörde, deren Schiffe für die Sicherheit von Flüchtlingen verantwortlich sind.« – Das Ergebnis dieses Handelns ist: Obwohl Europa einerseits keine Flüchtlinge mehr aufnehmen will, gewährt es gerade diesen Flüchtlingen eine nahezu sichere Fahrt nach Europa. Die Ursache dieses Widersinns liegt darin, dass Europa nicht mehr in Gegensätzen denken und sich zu nichts durchringen kann. Australien nimmt keine Flüchtlinge auf! Wenn Europa nicht lernt, zu denken und sich für sich zu entscheiden, wird es scheitern. Es ist mit seiner Entwick-

lungshilfepolitik für Afrika bereits gescheitert. Thomas von Aquin sagte schon vor ca. 800 Jahren: Gerechtigkeit ohne Barmherzigkeit ist Ungerechtigkeit, aber Barmherzigkeit ohne Gerechtigkeit ist der Untergang des Staates. Warum sagen die Europäer nicht: Europa den Europäern, Afrika den Afrikanern. Keine Afrikaner nach Europa, da diese nur eine Last für Europa sind, es sind andere Menschen! Mögen die Afrikaner doch selbst für ihre eigenen Menschen sorgen. Und wenn sie das nicht können, so bekommen sie Hilfe, aber die Europäer werden bestimmen, welche Art von Hilfe. Vielleicht bekommen sie auch militärische Hilfe im Kampf gegen den Islam, denn er ist eine der Ursachen für die Not in Afrika. Das wagt aber kein Politiker zu sagen, da dies Islamophobie wäre. Für sie ist Dürre, verursacht vom Klimawandel, dieser verursacht von den Europäern, der Grund für die Not. Also muss Europa helfen.

4. »Die viel entscheidendere Voraussetzung für … ist …« – Über diese Formulierung eines studierten Autors kann ich nur weinen: Es gibt »Voraussetzung« = Bedingung oder Ursache; es gibt auch »entscheidend«. Aber »Voraussetzung« kennt kein Attribut, insbesondere »entscheidend« oder gar den Komparativ »entscheidender« oder noch darüber hinaus »*viel* entscheidender«. Richtig nur: »Voraussetzung für … ist …«
5. »Politiker, die Probleme in Syrien oder anderen Krisenländern ›lösen‹ wollen, tagen oft in der problemfreien und luxuriösen Schweiz.« – Dies ist eine Provokation für die im Krieg leidenden Menschen.

Sprachliste März 2017 – Teil 2

1. »Kernproblem« – »Problem« ist heute ein nichtssagendes, missbrauchtes Wort geworden, es sagt nichts mehr. Und was soll ein »Kernproblem« sein?
2. »Vorbeugehaft für sogenannte Gefährder.« – Warum soll der sog. Gefährder vom sog. Rechtsstaat nicht in Untersuchungshaft genommen werden? Will man erst abwarten, bis er eine Straftat begangen hat?
3. »Einschätzen« – alle Reporter sagen nur noch »einschätzen«, aber nicht mehr »bewerten« oder »beurteilen«. Warum? Ein »Einschätzer« oder »Schätzer« darf sich irren, das liegt in der Bedeutung des Wortes. Aber ein »Bewerter« oder ein »Urteiler« darf sich nicht irren, seine (Be-)Wertung oder sein Urteil hat ein ganz anderes Gewicht als eine Schätzung.
4. »Wenn ein türkischer Journalist mit türkischem und deutschem Pass wegen seiner Berichterstattung von türkischen Behörden verhaftet wird, so geht unter Verweis auf die Pressefreiheit ein Aufschrei durch die gesamte BRD.« – Wenn ein deutsches Paar von Islamisten ermordet wird, so regt sich darüber niemand auf. Müssen türkischer und deutscher Staat dieselben Vorstellungen von Pressefreiheit haben? Die deutsche tausendjährige Geschichte wird von allen heute Lebenden als ein einziges Verbrechen dargestellt. Sind die gegenwärtigen Deutschen die klügsten Menschen der Welt geworden, klüger als alle Türken und Islamgläubige? Darf der türkische Staat keine anderen Interessen und keine andere politische Sicht haben als die BRD? Die Gewährung der doppelten Staatsbürgerschaft

durch die BRD zeigt am Beispiel des türkischen Journalisten den Irrsinn einer doppelten Staatsbürgerschaft: Kein Mensch kann zwei Herren dienen.

5. »Weltanschauungskriege« – Kommunistische Oktoberrevolution 1917, Machtergreifung der Nationalsozialisten 1933, Gleichheitsfanatismus 1968.
   Seit ca. dem Jahre 2000 erleben die BRD, Europa und die Welt einen islamistischen Religionskrieg und einen Sexualkrieg (sexuelle Vielfalt, Gender Toiletten, Homos sollen bald eine Entschädigungszahlung in Geld erhalten, weil sie nach damaligem Recht, § 175 StGB, verurteilt worden waren). Wird ein fähiger Politiker die gegenwärtigen Weltanschauungskriege, die noch eskalieren werden, beenden? Wer wird ihn überleben?
6. »Grundlegende Voraussetzung« – gibt es eine Steigerung von »Voraussetzung«?
7. »Stalin gilt – nach Hitler – als das größte menschliche Ungeheuer (Werbung für ein Buch über Stalin).« – Das Wort »gilt« ist falsch. Richtig »ist«, denn wir wissen ganz genau, wo und wann die größten Verbrecher ihr Unwesen getrieben haben, wir wissen auch von den Verbrechen unter Mao und Pol Pot. Aber diese zählen bei den Deutschen nicht. Man darf ja Hitlers Verbrechen nicht »relativieren« durch einen Vergleich mit anderen Verbrechen. Die Deutschen sind immer noch besser/schlechter als andere: Stalin erst nach Hitler; Stalin ist nur zweiter. Oh, können wir stolz sein, wir sind besser!

Sprachliste März 2017 – Teil 3

1. »Seelow 1945 – Entscheidungsschlacht an der Oder« (Werbung für ein Buch über die letzte große Schlacht im WK II) – was wurde in der Schlacht entschieden? Gar nichts! Die Entscheidung war schon Jahre zuvor gefallen.
2. »Einer der profiliertesten Menschen« (DLF) – Steigerung von »profiliert« gibt es nicht: Profil = Seitenansicht des Kopfes oder Lauffläche eines Reifens.
3. »X war mit ausschlaggebend für z. B. das Vorhaben Y« – entweder war X allein ausschlaggebend, dann ist »mit« falsch, denn »mit« sagt, dass noch mindestens ein anderer beteiligt war. Oder es waren doch noch andere beteiligt, dann muss man auf »ausschlaggebend« verzichten, denn X hat eben nicht allein den Ausschlag gegeben. Man kann allenfalls sagen: »X und Z haben beide gemeinsam den Ausschlag für das Vorhaben Y gegeben.«
4. »DLF sendet in seinem Nachrichtendienst an erster Stelle immer nur für die BRD negative Nachrichten.« – Dies ist der Grund dafür, dass alle Deutschen unzufrieden mit der Politik ihrer Regierung sind. Aber über NGO's wird vom DLF immer nur positiv berichtet.
5. »Den Menschen auf Gott zentrieren.« – Wie soll das gehen? Auf Gott ausrichten? Zu Gott führen?
6. »Konsequenter« – Steigerung von »konsequent« (folgerichtig) gibt es nicht.
7. »Die Krux des Liberalismus« (kath. Zeitung Die Tagespost 28.2.2017) – die Zeitung zieht mit folgenden Formulierungen gegen den Liberalismus zu Felde: »Dem Liberalismus von heute geht es darum, Minderheiten zu

privilegieren«, »Laissez-faire-Liberalismus«, »Beliebigkeits-Liberalismus«, »träge Wohlstandsgesellschaft ist wehrunfähig« usw. Man muss über die westlichen Werte nachdenken, sie werden nicht mehr als selbstverständlich von der Mehrheit der Bevölkerung anerkannt, auch nicht von o. a. Zeitung.

8. »Hilfestellung leisten« – helfen. Wohin ist die BRD-Sprache geraten?
9. »Hitler-Stalin-Pakt (Nichtangriffspakt) vom 23.8.1939. Schon am 22.6.1941 begann der Krieg zwischen den beiden Vertragspartnern. Der eine sagt, er sei angegriffen worden, der andere sagt, er sei einem Angriff nur zuvorgekommen. Wer hat Recht?« – Wann merken endlich die Rechtsstaatler, dass Verträge, z. B. das Minsker Abkommen, nicht das Papier wert sind, auf das sie geschrieben wurden? Entscheidend ist allein der ehrliche Wille, der bei Vertragsschluss, aber auch noch danach vorhanden sein muss.
10. »Der Türke Deniz Yücel ist Journalist in der BRD, er hat türkischen und deutschen Pass. Er wurde 2017 in der Türkei verhaftet, weil er der türkischen Regierung nicht genehm war. In der BRD wird er deshalb gefeiert wie ein Märtyrer, obwohl er auch deutschfeindliche Artikel verfasst hat.« – Wann verstehen die BRD-Menschen endlich, dass unterschiedliche Staaten und Politiker auch unterschiedliche Weltanschauungen haben können?
11. »Innovativer Lösungsansatz« (Bundespräsident Gauck) – was ist das?
12. »Pflanzzeitraum« (gemeint: Zeit, in der Zierpflanzen im Garten gepflanzt werden sollen) – das Wort »Raum« ist überflüssig und irreführend.

Sprachliste März 2017 – Teil 4

1. »Ich glaube«, »Ich denke«, »I think« – mit diesen selbstverständlichen Worten beginnt die politische Klasse ihre Reden.
2. »Wahlkampfauftritte von türkischen Politikern in Europa« – Wo ist ein Wahlkampf, wenn nur türkische Regierungsmitglieder auftreten, aber keine politischen Gegner der türkischen Regierung? Die Europäer verraten ihre eigenen sog. Werte, wenn sie nur linientreue Türken in Europa zu ihren türkischen Landsleuten sprechen lassen, aber Gegner der türkischen Regierung, aus welchen Gründen auch immer, nicht zu Wahlkampfauftritten nach Europa kommen. Die hier lebenden Türken dürfen also regierungskonform beeinflusst werden. Einige EU-Länder lehnen solche sog. Wahlkampfauftritte ab, andere sind unentschlossen. Die rechtsstaatliche BRD lehnt Auftritte in privaten Hotels nicht ab: im privaten Bereich könne jeder tun und lassen, was er wolle. Aber ist der Auftritt eines türkischen Ministers eine private Angelegenheit? Die BRD versteckt sich hinter Gesetz und Recht und will nicht die politische Brisanz bemerken. Die EU in ihrer Gesamtheit schweigt und entscheidet sich für nichts. Die Rede Kennedys vom Balkon des Schöneberger Rathauses in Berlin war auch eine politische Aktion. Aber politische Vernunft verbietet, Kennedy mit Erdogan oder seinen Ministern gleichzusetzen. Was Kennedy recht war, ist Erdogan noch lange nicht billig. Quod est Jovi, non est bovi. BRD-Politiker sind unfähig, sich zu entscheiden. Kennedy war ein Berliner (»Ich bin ein Berliner«), aber Erdogan ist Islamist.

3. »Als vor ca. 60 Jahren der Kalte Krieg tobte, haben USA und Europa auch mit Einsatz von Atomwaffen ihre Freiheit verteidigen wollen – gegen den Kommunismus.« – Heute wollen westliche Politiker mit dem Gesetzbuch in der Hand den Rechtsstaat und seine nebulösen Werten verteidigen – gegen wen? Der Islam gehört doch gemäß der Aussage höchster Repräsentanten der BRD zu Deutschland. Vor 50 Jahren wäre kein deutscher Politiker auf den Gedanken gekommen, einem kommunistischen Politiker der DDR eine Rede in Westdeutschland vor westdeutschen Kommunisten zu gestatten. Polen und Tschechen haben vor dem WK II in den deutschen Siedlungsgebieten ihrer Länder keine reichsdeutsche Politik zugelassen. Im Gegenteil: die Deutschen wurden zumindest als Fremde behandelt, obwohl alle katholisch waren. Es ist gar keine Frage, dass die Türken in der BRD nur Erdogan als ihren Präsidenten und nur die Türkei als ihr Land anerkennen, aber nicht Frau Merkel und Deutschland. Die türkischen Fahnen sagen alles. Die stolzen Polen und Tschechoslowaken haben 1945 die Deutschen in ihren Ländern nicht einmal als Arbeitssklaven behalten wollen; nur wenige durften bleiben, mussten aber für ihre neuen Herren hart arbeiten.
4. Der Spiegel titelt am 25.2.2017 auf schwarzem Untergrund: »Die Schulz-Debatte: Wie gerecht ist das Land? So schlecht geht es den Deutschen« – Von innen und außen wird die BRD schlecht gemacht. Kann das gut enden?

Sprachliste März 2017 – Teil 5

1. »Arabisch-antiwestlicher Nationalismus und islamischer Fundamentalismus« – das sind Wörter, die Frau Merkel und ihren Beratern fremd sind. Frau Merkel will die Wirklichkeit der Welt nicht wahrhaben. Sie bezeichnet in ihrem Wahn einen Türken mit türkischem und deutschem Pass, der als Journalist für eine deutsche Zeitung gearbeitet hat und von der türkischen Regierung wegen seiner angeblich türkenfeindlichen Artikel in Untersuchungshaft genommen wurde, trotz seiner auch deutschlandfeindlichen Artikel, als einen »deutschen Landsmann«. Mein Landsmann ist der Türke nicht.
2. »Extreme Ausnahmefälle« – was soll das Wort »extrem« in Verbindung mit »Ausnahmefälle« bedeuten?
3. »Aus militärfeindlichen Gründen hätten Bundeswehr und Polizei bei inneren Unruhen in der BRD, die es zum Glück noch nicht gegeben hat, nicht gemeinsam eingesetzt werden dürfen.« – Jetzt aber, i. J. 2017, dürfen Bundeswehr und Polizei gemeinsam üben. So lehrt Not beten.
4. »China stellt seine eigenen Industriefirmen rechtlich besser als ausländische Firmen.« – Eine solche egoistische Handlungsweise verstehen europäische Rechts- und Gleichheitsfanatiker nicht. Aber eine solche Handlungsweise entspringt dem natürlichen Egoismus des Menschen. Beim Sport gibt es diesen Gleichheitsfanatismus nicht. Auch eine Mutter ist selbstverständlich bereit, ein fremdes Kind zu stillen, wenn dessen eigene

Mutter nicht stillen kann. Aber das fremde Kind wird erst dann gestillt, wenn das eigene schon satt ist.

5. »BRD-Politiker und -Medien sehen scheel auf wohlhabende Eltern, die ihre Kinder gesundheitlich, erzieherisch und schulisch besser fördern können als arme Eltern. Politiker und Medien vermissen die Gleichbehandlung aller Kinder.« – Aber soll und darf man die Selbstentfaltung und Selbstverwirklichung der Wohlhabenden einschränken? Freiheit, Gleichheit, Brüderlichkeit sind Gegensätze, obwohl sie immer in einem Atemzug genannt werden. Aber das verstehen die einseitig links ausgerichteten Politiker und Medien ebenso wenig wie die Revolutionäre von 1789. Die Rechnung wurde damals bald präsentiert. Es gab einen Bürgerkrieg.
6. »DLF berichtet am 8.3.2017 in seiner Sendung ›Kalenderblatt‹ über den Beginn der Revolution in Russland vor 100 Jahren.« – Die Kommentatorin verwendet Schmähwörter für das Zarenregime, aber nicht für Kommunisten, über die wertfrei berichtet wird. Wie ist eine solche Einseitigkeit heute in der BRD möglich?
7. »Sei nicht zu gut und nicht zu gütig. Die Wölfe werden sonst übermütig.« – Katholische und evangelische Kirche sind aus religiösen Gründen gegen den Protest konservativer Kreise, die mit einem 10 Meter hohen Holzkreuz gegen den Bau einer Moschee in Erfurt protestieren. Die im Landtag von Thüringen vertretenen Parteien – außer der AfD – begrüßten ebenfalls den Bau einer Moschee. Europa und das Christentum haben den Islam immer noch nicht verstanden und geben sich selbst auf.

Sprachliste März 2017 – Teil 6

1. »X nimmt einen besonderen Stellenwert ein.« – Schwachsinn! Richtig z. B.: X nimmt einen hohen Rang, eine hohe Stelle ein. »Stellenwert« sagt nichts.
2. »Ein türkischer Abgeordneter des BRD-Bundestags fordert einen türkisch-deutschen öffentlich-rechtlichen Fernsehsender zwecks besserer Integration der Deutschen/Türken in die jeweils andere Kultur.« – Aus Gründen des Rechts ist die Forderung natürlich richtig, aber nicht aus Gründen der Vernunft und der Selbsterhaltung. Denn 1945 hat Deutschland seine Ostgebiete verloren, jetzt verliert Deutschland den Rest seiner noch-deutschen Gebiete an den Islam. Damit sind Deutschland, Europa und das Christentum am Ende. Alles hat seine Zeit: »Aufgehen und Staub werden ist das ewige Gesetz der Natur«. Das wollen und können aber BRD-Politiker nicht verstehen. Sie haben alle schlechte Schulen besucht (s. u. Nr. 3.). »Es gibt nichts Dauerhaftes außer der Veränderung.« (Chinesischer Spruch).
3. »Kaliningrad im Baltikum« (DLF) – DLF will die Restdeutschen i. J. 2017 verblöden. Richtig war: »Königsberg in Ostpreußen, jetzt Kaliningrad«.
4. »Der türkische Präsident Erdogan beschimpft die BRD-Menschen als Faschisten.« – Warum nicht? BRD-Politiker und BRD-Gerichte finden nichts dabei, wenn der BRD-Satiriker Böhmermann mit einem Schmähgedicht den Präsidenten eines NATO-Staates beleidigt. Die BRD hat mit ihrer Rechtsstaats-Verblendung und Dummheit die primitive, unwürdige Ausei-

nandersetzung begonnen. Sie hat jeden Respekt verspielt. Die BRD muss scheitern.

5. »Einkaufszentren« – früher sagte man: Kaufhalle, Markthalle, Markt, Flohmarkt, Fischmarkt, Kartoffelmarkt, Supermarkt. »Zentren« ist immer falsch. Vor ca. 150 Jahren sprachen die Deutschen lieber französisch als deutsch, heute lieber englisch als deutsch. Diese Sprechunart hat kein anderes Volk. Sind die Deutschen etwas Besonderes oder gar Abartiges?
6. »Vor ca. 100 Jahren wurden Kaiser- und Königreiche abgeschafft, vor ca. 75 Jahren Diktaturen, vor ca. 25 Jahren kommunistische Staaten.« – Was wird demnächst abgeschafft?
7. »Kirche soll sich pluraler aufstellen.« Steigerung von »Plural«? Dümmer geht es nicht!
8. »Vielfältiger Themenmix« – dumm, dümmer, am dümmsten.
9. »Wachsender Vertrauensverlust« – »wachsen« ist positiv, »Verlust« ist negativ. Beide Wörter passen nicht in einen Satz. Richtig: »größer werdender ...«
10. »Indem türkische Minister nach eigenem Gutdünken in der BRD Reden halten dürfen, macht Frau Merkel die BRD zu einer türkischen Provinz.« – Ohne Kommentar.
11. »Volksabstimmung in der Türkei über Aufbau des Staates: Präsidialstaat ja oder nein.« – Es ist arrogant und erinnert an europäischen Kolonialismus, wenn Europäer den Türken vorschreiben wollen, wie sie ihren Staat aufbauen müssen. Eine ganz andere Frage ist, ob eine neue Türkei EU-Mitglied werden kann.

Sprachliste März 2017 – Teil 7

1. »Faschismus aufarbeiten« – was soll »aufarbeiten« bedeuten? »Erforschen?«
   »Aufarbeiten« bedeutet u. a.: »Ein altes wertvolles Möbelstück auffrischen lassen.« Also den Faschismus modernisieren?
2. »BRD-Politiker streiten darüber, in welches ihrer islamischen Heimatländer sog. Flüchtlinge abgeschoben werden dürfen: nur in rechtsstaatliche Länder oder auch in andere?« – Die Sicherheit von Flüchtlingen (besonders auf Homos will die BRD-Regierung Rücksicht nehmen) interessiert BRD-Politiker mehr als die Sicherheit in der BRD. Die Niederlande lassen eine türkische Politikerin nicht öffentlich auftreten, sondern schieben sie als persona non grata in die BRD ab, von wo sie gekommen war. Frau Dr. Merkel weiß nicht, was »persona non grata« bedeutet (»unerwünschte Person«).
3. »Am 25.3.1957 wurde u. a. der Vertrag über die Europäische Atomgemeinschaft in Rom von der BRD und anderen europäischen Staaten unterzeichnet. 1986 war die Reaktorkatastrophe von Tschernobyl, also nur 29 Jahre später, und es begann der Atomausstiegswahn in der BRD. 2015 wurden in der BRD mehrere 100.000 sog. Flüchtlinge willkommen geheißen. Aber nur zwei Jahre später drehen sich alle Gedanken der BRD-Politiker und des BRD-Wahlvolks um die Abschiebung der sog. Flüchtlinge.« – Wer hat unter diesen Umständen, selbst im aufgeklärten 21. Jh., nicht Angst vor den Wahnsinnsentscheidungen gewählter Politiker und des Wahlvolks?

4. »Sehr sorgfältig prüfen« (BRD-Politiker) – dass immer sorgfältig zu prüfen ist, versteht sich von selbst. Was soll dieses Schwadronieren? Aber trotz allen sorgfältigen Prüfens gelingen BRD-Politikern keine Entscheidungen.
5. »Ist Europa schon am Ende?« – Die EU-Staaten verhalten sich gegenüber den türkischen Wahlkampfauftritten in der EU unterschiedlich: Einige EU-Staaten verhindern solche Auftritte, andere EU-Staaten lassen solche Auftritte zu. Haben EU-Staaten unterschiedliche Vorstellungen von Gesetz und Recht und unterschiedliche Vorstellungen von politischer Richtigkeit und Vernunft? Warum tritt die EU nicht geschlossen gegen Erdogan auf? Die Appeasement-Politik der EU gegenüber Erdogan, dem Islam und den Türken muss scheitern. Der EU fehlen Politiker wie Adenauer, Bismarck, de Gaulle und Churchill.
6. »Politiker betrauern die vielen Kinder, die Opfer des syrischen Bürgerkriegs geworden sind.« – Keiner betrauert die abgetriebenen Kinder in Europa. An diesem Widersinn wird Europa zugrunde gehen und der Islam wird siegen, denn er treibt keine Kinder ab.
7. »1683 standen die Türken vor Wien. 2017 stehen die Türken an der Nordsee.« – Aber die Europäer vertrauen auf die Chimäre, das Trugbild und das Hirngespinst des Rechtsstaats. Auch die Türken werden in Europa Recht setzen: die Scharia.

Sprachliste März 2017 – Teil 8

1. »In Trier, der Geburtsstadt des Kommunisten Karl Marx, soll eine große Marx-Statue, Geschenk der Volksrepublik China, an hervorragender Stelle errichtet werden.« – Das Ende Deutschlands und Europas kommt schneller als befürchtet. Mit ihrem Gerechtigkeits- und Gleichheitswahn graben sie ihr eigenes Grab. Europa denkt nicht mehr eigenständig. Warum stellt die Stadt Trier ein Marx-Denkmal auf? Soll der gescheiterte Kommunismus nachträglich anerkannt werden?
2. »Mit allen rechtsstaatlichen Mitteln versuchen Rechtsstaatler die Rechtspopulisten niederzuhalten. Aber die türkischen Gegner des Rechtsstaates dürfen in Europa Reden für ihre Interessen halten.« – Allein die Bewegung PEGIDA (Patrioten Europas gegen die Islamisierung des Abendlandes) erkennt die Gefahr des Islam für Europa, der auch mit rechtsstaatlichen Mitteln niedergehalten werden könnte, wenn die Eliten es nur wollten. Aber die Eliten wollen nicht den wahren Willen der europäischen Menschen sehen.
3. »Der EUGH entscheidet nicht eindeutig, ob ein Arbeitgeber seiner muslimischen Angestellten das Tragen eines Kopftuches erlauben muss oder verbieten darf, sondern er stellt auf die Umstände ab.« – Dies ist eine für Europa typische Entscheidung: Nur keine Eindeutigkeit, es bleibt alles im Unklaren, nur keine fremde Religion verletzen. Dass Christen in Afrika vom Islam verfolgt werden, interessiert in Europa keinen. Deutsche Richter werden sich nach dem EUGH-Urteil rich-

ten, obwohl die Umstände in der BRD ganz andere sein mögen. Europa gibt gegenüber dem Islam immer nach, bis es gar nicht mehr Europa ist.

4. »BRD-Politiker vergeuden ihre Energie mit dem Kampf gegen den Rechtspopulismus, aber sie fördern den Islam und damit den Islamismus, indem sie den fremdfinanzierten Bau von Moscheen zulassen, sie sehen nicht den islamistischen Terror in Europa, Afrika und Nahost.« – Diese Realitätsverweigerung kann nicht gut gehen.
5. »Krieg darf in den Augen der dekadenten Europäer nicht geführt werden – auch nicht zur Verteidigung eigener oder fremder Interessen.« – In den Augen der Islamisten ist Krieg gegen Europäer ein Heiliger Krieg, Dschihad, der geführt werden darf und muss. Früher kannten auch die Europäer den gerechten Krieg.
6. »Multi-Kulti« – von diesem Unsinn der Jahre 1980/2000 spricht 2017 keiner mehr. Die jahrtausendelangen Streitigkeiten auf dem Balkan beweisen, dass es kein Zusammenleben der Kulturen geben kann. Eine Ausnahme ist die Schweiz. »Proletarier aller Länder vereinigt euch« und »Völkerfreundschaft« – das war nur Propaganda der Kommunisten und hat es nie gegeben.

Sprachliste März 2017 – Teil 9

1. »DLF berichtet über Bundespräsidentenwechsel in Berlin« – DLF berichtet nicht am Anfang seiner Nachrichtensendungen über den Bundespräsidentenwechsel, sondern erst später. Warum? Weil DLF kein Gespür für Etikette (förmlichen Umgang) hat.
2. »Von 1859 bis 1869, in dieser kurzen Zeit, bauten Engländer und Franzosen den Suezkanal.« – Zu solchen Leistungen sind Europäer heute nicht mehr fähig, weil alles gem. Gesetz und Recht geschehen muss. Vor 200 Jahren wollten Europäer barbarische, unterlegene Rassen zivilisieren. Aber heute gelten bei den Europäern die Afrikaner und der Islam mehr als das Eigene. Europa schafft sich ab.
3. »Frieden schaffen ohne Waffen« – warum kann es keinen Frieden in der Welt geben, ob mit oder ohne Waffen? Weil die Menschen unterschiedlich sind. Nicht einmal Ehefrieden gibt es in allen Ehen. Und die BRD-Menschen sind in ihrer Friedenssehnsucht und -verblendung die ersten Opfer ihrer Realitätsblindheit. Denn es gibt unterschiedliche Klimazonen, Gesundheit, Religionen, Kulturen, Ideen, Philosophien, Völker, Rassen (für Realitätsblinde gibt es keine Rassen), Sprachen, Bildung, Begabungen, Charaktere, Gefühle, Sitten, Gebräuche, Rechtsordnungen, Manieren und Rituale. BRD-Menschen meinen, es gäbe nur deutsche Gesetze und Rechte, aber keine persönlichen Pflichten. Und die EU meint, alles mit der Wirtschaft, mit Entwicklungshilfe und mit Geld regeln zu können. Zum Leben gehört mehr. Und das vermissen EU-Kritiker.

4. »Atomausstieg, Energiewende, Flüchtlingspolitik, türkische Politik auf dem Boden der BRD. Reden von Politikern der türkischen Regierung werden teils verboten, teils erlaubt, auch der Aufmarsch von 30.000 Kurden (Gegner der türkischen Regierung) wird in Frankfurt/M. erlaubt. Das ist doppelte Moral gegenüber einem NATO-Staat.« – Welche katastrophale Politik wird Frau Merkel den Deutschen noch zumuten? Frau Merkel interessiert sich für alles, aber nicht für Deutschland. Das liegt an ihrem Lebenslauf von West nach Ost und an ihrer Unbildung. Sie hat keinen Charakter. Sie weiß nicht, was sie will. Sie kennt nur »unsere, ihre Werte«, sagt aber nie, welche Werte sie genau meint. Die BRD wird an ihrer eigenen Unentschlossenheit zugrunde gehen. Sie entscheidet aus eigener Überzeugung nicht über doppelte Staatsangehörigkeit, Kopftuch, Burka, Wahlkampfauftritte, türkische/kurdische Demonstrationen: ja oder nein. Sie sagt: jein.
5. »Flüchtlinge aus islamischen Ländern in der BRD.« – Warum fliehen sie? Weil der Islam wohl doch nicht so friedfertig ist wie das Christentum. Kein Christ flieht in ein islamisches Land. Aber für europäische Eliten sind alle Religionen gleich gut. Auch wenn Islamisten Bürgerkriege verursachen? Ist das ein Grund für die BRD, Bürgerkriegsflüchtlinge aufzunehmen? Nein.
6. »Rechtspopulisten sind nicht gewalttätig wie Islamisten.« Aber trotzdem kämpfen europäische Eliten mit all ihrer Kraft nur gegen Rechts, aber nicht gegen Islam und Islamisten. Warum?

Sprachliste März 2017 – Teil 10

1. »Prägende Rolle« – was soll das sein? Eine Rolle rückwärts?
2. »Flüchtlinge haben das Recht, überall in der EU, wo sie wollen, Schutz zu suchen.« – Diese Behauptung der Realitätsverweigerer ist noch gang und gäbe, aber die europäischen Politiker tun, soweit es die Gesetze zulassen, schon jetzt alles, um aus dem Recht eine bloße Duldung zu machen. Im Interesse des Wahlvolkes wird versucht, Flüchtlinge fernzuhalten. Die richtige Feststellung von Thomas von Aquin wird allmählich beachtet: Barmherzigkeit ohne Gerechtigkeit bedeutet Untergang des Staates. »Politisch Verfolgte genießen Asylrecht« (Art. 16a GG). Diese Formulierung ist sprachlich falsch: Ein Recht *hat* man, aber genießt man nicht; nur Speisen oder Kunst kann man genießen (Kunstgenuss). Diese falsche Formulierung im GG verrät aber, dass die Verfasser des Art. 16a GG unterschwellig wussten, dass ein Asylrecht kein Recht wie jedes andere Recht ist, sondern nur ein Gnadenakt, über den der Verfolgte sich freuen darf: er wird geduldet. Genau genommen sind die Flüchtlinge aus dem Nahen Osten oder aus Nordafrika gar keine »politisch Verfolgten«, sondern religiös Verfolgte. Im Übrigen ist es eine Schande für alle Rechtsstaatler, dass noch immer nicht klargestellt ist, wer denn nun Asylant, Flüchtling, Migrant, Verfolgter aus politischen oder religiösen Gründen, Wirtschaftsflüchtling, Geduldeter oder Glücksritter ist. Und warum werden Homos aufgenommen? Aus welchen Gründen? Sind die Europäer mora-

lischer als alle anderen Menschen der Welt? Die Europäer sind arrogant wie zu Zeiten des Kolonialismus. In den Nachrichtendungen gehen die Begriffe immer noch durcheinander.

3. »Frau Merkel droht Erdogan, türkische Wahlkampfauftritte in der BRD zu prüfen und gegebenenfalls zu verbieten.« (DLF) – So spricht eine Frau, die keine Ahnung von Politik hat. Frau Merkel »droht« und »prüft die Rechtslage« und »verbietet gegebenenfalls«. Warum »drohen« und »prüfen« und »gegebenenfalls verbieten«? Warum nicht gleich »verbieten«? Hat Stalin beim Angriff von A. H. am 22.06.1941 den Angriff rechtlich geprüft und dann verboten oder gar den Völkerbund angerufen? Hat sich Frau Merkel mit ihrem Flüchtlingsdeal vielleicht doch von Erdogan abhängig gemacht? »Eine feige Politik hat noch immer Unglück gebracht.« (Bismarck). Warum sagt kein EU-Politiker: »Verhandlungen über den Beitritt der Türkei zur EU wird es nicht mehr geben!«
4. »Im Jahre 2017 wird das ›Fest 500 Jahre Reformation‹ gefeiert, weil Luther am 31.10.1517 seine 95 Thesen an die Kirchentür angeschlagen haben soll.« – Die Person Luther darf natürlich nicht gefeiert werden, denn Luther hat gegen die Juden polemisiert und umstritten ist auch, ob er tatsächlich seine Thesen an der Kirchentür angeschlagen hat. Also darf nur die neue Geistesströmung, die Reformation, aber nicht Luther als Person gefeiert werden. So denken heute die BRD-Eliten.

Sprachliste März 2017 – Teil 11

1. »Europa will eine neue Entwicklungshilfepolitik in Afrika betreiben, um afrikanische Flüchtlinge von Europa fernzuhalten. Die Ursachen der Fluchtbewegungen, die materielle Not, sollen am Ort (»vor Ort« sagen die, die kein Deutsch mehr kennen) bekämpft werden.« – Motiv für die neue Politik ist nicht Hilfe für die Afrikaner, sondern Verhinderung weiteren Zuzugs der Afrikaner nach Europa. Wenn Rechtspopulisten sagen: »Wir wollen keine Flüchtlinge in Europa«, so ist das rassistisch. Aber wenn die Eliten sagen: »Wir lindern die Not in Afrika, damit die Flüchtlinge in ihren Ländern bleiben können«, so ist das selbstlose Barmherzigkeit. Die Kolonialpolitik der Engländer, Franzosen und Deutschen in vergangenen Jahrhunderten war erfolgreich für die Kolonisatoren und die Eingeborenen: Die einen haben investiert und daraus Nutzen gezogen, die anderen haben Arbeit gehabt und die Zivilisation kennengelernt. Niemand bestreitet, dass es blutige Auseinandersetzungen zwischen beiden gegeben hat. Falsch ist es, wenn linke Europäer die Kolonisation (colere, lat. = anbauen u. ä.) verteufeln, aber jetzt im eigenen Interesse und mit anderen Worten (Entwicklungshilfe) nichts anderes tun wollen, als die Kolonialherren damals: eigene Interessen durchsetzen. Fest steht aber auch, dass die Afrikaner ohne europäische Hilfe in den letzten 50 Jahren nicht vorangekommen sind, denn sonst müssten sie jetzt nicht nach Europa auswandern wollen.
2. »Der Deutsch-Brite McAllister, vielleicht sogar Schotte, spricht in einem in deutscher Sprache geführ-

ten Gespräch den Namen der schottischen Großstadt Edinburgh deutsch aus. Die Radiosprecher des DLF geben mit ihren Englischkenntnissen an und sprechen den Namen natürlich englisch aus.« – Kein Deutscher – außer einem Engländer – hat Achtung vor der deutschen Kultur. Gehört Deutsch abgeschafft?

3. »SPD-Justizminister Maas will alle in Deutschland wegen Homosexualität, §175 StGB, verurteilen Täter entschädigen. Er bezeichnet diese Urteile als Schandtaten des Rechtsstaates.« – Über die Straffreiheit der Abtreibung verliert er kein Wort, obwohl diese erst recht eine Schandtat des Rechtsstaats ist: die Abtreibung wird zwar als rechtswidrig bezeichnet, aber sie wird nicht bestraft. Wer kann diesen Widersinn verstehen? Die BRD wird sich selbst und damit den Rechtsstaat ins Verderben stürzen. Kaiserreiche sind untergegangen, aber auch ein solcher Pseudo-Rechtsstaat muss untergehen.
4. »Pressefreiheit« – Antifaschisten verstecken an einem Zeitungsstand konservative Zeitungen unter einem Stapel anderer Zeitungen, sodass der Kunde konservative Zeitungen, die er sucht, nicht findet.
5. »Tonlagen anschlagen« (DLF) – richtig: »Ton anschlagen«.
6. »Der neue BRD-Bundespräsident belehrt in seiner Antrittsrede den türkischen Präsidenten über gute und schlechte Politik.« – Der Bundespräsident sagt aber nichts zu seinen ehrenwerten und vollkommenen deutschen Untertanen, denn die bedürfen keiner Belehrung.

Sprachliste März 2017 – Teil 12

1. »Erdogan schwingt die Faschismuskeule gegen die BRD-Regierung.« – Recht hat er: Auch die BRD schwingt nur die Faschismuskeule gegen alle, die sie mundtot machen will. Viele Deutsche sind verklemmt und voller Komplexe wegen des III. Reiches, dem sie gar nicht mehr zujubeln konnten, weil sie damals noch gar nicht gelebt haben.
2. »Der am 22.3.2017 von einem Bodyguard erschossene Täter war von Geburt Brite.« (DLF) – Was soll diese Nachrichtenmeldung? Sie soll verheimlichen, dass der Täter ein islamistischer Terrorist war. Im weiteren Verlauf der Nachrichtensendung verrät DLF aber doch den nicht-englisch klingenden Namen des Terroristen und seine kriminelle Vergangenheit. Mit solchen relativierenden Nachrichten wird der Niedergang Europas zwar ungewollt, letztlich aber doch, herbeigeführt. Europa redet von seinen Werten, wird sie aber wegen seines (Nicht-)Handelns schließlich doch verlieren. Gegen A. H. und den Kommunismus hat Europa noch energisch gekämpft, gegen den Islamismus nicht mehr. Europa ist müde geworden und macht weiter so wie bisher. Ein kleiner Teil der Europäer hat sich schon von dieser Weiter-So-Politik abgewendet, wählt rechts und ist gegen die EU.
3. »X hat überzeugend nachgewiesen, dass …« – »überzeugend« ist falsch. »Wenn X nachgewiesen hat (z. B. anhand von Urkunden), dass …«, so ist das genug, »überzeugend« ist überflüssig und sogar falsch, denn wer ist »überzeugt« und was ist »überzeugend«? Y

kann von der Rede des X überzeugt sein, aber Z noch lange nicht.

4. »Brüderlichkeit, Solidarität, Zusammenarbeit, Vertrauen, Respekt waren zentrale Worte seiner Rede.« – Eine Aufzählung von Wörtern sind Wörter, aber keine Worte. Es heißt richtig z. B.: »Englisches Wörterbuch«, aber ebenfalls richtig z. B. »Buch der Sprichworte« (die einen tiefen Sinn haben). Das o. a. Wort »zentrale« ist natürlich wieder nichtssagend. Die BRD-Menschen kennen nicht mehr die Vielfalt der deutschen Sprache, sie kennen nur noch das Wort »zentral«. Im Deutschen heißt es aber »Hauptbahnhof«, mögen auch die Engländer »Central Station« sagen oder die Franzosen »Gare Central«. Den Niedergang der deutschen Sprache und Kultur will keiner wahrhaben. Im III. Reich hieß es bescheiden »Braunes Haus«, aber nicht »Zentrum«, es hieß »HJ-Heim«, »Deutschlandhalle« in Berlin, sie wurde abgerissen, »Nibelungenhalle« in Passau, sie wurde umbenannt. Kein Deutscher will mehr ein Deutscher sein, er schämt sich seiner. »Brüderlichkeit« ist natürlich auch falsch: Wo sind die »Schwestern«? (ironisch gemeint)
5. »In der Türkei wird gewählt, auch in der BRD dürfen Deutsch-Türken und Türken-Deutsche wählen, doppelte Staatsbürgerschaft.« – Unter solch irrsinnigen Umständen ist eine Integration der Türken (wohin?) nicht möglich und letztlich von der BRD-Regierung auch gar nicht mehr gewollt. Türkentum (mehr türkische Geburten) und Islam (schwindendes Christentum) werden Deutschland spalten, so wie der Balkan gespalten ist und bleiben wird.

Sprachliste März 2017 – Teil 13

1. »Die BRD kennt wegen ihres begrenzten Verstandes nur Klientelfürsorge und Gruppeninteressen.« – Aber der Staat als Ganzes ist ihr fremd und gleichgültig.
2. »Im 19./20. Jh. wollten Staaten autark sein. Im 21. Jh. erstreben Staaten eine Globalisierung.« – Was ist besser für Volk und Staat?
3. »Vor der lybischen Küste rettete die europäische Küstenwacht ca. 100 Bootsflüchtlinge.« (DLF) – Das ist eine verantwortungslose Berichterstattung, denn verschwiegen wird, wohin die Geretteten gebracht wurden: zurück nach Libyen oder weiter nach Italien? Europäer haben einen Anspruch zu erfahren, was mit den Flüchtlingen geschieht, denn die Flüchtlinge verändern Europa, wenn sie von der Küstenwacht weiter nach Europa geschleust werden.
4. »Prominenter« – Steigerung von »prominent« gibt es nicht. »Prominere« (lat.) = hervorragen. Nur *einer* kann hervorragen.
5. »Fundamentale Grundrechte« – »Fundament« = Grundlage. »Grund«-Rechte ist schon zu viel, aber »fundamentale Grundrechte« ist eine sinnlose Übertreibung und zeigt, dass die Europäer keine Bildung mehr haben. Bloße Rechte und gar Pflichten gelten nichts mehr.
6. »An Ort und Stelle« – Modernisierer der deutschen Sprache sagen »vor Ort und Stelle«. Richtig natürlich nur: »an Ort und Stelle«.
7. »Sammelabschiebungen von Flüchtlingen« – diese Formulierung erweckt den Eindruck, als würden mindestens 100 Flüchtlinge mit einem einzigen Flugzeug

abgeschoben. In Wahrheit werden weniger als je 50 Flüchtlinge abgeschoben. Also sind es »Einzelabschiebungen«. In Sammelunterkünften werden mindestens 100 Flüchtlinge untergebracht. Auch A. H. sprach 1944 vom Endsieg. Mit der Sprache wurden und werden Menschen manipuliert und für dumm verkauft.

8. »Wanderwege und Umleitungen wurden ausgeschildert.« – Das ist ausgemachter Unsinn. Es gibt nur: beschildert, bebildert, beschriftet. Die Silbe »aus« ist in diesem Zusammenhang falsch, sie hat keinen Sinn.
9. »Die Einführung einer Maut für die Benutzung deutscher Straßen wird immer komplizierter: Es wird darüber gestritten, ob nur Ausländer oder auch Deutsche die Maut entrichten müssen; ist diese Unterscheidung eine Diskriminierung? Es wird auch darüber gestritten, ob die Maut je nach Höhe des Schadstoffausstoßes der Fahrzeuge gestaffelt werden darf; dies ist ein Thema für den Umweltschutz. Neuerdings wird darüber gestritten, ob die Daten, die bei Erhebung der Maut anfallen, aus datenschutzrechtlichen Gründen überhaupt gespeichert werden dürfen.« – Der Staat verzettelt sich mit sachfremden Nebensächlichkeiten und wird letztlich gar keine Maut im Interesse des Straßenbaus erheben können und wollen. Heute will keiner mehr auch nur Umgehungsstraßen bauen, sollen Städte wegen des Schadstoffs und Verkehrsinfarkts ersticken? A. H. baute 3500 km Autobahnen in sechs Jahren.
   Die BRD macht sich und den Rechtsstaat lächerlich.

Sprachliste April 2017 – Teil 1

1. »Die schönsten Gebiete der Region« – Welch ein Unsinn! Die Wörter »Gebiete« und »Region« sind so nichtssagend, dass auch Ortskundige nichts mit ihnen anzufangen wissen. Warum werden keine Landschaftsnamen genannt? Haben diese Schwätzer keinen Heimatkunde-Unterricht gehabt?
2. »Auf Werbeblättern, mit denen um Spenden für arme und kranke Afrikaner geworben wird, werden oft auf Fotos auch europäische Helfer gezeigt.« – Warum können afrikanische Regierungen nicht selbst ihren armen und kranken Bürgern helfen? Warum brauchen sie weiße Europäer?
3. »Unmittelbarer« – eine Steigerung von »unmittelbar« kann es nicht geben.
4. »Zivilisten, Frauen und Kinder im syrischen Bürgerkrieg durch US-geführte Koalition getötet; möglicherweise ist Bundesluftwaffe involviert.« (DLF) – Aus der Wortwahl ergibt sich, dass der Staatssender der BRD diese Opfer bedauert. Warum? Krieg bedeutet immer Tod und Verderben. Aber darf man heute deshalb keinen Krieg mehr führen und soll man die eigenen Interessen kampflos aufgeben? Das führt auch nicht ins Paradies wie WK II, Nahostkriege und Kriege in Afrika zeigen. Was soll das Wort »involviert« in der Nachrichtensendung bedeuten? »Verstrickt«? Über Kriegsschäden und -opfer, verursacht von syrischen Aufständischen und dem Islamischen Staat, spricht der DLF nicht. Keiner ist jedoch verpflichtet, sich umbringen zu lassen. Das Recht auf Notwehr und Nothilfe gilt noch immer. Pazifismus – bedingungsloser

Gewaltverzicht – ist keine Tugend, sondern eine Krankheit (Kurier der christlichen Mitte, April 2017).

5. »Mitstudent« – wer ist das? Gemeint ist der »Kommilitone«.
6. »Entscheidend prägen« – mehr als »prägen« geht nicht.
7. »Medias res« – so nennt DLF eine seiner Radiosendungen. In die deutsche Sprache hat sich aber nur »in medias res« eingebürgert.
8. »In der BRD herrschen mit die höchsten Sicherheitsstandards« oder »mit dabei war auch Herr X.« – Was soll das Wort »mit« in den beiden Sätzen bedeuten? Verglichen mit anderen Staaten oder Menschen? Die Deutschen können nicht mehr denken und nicht mehr deutsch sprechen.
9. »Für ihre militärische Verteidigung sollen die NATO-Staaten je 2 % ihres BIP (BRD: 70 Mrd. Euro/Jahr) ausgeben.« – Keiner weiß, gegen wen und wie der nächste Krieg oder Bürgerkrieg oder der Kampf gegen Destabilisierung geführt werden muss: mit Atomwaffen, Panzern, Schiffen, Drohnen, Internet, Propaganda, Antiterroreinheiten? Fest steht aber, dass die BRD auch trotz Wiedereinführung der Wehrpflicht wegen zu geringer Geburtenzahlen gar nicht genug Soldaten haben wird. Allerdings hat sie zum Ausgleich eine unbegrenzte Zahl von Soldatinnen (ironisch gemeint). Die Regierung der BRD wird sich vielleicht einsetzen für Weltfrieden, für ein atom(waffen)freies Europa, für Konfliktforschung, für Kriegsdienstverweigerer/innen und gegen Militarismus, Rassismus, Neokolonialismus. Aber für Deutschland wird sie sich nicht einsetzen, die Interessen anderer sind ihr wichtiger. Frieden schaffen ohne Waffen. Wir schaffen das.

Sprachliste April 2017 – Teil 2

1. »X soll angeblich der Mörder sein.« – Entweder nur »soll« oder »ist angeblich«. Beide Wörter passen nicht zusammen in einen Satz. In der gegenwärtigen Sprache wird alles doppelt gemoppelt und übertrieben.
2. »Es klingt wie ein Aprilscherz: Am 31.3.2017 sagten die Meteorologen im Radio für die folgenden Tage schlechtes Wetter voraus. Aber am 1. und 2. April schien die Sonne von einem strahlend blauen Himmel.« – Auch in der Politik gibt es erfreuliche und unerfreuliche Vorhersagen. 2015: Welcome Refugees, aber 2016? 1933–1939: ein Volk, ein Reich, ein Führer, aber 1945? Wer beruflich etwas werden wollte, hat 2015 und 1933–1939 nicht »nein« gesagt, auch in der SBZ/DDR nicht, sondern gejubelt. Ob ich »nein« gesagt hätte? Wahrscheinlich auch nicht. Die Deutschen sind unberechenbar wie obige Meteorologen. Engländern passiert so etwas nicht. Frau Merkel ist keine richtige Ossi mehr, aber auch noch keine richtige Wessi geworden. Ihre Flüchtlingspolitik ist Zeichen einer dümmlichen, typisch deutschen Großmannssucht, die nichts mit Barmherzigkeit zu hat. Auch Gauck hatte diese Eigenschaften. Frau Merkel ist würdelos, charakterlos, unprofessionell, Folgen nicht bedenkend, ängstlich, ziellos, nicht anstoßen, nicht anecken, faselnd über Werte, aber keine Werte kennend, besserwisserisch, ohne wirkliche Freunde und Verbündete. Alles typisch sozialistisch.
3. »Präsident Assad bekämpft sein Volk mit Fassbomben und vielleicht auch mit Giftgas. Mit ihm kann man nicht über Frieden in Syrien verhandeln.« (BRD-

Medien) – Es gibt aber gar nicht *das* syrische Volk, sondern nur die aus religiösen Gründen zerstrittenen syrischen Staatsangehörigen, die einen erbitterten Bürgerkrieg gegeneinander führen und von ausländischen Staaten, die ihrerseits ganz unterschiedliche Interessen haben, unterstützt werden. Assad hat nur im Sinn, seinen Staat zu befrieden und er tut das, was jeder Staatsmann an seiner Stelle auch tut: Kämpfen gegen Aufständische mit Mitteln, die die Aufständischen selbst auch verwenden. Das demokratische Denken des Westens lässt es nicht zu, sich auch nur vorzustellen, dass Kaiser oder sonstige Alleinherrscher auch einmal das Richtige versuchen könnten zu tun: Frieden schaffen. Für Demokraten können nur Demokraten Recht haben, Autokraten niemals. Dass auch demokratische Staaten scheitern können (failed states), zeigen Geschichte und Gegenwart. Vielleicht hat Assad Giftgas gegen seine Feinde eingesetzt, alle Demokraten sind aufs äußerste empört, obwohl sie noch gar nicht alle Tatsachen kennen. Aber wenn Demokraten, z. B. Frau Merkel und der französische Präsident, ihre eigenen Landsleute vor terroristischen islamischen Angriffen nicht schützen, so entschuldigen dies die Demokraten: Einen absoluten Schutz gibt es nicht. Das ist die Perversion des Denkens im jetzigen Europa.

4. »Flüchtlinge haben eine Bleibeperspektive.« – »Perspektive« ist ein nebulöses Wort: Darstellung von Raumverhältnissen, Aussicht für die Zukunft. Flüchtlinge haben Pflichten, Rechte, Hoffnungen – oder auch nicht.
5. »Strukturelle Hilfen«, »objektive Fakten« (DLF) – nichts als Nebelkerzen.

Sprachliste April 2017 – Teil 3

1. »Flüchtlingschaos in Europa« – warum? Weil in der westlichen Welt die Philosophie des Marxismus wieder und immer mehr an Boden gewinnt. Es herrscht zwar nicht mehr der Stalinismus, es herrscht auch nicht mehr das in Europa und den USA begeistert aufgenommene nationale, patriotische und rassische Denken früherer Jahrhunderte. Aber es herrscht überall die Philosophie der Gleichheit. Es gibt angeblich keine Unterschiede – nirgends. Und weil es keine Unterschiede geben darf, so kann und muss die BRD alle Menschen, die in die BRD einwandern wollen, aufnehmen. Diese marxistische Philosophie der Gleichheit hat Frau Merkel von ihrem Vater und in der DDR gelernt und verinnerlicht. Sie ist eine typische Marxistin. Aber nicht nur sie, sondern fast alle Deutschen beseelt zurzeit der Geist des Marxismus. Ein Karl-Marx-Denkmal wird 2017 in Trier aufgestellt. Jedes andere Denken wird unter Verweis auf den Nationalismus als unmoralisch verurteilt. Deshalb darf die »Ernst-Moriz-Arndt-Universität« in Greifswald seit 2017 nur noch »Universität Greifswald« heißen. Ernst Moritz Arndt war Nationalist wie alle Menschen vor 200 Jahren. Und der Islam ist angeblich eine Religion wie das Christentum auch, er gehört deshalb selbstverständlich zu Deutschland. Aber wer so denkt, bringt Europa dem Islam als Terroropfer dar. Europa wird scheitern, denn es gibt sich damit selbst und seine eigenen Werte auf. Die Werte Europas sind andere als die Marx'schen Werte und die von Frau Merkel. Europa muss Unterschiede und Ungleichheiten

unter den Menschen und in der gesamten Natur wieder anerkennen. Das ist wahrer Humanismus. Nur er ist die Wahrheit, aber nicht die Gleichheit.

2. »Streitfragen konstruktiv lösen« – das ist der Jargon der BRD-Medien.
3. »Eindeutige Beweise« – gibt es zweideutige Beweise? Weder noch!
4. »Der mutmaßliche Terroranschlag am 7.4.2017 in Stockholm« – warum nur mutmaßlich? Weil die Medien es nicht wahrhaben wollen, dass es tatsächlich ein Terroranschlag war. Was nicht sein kann, das nicht sein darf.
5. »Konkurrenz auf dem Wohnungsmarkt in der BRD zwischen Einheimischen (gemeint sind Deutsche) und Zuwanderern« – das Wort »Deutsch« wird in den Medien vermieden, obwohl A. H. gar kein Deutscher war, sondern auch nur ein Zuwanderer.
6. »BRD-Medien sorgen sich um einen deutsch-türkischen Reporter, der in der Türkei verhaftet worden ist und sie bedauern Kinder, die in Syrien bei einem Giftgasgriff getötet wurden. US-Präsident Trump hat, obwohl der Urheber dieses Giftgasangriffs noch nicht bekannt ist (Assad oder islamistische Aufständische?), eine syrische Luftwaffenbasis mit Raketen eines US Kriegsschiffes, das im Mittelmeer kreuzte, zerstört, nachdem er die getöteten Kinder auf Fotos gesehen hatte.« – In Politik und Krieg spielen Gefühle und Propaganda eine größere Rolle als Waffen. Alles nur Doppelmoral. Wenn Kinder im Mutterleib zerstückelt werden, wird das nicht öffentlich gemacht, d. h. es geschieht nicht in der Öffentlichkeit und darüber wird auch öffentlich nicht berichtet.

Sprachliste April 2017 – Teil 4

1. »In einem multikulturellen Staat denkt jede Kultur anders (Ehe, Familie, Staat, Religion, Moral, Feiertage, Kleidung).« – Ein solcher Staat kann nicht mehr wie *ein* Staat regiert werden. Er löst sich auf wie die Sowjetunion, die Doppelmonarchie Österreich-Ungarn oder das Heilige Römische Reich deutscher Nation. Auch der Rechtsstaat wird sich auflösen, wenn er multikulturell wird. Was dem einen gerecht ist, ist dem anderen ungerecht.
2. »BFinMin. Schäuble will die wirtschaftliche Not in Afrika mittels Geldzahlungen und Investitionen der EU lindern. Sein Motiv ist aber nicht Barmherzigkeit, sondern der Wunsch, Afrikaner davon abzuhalten, nach Europa zu stürmen. Diese Politik ist aber bereits in Griechenland gescheitert. Griechenland ist wirtschaftlich immer noch nicht saniert, auch wegen des noch nicht bewältigten Flüchtlingschaos in Griechenland.« – Das ist die doppelte Moral der Europäer. Sie wollen keine Mauern bauen und verursachen doch untragbare Zustände, sogar in Europa. Wie ehrlich waren doch die europäischen Kolonialherren und Kolonisten im 19. Jh. in Afrika. Der zurzeit gewünschte Aufbau Afrikas wird mindestens ein Jh. dauern – bis dahin ist Europa von den geburtenstarken Jahrgängen der Afrikaner überrollt. Wenn Europäer stolz wären auf ihre Rasse, würden sie ihren Nachwuchs nicht abtreiben, aber sie tun das Gegenteil von dem, was Afrikaner trotz ihrer wirtschaftlichen Not tun: Kinder in die Welt setzen. Europäer sagen sich: Oh, wie gut sind wir Europäer, wir

helfen, helfen anderen! DLF berichtet in mehreren Nachrichtensendung ausführlich über Todesurteile, die in verschiedenen Ländern verkündet und vollstreckt werden, aber nicht über Abtreibungen. Diese Doppelmoral ist unerträglich. Genauso wird einseitig über Syrien berichtet: Assad ist böse, ebenso die, die ihn unterstützen, aber die, die ihn bekämpfen, sind gut. Gründe für diese Unterscheidung werden nicht genannt. Sogar Trump, der einen Stützpunkt der syrischen Luftwaffe beschossen hat, wird von den Medien nicht mehr uneingeschränkt als unberechenbar verurteilt, jetzt hat er sich als Kämpfer gegen Assad selbst moralisch rehabilitiert.

3. »Auch X hat an der Demonstration mitteilgenommen.« – Richtig nur: »Auch X hat an der Demonstration teilgenommen.«
4. »Noch werden Familien vom Staat nicht gezwungen, ihre Kinder tagsüber in einer Kita abzugeben. Kita ist noch freiwillig.« – Aber im Interesse des Gleichheitswahns werden bald alle Familien gezwungen werden, auf eine individuelle Erziehung zu verzichten. 1938 hat der NS-Staat die Schulpflicht ohne jegliche Ausnahme (Hausunterricht) durchgesetzt, damit die Erziehungsgrundsätze des völkischen Staates durchgesetzt werden konnten.
5. »Bodycams« (engl. = am Körper von Polizisten zu tragende Kameras) – DLF spricht das englische Wort »body« natürlich falsch aus und sagt »bady«. Warum spricht der BRD-Staatssender nicht deutsch? Weil A. H. deutsch gesprochen hat.

Sprachliste April 2017 – Teil 5

1. »Geduldete Flüchtlinge, Bleiberecht, Kriegsflüchtlinge, Asylberechtigte« – wer kann diese Vokabeln noch verstehen und auseinanderhalten? Sie tragen zur Verunsicherung der deutschen Ureinwohner bei.
2. »Mitmenschlich« – dieses Wort ist ein Unwort. »Menschlich« genügt, es gibt auch keine Mitchristen.
3. »Die Entscheidung über … ist völlig offen.« – »Offen« ist nur das A-loch. Richtig: »Eine Entscheidung ist noch nicht gefallen oder ist noch ungewiss.« »Offen« verträgt keine Steigerung, denn »eine Tür ist offen« oder »geschlossen«. Eine »offenere« Tür gibt es nicht. Gewiss kann man sagen: »halboffen« oder »ganz offen«, aber andere Stufen von »offen« gibt es nicht.
4. »Polizeibeamte auf Pferden« – so ein Unsinn! Richtig: »Polizeibeamte zu Pferde« oder »berittene Polizei« oder »das Glück der Erde liegt auf dem Rücken der Pferde«.
5. »Der Vorname von X ist Heinz und nicht Hans.« – Richtig: »Der Vorname von X ist Heinz, aber nicht Hans«, »und« verbindet, aber »aber« trennt.
6. »Lösungsansätze« – wenn Politiker von »Lösung« sprechen, gibt es gar keine Lösung. Aber das Wort »Lösungsansätze« ist der Gipfel der Dummheit. Keiner dieser »Lösungspolitiker« sagt, wie denn eine Lösung aussehen solle. Unfähige BRD-Politiker sagen: »Assad muss weg.« Warum? Ist nur Assad böse, aber nicht der IS (Islamischer Staat) oder nicht die Aufständischen?
7. »Spezialkräfte der Polizei und der Bundeswehr.« – Dass Polizei und Bundeswehr bei unterschiedlichen Aufgaben jeweils Spezialkräfte einsetzen, versteht sich

von selbst. Das Wort »Spezialkräfte« ist also nichtssagend.

8. »Humanitäre Hilfe« – warum nicht: »Hilfe für Menschen«?
9. »Der nur noch englisch sprechende sog. DLF sagt »IT« (engl.: »aiti«).« – Richtig aber: Informationstechnik und somit IT (deutsch: »i-te«).
10. »Renommierter Fachmann« – »Fachmann« ist wichtig, nicht »renommiert«.
11. »Soldaten werden trainiert« – nein! Sie werden von Ausbildern ausgebildet.
12. »Pflanzen, Tiere und Spermien müssten die Menschen eigentlich gelehrt haben, dass nur die geeignetsten Lebewesen sich durchsetzen und Erfolg haben. Es gibt einen Wettbewerb zwischen allen Lebewesen.« – Aber die heutigen Menschen glauben, sie bräuchten die Natur nicht zu beachten oder müssten sie nicht als Lehrmeisterin anerkennen. Auf Dauer zählt aber nur Leistung, nichts sonst. Auf keinen Fall haben die Gesetzbücher der Menschen und ihre Verfassungen im Kampf ums Dasein irgendeine Bedeutung.
13. »In BRD-Schulen und -Gerichtssälen mussten Christliche Kreuze abgehängt werden, wie bereits im III. Reich. Eine evangelische Lehrerin darf heute keine Halskette mehr mit Kreuz tragen (Berliner Neutralitätsgesetz). Aber große Moscheen dürfen überall in der BRD gebaut werden.« – Welcher vernünftige Mensch kann diese Perversion des Rechtsstaats noch verstehen? Keiner! Die BRD wird zusammen mit ihren Gesetzen, wegen ihrer Gesetze und trotz ihrer, wenn auch gutgemeinten, Gesetze untergehen.

Sprachliste April 2017 – Teil 6

1. »Kanada gestattet 2017 seinen Bürgern den Konsum von Rauschgift.« – Warum? Damit Rauschgifthändler keine unmoralischen Geschäfte mehr machen können. Was ist das für eine Doppel-Moral? Die einen dürfen sich nun mit Rauschgift ins Unglück stürzen, aber die anderen werden vom unmoralischen Geldverdienen ferngehalten. Es ist die gleiche Moral, die Frau Merkel vertritt: Die geldgierigen Schleuser und Schlepper dürfen mit ihren seeuntauglichen Booten keine armen Flüchtlinge mehr übers Mittelmeer bringen. Aber die BRD-Regierung gibt nordafrikanischen Regierungen Geld, damit diese die Flüchtlinge zu deren angeblichem Schutz an der Überfahrt nach Europa hindern, in Wahrheit aber nur, um den Flüchtlingsstrom nach Europa zu begrenzen. Alles Doppelmoral. Jeder »anständige« Europäer lobt die Französische Revolution von 1789, aber keiner sieht die Guillotine! SPD, Linksintellektuelle und sogar der kath. Kardinal Marx rufen laut nach mehr sozialer Gerechtigkeit für die BRD – als wäre die BRD ein einziges Zwangsarbeitslager. In Wahrheit geht es BRD-Menschen und Flüchtlingen so gut wie nie – natürlich nicht allen, aber scheinheilige Sicherheitspolitiker betonen doch auch, dass es vollständige Sicherheit vor Terroristen nicht geben könne. Also gibt es auch nicht: Wohlstand für jeden einzelnen. Schicksalsschläge bleiben keinem erspart. Warum wird also die innere Zerrissenheit und Ungleichheit in der BRD-Bevölkerung durch Reden noch verstärkt? Damit die Linke alles doch noch besser machen kann! (natürlich ironisch gemeint)

2. »Arkansas« (Fluss und Staat der USA), Aussprache am Ende: »... o«. »Arkansas« (Stadt der USA), Aussprache am Ende: »... es« – DLF sagt mal so, mal so. An ihrer Unbildung wird die BRD zugrunde gehen, denn die Unbildung bezieht sich nicht nur auf die Sprache, sondern auf alle Wissenschaften.
3. »Demografischer Wandel« – auch Afrika erlebt einen »demografischen Wandel«: Es gibt dort immer mehr Afrikaner, die aber wegen Krieg und Armut alle nach Europa streben. Für Europa bedeutet »demografischer Wandel« hingegen immer weniger junge und immer mehr alte Menschen (alternde Bevölkerung). Junge Menschen gibt es nicht, weil Kinder ein Kostenfaktor für Eltern und den Staat sind: Frauen möchten außer Haus arbeiten oder werden dazu moralisch gezwungen, und der Staat muss Kitas bauen, weil Kinder aus ideologischen Gründen nicht mehr zu Hause erzogen werden sollen und dürfen. Die BRD hat heute schon keine fähigen Politiker mehr wie zu Adenauers Zeit. Im Übrigen kann es gar keinen demografischen Wandel geben, weder in Afrika noch in Europa: »Demografie ist die Wissenschaft von der Bevölkerung eines Landes oder der Erde.« Wissenschaft wandelt sich nicht. Auch z. B. Geografie, die Wissenschaft von der Erde (Erdkunde), wandelt sich nicht. Sie bleibt sich immer gleich.

Sprachliste April 2017 – Teil 7

1. »Alles muss gleich sein!« – Muss Musik bei der Trauerfeier für einen Menschen gleich sein der Musik bei einem Jazz-Konzert? Nein! Wer kulturelle Unterschiede nicht wahrhaben will, wird die Welt nicht verstehen. In einer Kirche darf kein Jazz gespielt und nicht geklatscht werden, bei einem Jazz-Konzert darf geklatscht werden, aber keine Kirchenmusik erklingen.
2. »Todesstrafe in den USA und in der Türkei.« – Kein EU-Politiker verurteilt die USA, die die Todesstrafe vollstrecken, aber alle verurteilen Erdogan, der die Todesstrafe wieder einführen will. Die Todesstrafe war in Europa bis vor wenigen Jahrzehnten gang und gäbe, z. B. bei den Kriegsverbrecherprozessen von Nürnberg, und in der DDR wurde sie erst 1987 abgeschafft. Wer kann diese Doppelmoral noch verstehen?
3. »Türkisch-stämmige Deutsche« – BRD-Medien und -Politiker wollen Türken zu Deutschen machen. Wie dumm sind Medien und Politiker? Die BRD hat leider keine Adenauers mehr, sondern nur noch Chaos-Politiker. Keiner kann kulturelle und rassische Herkunft eines Menschen nach nur wenigen Generationen ungeschehen und zugleich den zur Aufnahme gezwungenen Staat zur Heimat für Zuwanderer machen. Verletzt werden immer Gefühle der Ureinwohner und der Zugewanderten. Unterschiede bleiben lange, lange Zeit bestehen: Rassenstreit in den USA. Das müssten gerade BRD-Politiker wissen: Elsass-Lothringen, Böhmen, Polen, Südtirol, Schleswig, Russland-Deutsche, Juden. Der Gleichheitsfanatismus und das Unvermögen,

Unterschiede wahrhaben zu wollen, werden die BRD untergehen lassen. Die Politik des türkischen Präsidenten nimmt im DLF mehr Sendezeit in Anspruch als der BRD-Präsident.

4. »Kinder müssen Rechte erhalten.« – Dies fordert der BRD-Justiz-Minister. – Aber Kinder müssen erzogen werden, nur darauf haben sie einen Anspruch. Dies zeigte ein Erlebnis in einem Supermarkt: Eine Mutter ist mit ihren drei kleinen Kindern im Supermarkt, ihre Kinder turnen am Einkaufswagen. Mutter: »Wenn ihr hinunterfallt, bekommt ihr noch eine Tracht Prügel dazu.« Nur so werden Kinder zu lebenstüchtigen Menschen erzogen, aber nicht so wie der BRD-Justizminister es sich fälschlicherweise vorstellt. Auch ich wurde als kleines Kind von meiner Großmutter geprügelt, als ich unvorsichtig über die Straße gehen wollte. Etwas anderes als Prügel kann ein Kind noch gar nicht verstehen.
5. »Ist die BRD ein Polizeistaat geworden?« – Ehe der Flüchtlingsstrom in die BRD kam, war sie kein Polizeistaat. Am liebsten hätten die linken Politiker die Polizei ganz und gar abgeschafft. Jetzt aber gibt es Videoüberwachung auf öffentlichen Plätzen, starke Polizeieinsätze bei politischen Demonstrationen und Versammlungen, und in Personenzügen sucht die Polizei nach Verdächtigen (welche?), zusätzliche Polizeibeamte werden rekrutiert, Social Media Teams (Stasi?) werden aufgebaut. Alles nur deshalb, weil Frau Merkel und fast alle Politiker den Flüchtlingsstrom falsch beurteilt haben. Noch ist die BRD kein Stasi-Staat. Aber sie darf es auch nicht werden.

Sprachliste April 2017 – Teil 8

1. »Zentraler Grund ist …« – richtig nur: »Grund ist …« Was soll »zentral« bedeuten?
2. »Struktur« ist nichtssagend. – »Grundstruktur« ist die Sprache der BRD-Politiker.
3. »Studien haben ergeben, dass, …« – Früher sagte man: »Untersuchungen haben ergeben, dass …« »Studien« klingen salbungsvoller.
4. »Experten haben schon vorher gewarnt, dass …« – Kann man auch im Nachhinein warnen?
5. »Lehrlinge, Lehrer, Beamte fehlen, Babyboomer gehen in den Ruhestand! Die BRD braucht Zuwanderer aus aller Welt!« – Das sagt die BRD-Regierung. Aber keiner sagt: »Es fehlen Geburten in der BRD, wenn der Wohlstand aufrecht erhalten bleiben soll.«
6. »Deutschland, Europa und die Welt ändern sich täglich. Alle Menschen hoffen aber auf Beständigkeit, Frieden und Ruhe.« – Warum hoffen die Menschen vergeblich? Weil die Welt wie ein Kind ist! Zunächst existiert es gar nicht. Dann wird es geboren, es beschäftigt seine Eltern, seine Lehrer, seine Ausbilder. Es verändert sich jeden Tag, jedes Jahr aufs Neue. Es wird erwachsen und verändert sich bis zu seinem Lebensende. Also kann es keine Beständigkeit, keinen Frieden, keine Ruhe geben. Es gibt, so sagt Immanuel Kant, die ungeschriebenen Gesetze und Zwänge der Natur, niemandem bleibt der Kampf ums Überleben erspart. Auch den friedlichen BRD-Menschen nicht! Und Alexander Solschenyzin (1918–2008) sagt, dass Nationen den Reichtum der Menschheit bedeuten. Aber das Nationale, das

Vaterländische wird heute dem Chauvinismus gleichgesetzt. Alle kämpfen heute, auch die Kirchen, mit Verbissenheit, gegen die AfD, obwohl diese sich erst noch ein Wahlprogramm geben will. Warum? Weil diese Partei das Wort »Deutschland« in ihrem Namen führt? Auf den Koppelschlössern deutscher Soldaten stand einst: »Gott mit uns.«

7. »Wahlrecht für geistig Behinderte fordert eine SPD-Politikerin.« – Wenn geistig Behinderte wählen dürfen, wird Demokratie bewusst zerstört. Auch für die Gleichberechtigung gibt es Grenzen der Vernunft. Dass ein solcher Gedanke überhaupt in den Medien veröffentlicht wird, kann einem Demokraten angst und bange machen. Angst und bange wird einem Demokraten auch, wenn ein Massenaufgebot (10.000) von Scheindemokraten in Köln gewalttätig gegen eine kleine rechte Partei (AfD) vorgeht, die wiederum mit einem Massenaufgebot (1.000) von Polizei geschützt werden muss. Sollen doch Demokraten bei Wahlen mit einem besseren Parteiprogramm auftreten als Rechte und Linke! Dann sind Demonstrationen nicht nötig.

Sprachliste April 2017 – Teil 9

1. »Alles Erforderliche unternehmen, damit …« – Richtig: »Alles unternehmen, damit …« »Erforderliche« kann entfallen.
2. »Ausleihen« – richtig nur: »leihen«. »Leihbibliothek«, aber nicht: »Ausleihbibliothek«.
3. »Das Elsass, das ein Teil Frankreichs ist, wählt bei Präsidentschaftswahlen anders als die übrigen Franzosen.« – Warum? Weil die Geschichte dieses kleinen Landesteils die Wähler immer noch anders beeinflusst als die übrigen Franzosen. In der BRD wählt die Bevölkerung auf dem Land auch anders als die Stadtbevölkerung. Diese Gefühlsentscheidungen der Wähler verstehen BRD-Politiker nicht.
4. »Verlegen« – die deutsche Sprache ist sehr ungenau: Der Bodenverleger verlegt einen Boden. Das 18-jährige Mädchen schaut verlegen auf den Verleger, weil es ein Buch verlegt hat, das der Verlag verlegt hatte.
5. »Ella Fitzgerald, US-Amerikanerin, Jazz-Sängerin.« – DLF berichtet ausführlich über Herkunft und Talent der Sängerin, sagt aber nicht, dass ihr leiblicher Vater ein Neger war, der die weiße Mutter verlassen hat. Warum? Ist Neger oder Mischling zu sein, in der aufgeklärten BRD noch immer eine Schande, die verschwiegen werden muss? Sind nicht alle Menschen – ob weiß oder schwarz – gleich? Oder hat der DLF gerade deshalb die Hautfarbe verschwiegen, weil sie ohne Bedeutung ist? Die Körpergröße eines Künstlers wird doch auch nicht in Zentimetern angegeben. Oder hätte man die Hautfarbe nicht nennen müssen, um zu verdeutlichen, dass

auch Neger zu großen kulturellen Leistungen befähigt sind? Fragen ohne Antworten! Wann ist eine Rente/ Pension ein Gnadenbrot, aber wann ein Ehrensold? Auch eine Frage ohne Antwort.

6. »Die Rede des Politikers X fand ein positives und zugleich negatives Echo.« – Eine Rede kann nur *ein* Echo haben, denn wie man in den Wald hineinruft, so schallt es zurück (Volksweisheit). Echo ist ein Widerhall, Nachhall. Aber leider wird das Wort »Echo« in der Umgangssprache (nicht in der Sprache der Techniker) auch als »Reaktion auf etwas« verstanden.
7. »Ursachen der jetzigen Flüchtlingsströme: Religiöse und politische Gründe (Asylgrund), Armut, Angst im Krieg/Bürgerkrieg umzukommen.« – Fantasiebegabte BRD-Politiker schlagen vor, die Ursachen in den Herkunftsländern der Flüchtlinge zu bekämpfen. Soll die Bundeswehr in Syrien eingesetzt werden, um dort Frieden zu schaffen? Sollen deutsche Kolonialisten in Afrika die Wirtschaft entwickeln, weil die Afrikaner es immer noch nicht können?
8. »In der DDR wurde Luther teils als Vorläufer von A. H., teils als Fürstenknecht, teils als ehrenwerter Reformator dargestellt.« – Können BRD-Politiker große Deutsche, z. B. Ernst Moritz Arndt, immer ausgewogen darstellen? Warum sollen in Freiburg/Br. Straßennamen geändert werden, an denen jahrzehntelang keiner Anstoß genommen hatte?

Sprachliste April 2017 – Teil 10

1. »BRD-Außenminister Gabriel wollte sich anlässlich seines Staatsbesuchs in Israel auch mit Vertretern der sog. Zivilgesellschaft treffen, obwohl sie Gegner der israelischen Politik sind. Der israelische Ministerpräsident sagte deshalb das Treffen mit Gabriel ab. BRD-Politiker und fast alle BRD-Medien verurteilten diese Absage.« – Warum? Weil sie nicht verstehen können, dass man einen Staatsbesuch nicht missbrauchen darf, um Gegner des besuchten Staates aufzuwerten. Dies ist ein Verstoß gegen Etikette, gesellschaftliche Umgangsformen. Hätte der ehemalige Lehrer Gabriel gewusst, was die Emser Depesche war, hätte er sich nicht mit den Feinden seines Freundes getroffen, denn die Feinde seines Freundes dürfen nicht seine Freunde sein. In der BRD versteht das keiner mehr.
2. »Etabliertest« – Steigerung von »etabliert« (festmachen, gründen, sich niederlassen, Establishment) gibt es nicht.
3. »Verkauf am Platz«, »Verkauf am Ort« steht in deutscher Sprache auf elsässischen Werbezetteln. – Die blöden Deutschen sagen natürlich »vor Ort«.
4. »Ein Münzhändler wirbt für eine Münze, die die Dresdner Frauenkirche zeigt. Auf dem Werbezettel (nicht Flyer) wird ausführlich über die Zerstörung der Kirche und Dresdens am 13./14.2.1945 berichtet.« – Auf dem Werbezettel wird natürlich nicht geschrieben, wie viele Menschen in Dresden bei den Luftangriffen umgekommen sind. Warum nicht? Weil die Linken und die Rechten über die richtige Opferzahl zerstritten sind.

Die Linken wollen nur eine niedrige Zahl festgestellt haben, aber die Rechten eine hohe Zahl. Die Zahl ist also zum Politikum geworden. Die Deutschen sind unerträglich: es geht ihnen um Zahlen, aber nicht um die toten Menschen. In einen solchen Streit wollte sich der Münzhändler vernünftigerweise nicht hineinziehen lassen.

5. »Eine Politikerin sagt: Alle müssen sich auf den größten gemeinsamen Nenner einigen.« – Brüche kann man nur miteinander vergleichen oder zusammenzählen, wenn die Nenner gleich sind, auf die Größe kommt es nicht an. Rechnen: Fünf.
6. »Der Reisebus fährt die Sehenswürdigkeit X an.« – Richtig: »Der Reisebus fährt zur Sehenswürdigkeit X.«
7. »Die EU will die Sozialgesetzgebung in den EU-Staaten vereinheitlichen (z. B. Lebensarbeitszeit 60 oder 72 Jahre, Armutsrisiko für Mütter, Mindestlohn, soziale Standards).« Falls die EU diese Pläne verwirklichen sollte, bricht die EU auseinander, weil bei den unterschiedlichen Denk- und Verhaltensweisen in den Staaten eine einheitliche Sozialgesetzgebung gar nicht möglich ist. Die Unterschiede zwischen z. B. Griechenland und den nordeuropäischen Staaten sind zu groß.
8. »Der Papst soll den Dialog mit dem Islam festigen und wenn möglich vertiefen« (ein CSU-Politiker). – Wie inhaltsleer sprechen unsere Politiker!

Sprachliste Mai 2017 – Teil 1

1. »Eine Bildunterschrift lautet: Ausblick von der Moldau aus auf die Karlsbrücke in Prag.« – Richtig: »Blick von der Moldau auf die Karlsbrücke in Prag.« Richtig aber: »Vom Aussichtsturm hat man einen weiten Ausblick über das Tal Y.« Richtig auch: »Vom Turm aus hat man einen weiten Blick über das Tal Y.« »Blick« und »Aussicht« sind im Deutschen unterschiedlich zu gebrauchen. Deutsche Sprache ist sehr schwer.
2. »Über einen Bundeswehrsoldaten, sogar Offizier, der sich gegenüber Asylbehörden als syrischer Flüchtling erfolgreich ausgeben konnte, und über Asylbehörden, die ihn als Flüchtling anerkannt haben, zeigen sich die Medien erschüttert. Ist das noch eine souveräne deutsche Verwaltung und eine deutsche Regierung? Oder sind sie alle Getriebene?« – Über den Hauptmann von Köpenick soll sogar unser Kaiser gelacht haben. Vielleicht ist obiger Bundeswehroffizier ein gewiefter V-Mann oder Spion? Behörden und Regierung haben sich lächerlich machen lassen!
3. »Es sind erst ca. 75 Jahre seit dem Ende der Schrecken des WK II vergangen.« – Kann ein mit Vernunft Begabter verstehen, dass die Welt seitdem immer noch nicht friedlich geworden ist? Bleibt Mensch immer gleich Mensch? Homo hominem lupus? (Der Mensch ist dem Menschen ein Wolf). Kann man aus der Geschichte nichts lernen, wie es wirklichkeitsfremde BRD-Politiker immer wieder fordern? Vor und nach dem WK II wüteten Bürgerkriege zwischen Polen und Ukrainern und auf dem Balkan zwischen den

dortigen Völkern. Wer weiß davon? BRD-Politiker nicht.

4. »Millionen-Boni und -Gehälter für BRD-Manager.« – Gefühlsmäßig sind die Vergütungen zu hoch. Aber solange die Wirtschaft floriert, sind diese Millionen gut angelegt. Wer würde nicht allen BRD-Politikern gern das Doppelte zahlen, wenn diese doch nur endlich eine gute Politik machten? Also kein Neid an der falschen Stelle!
5. »Am 1. Mai fordern Gewerkschaften wie üblich höhere Löhne.« – Woher sollen diese aber kommen? Letztlich können sie doch nur dann bezahlt werden, wenn sie zuvor von Arbeitnehmern erarbeitet worden sind – von denselben Arbeitnehmern, die jetzt höhere Löhne fordern, aber nicht mehr leisten wollen. Inflationsgeld wollen Arbeitnehmer doch nicht.
6. »Deutsche Leitkultur« – dieses Wort und sein Inhalt sind gegenwärtig unter BRD-Menschen stark umstritten. Warum? Weil Deutsche seit Beginn ihrer Geschichte kein Maß kennen: Erst (missgedeutet) »Deutschland, Deutschland über alles ...«, aber jetzt gelten nur die anderen etwas, die Deutschen nichts mehr. In den USA heißt es neuerdings: »America first«, in Polen: »Noch ist Polen nicht verloren ...« Wegen des linken Fanatismus, der die Gefühle anderer Deutscher nicht anerkennt, wird die BRD scheitern, trotz Grundgesetz. Warum soll man die erste Strophe des Deutschlandliedes nicht singen? Es heißt doch im weiteren Text: »Wenn es stets zu Schutz und Trutze brüderlich zusammenhält.« Von Überheblichkeit keine Spur, wohl aber von der Bewahrung des Eigenen! »Leitkultur«? Leiten wohin, was leiten?

Sprachliste Mai 2017 – Teil 2

1. »Ticket« (engl.) – Eintrittskarte, Fahrschein, Flugschein, Fahrkarte (dt.).
2. »Wir müssen die Aufklärung vorantreiben.« (Politikerdeutsch) – Richtig: »Ich muss aufklären.«
3. »3. Mai, Tag der Pressefreiheit.« – Über die Untaten des NS-Regimes berichtet die Presse tagtäglich. Aber über die Untaten des Kommunismus höchst selten. Warum?
4. »These: Menschen, die am Ende des WK II und des NS-Regimes, also 1945, ca.10 Jahre alt oder älter waren, sind heute nicht so sehr militärfeindlich und nicht so sehr antivölkisch eingestellt, wie später geborene Menschen.« – Warum? Sie haben als Kinderspielzeug Soldaten und Panzer gehabt und glücklicherweise Bombenangriffe und Flucht überlebt und auch für ihre Lehrer war Deutschland noch der Mittelpunkt des Denkens. Die fanatische Umerziehung – weg von Deutschland – setzte erst später ein und erreichte i. J. 2000 ihren Höhepunkt. Dieser Höhepunkt löste ungewollt Gegenstimmen und Gegenreaktionen gemäß der uralten Erfahrung aus, dass alles, was übertrieben wird, in sein Gegenteil umschlägt. Auch ein Freund klassischer Musik kann nicht immer nur Beethoven hören.
5. »Der Reisebus fährt die Sehenswürdigkeit X an.« – Richtig: »Der Reisebus fährt zur Sehenswürdigkeit X.« Eine Sache anfahren bedeutet, sie beschädigen. Wenn aber der Chef den Lehrling anfährt, bedeutet dies: Er staucht ihn zusammen (mit Worten). Man darf sagen: »Das Schiff läuft den Hafen an.«
6. »Warum ist der reiche Kontinent Afrika immer noch

und immer wieder auf Entwicklungshilfe angewiesen?« – Diese Frage darf wegen political correctness und Toleranz und aus Respekt vor der Andersartigkeit fremder Menschen, besonders und gerade in der BRD, niemand ehrlich beantworten. Die Antwort würde den Glaubenssatz verletzen, alle Menschen seien gleich.

7. »Im Jahre 2015 erstickten ca. 70 Asylanten in einem Kühl-Lkw, der von Schleppern gegen Bezahlung organisiert worden war. Jetzt werden Schlepper und Helfershelfer von einem ungarischen Strafgericht verurteilt.« – Die wahren Täter waren aber EU-Behörden und alle Regierungen der EU-Staaten, die entscheidungsunfähig waren. Hätten sie entschieden: Wir nehmen alle Asylanten auf, wäre es nicht zum Tod der Asylanten gekommen, oder hätten sie, wie die australische Regierung, entschieden: Wir schließen unsere Grenzen und nehmen keinen Asylanten auf, wäre es auch nicht zum Tod der Asylanten gekommen. Die EU und ihre einzelnen Staaten sind nicht mehr entscheidungsfähig, deshalb können und wollen sie nicht mehr ihre eigenen oder gar fremde Interessen wahren und werden deshalb untergehen. Staats-Grenzen sind Zeichen einer wehrbereiten Wohlhabenheit, aber ihre Vernachlässigung ist Zeichen der Selbstaufgabe und des Niedergangs. Das gilt auch für bürgerliche Nachbarschaften (Grundstückseigentümer oder -mieter).
8. »Abkappen« – richtig nur: »kappen«.
9. »Überwiegende Mehrheit« – Mehrheit überwiegt immer. Gemeint ist: »deutliche Mehrheit«, z. B.: 70 % zu 30 % oder »überwältigende Mehrheit«.

Sprachliste Mai 2017 – Teil 3

1. »Ein BRD-Gericht entscheidet über Familienstreitigkeiten von Tunesiern nach deutschem Recht.« – Wie arrogant sind BRD-Richter! Eine Integration wird in der BRD nie gelingen.
2. »Zentrales Wahlversprechen« – richtig nur: »bedeutsames Wahlversprechen«.
3. »X debattiert den Gesetzentwurf« – richtig nur: »X debattiert über/spricht über den Gesetzentwurf«.
4. »Es läuft besser, als ich befürchtet habe.« (Kretschmann) – Was soll der Unsinn? Man darf doch nicht einen positiven Satz (es läuft besser) mit einem negativen Satz (befürchtet habe) verbinden oder gar vergleichen. Das Wort »besser als« soll doch in obigem Satz nicht die Steigerung von »befürchten« sein, sondern das Gegenteil von »befürchten«. Man muss sagen: »Es läuft besser, als ich gedacht habe.« Deutlicher wird der Unsinn bei folgendem oft gehörten Spruch: »Dank der Arznei sind die Schmerzen besser geworden.« Gibt es bessere und schlechtere Schmerzen? Richtig nur: »Dank der Arznei sind die Schmerzen zurückgegangen, sie sind nicht mehr so stark.«
5. »Gleichheit, Inklusion in der Schule« – ich habe keine »Gleichheit« in der SBZ/DDR-Volksschule bis 1951 (danach Berlin-West) erlebt. Meine Lehrerinnen waren alle »Fräuleins« (Anrede: »Fräulein X«) und meine Lehrer waren ehemalige Soldaten der Wehrmacht, auch der SED-Rektor. Leistung und Unterschiede wurden sichtbar gemacht: Vor der Rückgabe jeder Klassenarbeit mussten wir Schüler (Mädchen gab es nicht) uns

vorn im Klassenraum versammeln. Die Klassenlehrerin gab die Klassenarbeiten je nach Note der Reihe nach zurück und der beste Schüler musste sich – gleichgültig, wo er zuvor gesessen hatte – in die letzte Bank der Fensterreihe setzen, der zweitbeste setzte sich neben ihn usw. Der schlechteste Schüler saß nach Verteilung aller Arbeiten und Plätze in der Türreihe ganz vorn. Diese Sitzordnung änderte sich nach jeder Klassenarbeit: Die guten Schüler saßen abwechselnd je nach Leistung in der Fensterreihe, die schlechten in der Türreihe, die mittleren Schüler in der mittleren Reihe. Das Zusammengehörigkeitsgefühl in der Klasse nahm keinen Schaden. Jeder erkannte jeden an. »Mobbing« und »Respekt« gab es nicht. Der Westen wird an der Idee von der Gleichheit zugrunde gehen. Nichts in der Welt ist gleich. Alles ist unterschiedlich.

6. »Die BRD-Regierung gestattete den in der BRD lebenden Türken (ca. 1,5 Mio. waren wahlberechtigt), über die Einführung des Präsidialsystems in der Türkei abzustimmen. Aber über die Einführung der Todesstrafe sollen die Türken in der BRD nicht abstimmen dürfen, weil die BRD-Regierung befürchtet, dass die Türken für die Todesstrafe stimmen könnten.« – Ist die Einführung der Todesstrafe bedeutsamer als die Einführung eines Präsidialsystems? Und ist das Genehmigen zwar der einen Abstimmung, aber das Verbieten der anderen Abstimmung freiheitlich-demokratisch? Darf ein souveräner Staat, der sogar EU-Beitrittskandidat war oder noch ist, so schulmeisterlich behandelt werden? Am Verstand der Politiker ist zu zweifeln.

Sprachliste Mai 2017 – Teil 4

1. »X ist vor Ort seinen Verletzungen erlegen.« – Richtig: »X ist noch am Ort/am Tatort/am Unfallort/am Unglücksort/am Absturzort seinen …« Niemals: »vor Ort«. Es heißt auch »Ortstermin des Gerichts«, nicht: »Vorortstermin«.
2. »Würde des anderen respektieren.« (BRD-Politiker) – Richtig: »Den anderen achten.« Wer kann die Wörter »Würde« und »respektieren« heute noch hören? Von »Ehre« spricht keiner mehr. So schwülstig wie Politiker sprechen, so denken und handeln sie auch. Es geht ihnen immer um die anderen, nie um sich oder um Deutsche oder um Deutschland. Alles nur Größenwahn!
3. »Integration« (Neudeutsch) soll bedeuten: Flüchtlinge zu Deutschen machen. »integro« (lat.) = wiederherstellen, »integratio« (lat.) = Erneuerung. – Die ungebildeten BRD-Politiker kennen nicht mehr die lateinische Sprache, die Bestandteil der deutschen Kultur war. Die deutschen Flüchtlinge, die 1945 aus den deutschen Ostgebieten flohen oder vertrieben wurden, wurden im übrigen Deutschland »aufgenommen«, das Wort »integriert« wurde damals nie benutzt und wird auch heute in Bezug auf diese Flüchtlinge nicht benutzt. Im DDR-Deutsch wurden diese Menschen »Umsiedler« genannt. Das Wort »integer« bedeutet »unbescholten«. Warum sagen die des Deutschen nicht mehr mächtigen Politiker nicht z. B.: »Syrer einbürgern«. Nein, aus Renommiersucht (Angeberei) und um zu verschleiern, sagen sie »integrieren«, sie werden scheitern und die BRD mit ihnen, weil keiner weiß, was das Wort bedeu-

tet oder bedeuten soll oder in Zukunft bedeuten wird. Es ist ein Risiko.

4. »Verrohung und Kriminalität in der BRD-Gesellschaft wird von allen beklagt.« – Verrohung und Kriminalität werden zunehmen, weil Eltern ihre Kinder auch nicht mehr angemessen schlagen dürfen. Jede Strafe ist aber zugleich Abschreckung – und die gibt es in der BRD nicht mehr. Über die milde BRD-Strafjustiz lachen jugendliche Ausländer (»Das Ende der Geduld«, Kirsten Heisig, 2010).
5. »Die Ergebnisse der Wahlen spiegeln die Zerstrittenheit der Wählerschaft in der BRD wider. Keine Partei ist groß genug, um ohne Hilfe anderer Parteien eine starke Regierung bilden zu können.« – Warum? Weil keine Partei es wagt, für den Bürger auch negative Wahlprogramme zu verkünden. Es wird nur Wohlstand für alle versprochen. Über Pflichten spricht keiner. Und das glaubt kein Wähler mehr.
6. »Staat X hat Waffenlieferungen erhalten.« (DLF) – Richtig: »Staat X hat Waffen erhalten.« Ohne »-lieferungen«.
7. »Bundeswehr reformieren« (Verteidigungsministerin) – diese Frau ist größenwahnsinnig: Die *ganze* Bundeswehr reformieren? Das Wort »reformieren« ist inhaltsleer und irreführend wie das kommunistische Wort »Bodenreform von 1945«. Man konnte auch 1945 nicht den Boden reformieren.
8. »Zentral ist auch die Frage nach der Wahrheit des Glaubens.« – Richtig: »Im Mittelpunkt steht die Wahrheit des Glaubens.« Oder noch kürzer: »Was ist Glauben?« »Auch« ist falsch: Im Mittelpunkt kann nur *ein* Thema stehen. Bei »Frage« muss ein Fragezeichen stehen.

Sprachliste Mai 2017 – Teil 5

1. »Darf die BRD türkischen Soldaten, die aus politischen Gründen nicht mehr zurück in die Türkei reisen möchten, Rechtsschutz/Asyl gewähren?« – Ja, aber nur, wenn diese Soldaten rechtlich genauso wie andere Flüchtlinge behandelt werden und diese Soldaten keinen Umsturz/Putsch in der Türkei geplant haben, denn die BRD darf sich nicht in innerstaatliche Auseinandersetzungen anderer Staaten, die Türkei ist sogar ein NATO-Staat, einmischen, und die Verhandlungen über den Beitritt zur EU sind unverständlicherweise immer noch nicht endgültig beendet worden. Die BRD würde sich zum Unterstützer der Erdogan-Gegner machen und somit Partei gegen Erdogan ergreifen. Trotz ihres Zorns auf Erdogan darf sie dies völkerrechtlich nicht tun.
2. »In der Bundeswehr dürfen rechte Gedanken nicht geduldet werden.« (BRD-Regierung und -Medien) – Keiner will verstehen, dass Übertreibungen immer das Gegenteil des Gewollten bewirken: Als positiv gilt heute das Gedenken an die ermordeten Juden: Aus jedem Tag im Kalender wird ein Gedenktag gemacht (z. B. Wannseekonferenz, Befreiung von Auschwitz). Diese Einseitigkeit – an Bombenopfer, Vertreibung der Deutschen 1945 und DDR-Unrecht wird, da rechtslastig und daher negativ, selten erinnert – ist für das Selbstbewusstsein junger Männer, die suchen und sich erst selbst finden müssen, unerträglich. Auch die Willkommenskultur gegenüber Flüchtlingen war einseitig. Eliten verurteilen rechte Strömungen in Europa. Keiner

fragt nach deren Ursachen. Warum sind die ehemals großen Volksparteien (jetzt nur noch je ca. 35 % der Stimmen, Wahlbeteiligung nur noch ca. 60 %) keine Volksparteien mehr? Fragen, aber keine Antworten. Einseitigkeit wie in der DDR.
Sinnsprüche zu Vorstehendem: »Wenn eine Million Menschen an eine törichte Sache glaubt, bleibt es dennoch immer eine törichte Sache.« (Anatole France). »Tatsachen hören nicht auf zu existieren, nur weil sie ignoriert werden.« (Aldous Huxley).

3. »Extreme Ausnahmefälle« – was soll das bedeuten?
4. »Leistungen der Asylanten dürfen abgesenkt werden.« – Richtig: »Leistungen für Asylanten dürfen gekürzt/gesenkt werden.«
5. »Zwischenstopp« – zwischen wem? Die deutsche Sprache ist am Ende, gestoppt! Richtig: »kurzer Aufenthalt«, »kurze Pause«.
6. »Wenn vorhandene Räume (z. B. Dachböden) besser genutzt würden, müsste die Natur mit Neubauten nicht weiter zerstört werden.« (Grüne Politiker) – Sinngemäß bedeutet dies: Alle Menschen müssen vernichtet werden, damit die Natur leben kann. Und so wird die Menschheit wohl bald enden!
7. »Trächtige Rinder dürfen in Zukunft zum Schutz der ungeborenen Kälbchen nicht mehr geschlachtet werden.« (Badische Zeitung 18.5.2017) – Aber menschliche Embryos dürfen im Mutterleib zerstückelt werden. Bei diesem Irrsinn muss die BRD untergehen.

Sprachliste Mai 2017 – Teil 6

1. »Vor-Ort-Krankenhäuser« – Unsinn! Gemeint und richtig nur: »Krankenhäuser im Ort X/nahe dem Ort X/beim Ort X«.
2. »BRD-Politiker meinen, dass es in der Bundeswehr ›Rechte‹ gäbe, die aufgespürt werden müssten.« – Die durchgeführte Fahndung hat aber nichts Wesentliches ergeben. Sie hat aber gezeigt, dass BRD-Politiker 72 Jahre nach 1945 schon Angst haben vor dem kleinsten Hakenkreuz. Warum? Weil BRD-Politiker noch immer nicht wahrhaben wollen, dass der Mensch nicht nur in den Welten des Rechtsstaates oder der EU lebt, sondern dass er auch Gefühle hat, die er ausleben möchte: Begeisterung für einen mitreißenden, wenn auch unvernünftigen Politiker (Martin Schulz, SPD), für die eigene Heimatstadt, für Sportereignisse usw. BRD-Politiker sind nicht souverän, nicht selbstsicher. Ein Hakenkreuz ist für Politiker schlimmer als das schlimmste Ereignis, das sich gegenwärtig ereignen könnte. Dies alles ist so lächerlich. Über Hammer und Sichel spricht schon heute keiner mehr.
3. »Kirchliche und politische Eliten bejubeln noch immer die Aufnahme von Flüchtlingen in der BRD.« – In Wahrheit beschließt der Bundestag immer neue Gesetze, die die Ablehnung von Flüchtlingen offenkundig machen: »Gesetz zur besseren Durchsetzung der Ausreisepflicht.« Deutschland ist in sich zerstritten wie selten.
4. »Im Interesse der BRD-Gleichheitsfanatiker dürfen deutsche Lehrerinnen als persönlichen Schmuck im Unterricht keine Kreuze mehr tragen, denn auch mus-

limische Richterinnen dürfen bei Ausübung eines Amtes kein Kopftuch tragen.« – Der BRD-Staat ist schon so weit verkommen, dass er nicht mehr die Kraft aufbringt, allein das Tragen des muslimischen Kopftuchs zu verbieten, denn nur dies war ursprünglich gewollt – nun muss auch das Kreuz, an dem niemand Anstoß genommen hatte, darunter leiden. »Wenn kein Kopftuch, dann auch kein Kreuz«, sagen die Gleichheitsfanatiker! Es versteht sich von selbst, dass ein Christ, der eine Synagoge oder Moschee betritt, sich den dortigen Gepflogenheiten anpassen muss. Aber warum versteht es sich nicht von selbst, dass eine Muslima in der BRD eben auch nicht überall ihr Kopftuch tragen darf? Wegen ihrer Leisetreterei wird die BRD untergehen, aber der Islam siegen. Auf der Kuppel des Berliner Schlosses, das zurzeit wieder aufgebaut wird, wird es voraussichtlich kein Kreuz geben, weil das Schloss ein Haus der Kulturen ohne Hierarchisierung werden soll. Das christliche Kreuz darf anscheinend nicht überragendes Zeichen einer der vielen Kulturen sein, zumindest nicht auf der Kuppel des Humboldt-Forums, wie das Berliner Schloss wohl in Zukunft nur noch genannt werden darf. Kommunisten waren gegen das Kreuz, sie sprengten Berliner Schloss und Kirchen. Nun sind auch Demokraten gegen das Kreuz. Wo ist deutsche Leitkultur? Soll es sie nicht mehr geben? Seit 72 Jahren wird über das Lied der Deutschen gestritten: Darf man es singen oder nicht? Was ist so anrüchig an Text oder Melodie, dass es noch heute kritische und zustimmende Kommentare in den Zeitungen gibt (Badische Zeitung vom 20.5.2017)?

Sprachliste Mai 2017 – Teil 7

1. »Spanische und portugiesische Seefahrer eroberten ca. im 15./16. Jh. Teile von Amerika, Asien und Afrika. Sie werden heute von Europäern als böse Eroberer gescholten.« – Heute erobern Muslime und Afrikaner Europa, aber keiner merkt es und keiner will es wahrhaben. Sind alle Menschen gleich gut?
2. »Umfahren« (kurzes, betontes »u«), Bedeutung z. B.: »Verkehrsschild wird von Autofahrer umgefahren.« Aber »umfahren« (langes, betontes »a«), Bedeutung z. B.: »um etwas herumfahren.« – Deutsche Sprache sehr schwere Sprache.
3. »SPD spricht im BRD-Wahlkampf nur noch von unserer Republik.« – Von unserem Deutschland spricht keiner mehr. Die Sprache verrät alle und alles.
4. »Vor 150 Jahren beherrschten England und Frankreich die arabische Welt.« – Heute liefern die USA Waffen an arabische Länder, damit diese den Islamismus bekämpfen können und sollen. Europa beteiligt sich nicht einmal an Waffenlieferungen. Der Westen zieht sich überall vornehm zurück. Als der Schah von Persien noch regierte, war Persien westlich orientiert, aber deutsche Studenten kannten keinen größeren Feind als den Schah von Persien und demonstrierten sehr gewalttätig gegen ihn bei seinem Staatsbesuch in Berlin.
5. »Mutmaßlicher Autofahrer, der einen Fußgänger tödlich verletzte, wurde noch am Steuer seines Autos festgenommen.« – Rechte Täter werden von Medien nie als »mutmaßlich« bezeichnet.
6. »Vertiefung der Eurozone« – ist »Tiefe« oder »tief« ein

positives Wort? Es gibt das Wort »Untiefe«, das zwei gegensätzliche Bedeutungen hat: a) sehr tief, oder aber b) sehr flach. Was soll also »Vertiefung« bedeuten? Phrasen, nichts als Phrasen unserer Politiker.

7. »Die EU wollte alles vereinheitlichen und besser machen (Währungspolitik usw.).« – Nun zeigen sich aber Unterschiede zwischen den nord- und mitteleuropäischen Ländern einerseits und den west- und südeuropäischen Ländern andererseits (Griechenlandkrise usw.). Wann hört endlich der Gleichheitsfanatismus auf? Soll doch jedes Land nach seiner Fasson selig werden.
8. »Schaden liegt im unteren fünfstelligen Bereich.« – Kann man sich nicht etwas verständlicher ausdrücken?
9. »Im Mittelpunkt steht der Mensch« (Phrase der BRD-Politiker) – welcher Mensch ist gemeint? Der Arbeitgeber oder der Arbeitnehmer? Der Autofahrer, der im Stau steht, oder der Umweltschützer, der den Bau von Straßen verhindert? Das Opfer eines Terroristen, der aus humanitären Gründen nicht abgeschoben wurde, oder der Terrorist? Der Embryo, der abgetrieben wurde, oder der Arzt, der abgetrieben hat? Die Medien scheuen sich, die rassische Zugehörigkeit von Attentätern zu nennen, und betonen, dass der Täter in Europa geboren wurde. Auch A. H. sollte Opfer eines gutgemeinten Attentats werden. Die Täter wurden noch am selben Tag erschossen. Im Kirchlichen Amtsblatt Hannover vom 21.7.1944 hieß es dazu: »Dank für die gnädige Rettung des Führers.« Ist die Welt nicht ein Tollhaus?

Sprachliste Mai 2017 – Teil 8

1. »Demokratische Politiker haben anfangs Kommunismus und Faschismus falsch beurteilt.« – Heute beurteilen sie den Islamismus falsch. Ob Europa diesen dritten Fehler überleben wird? Das Volk der Dichter und Denker ging gewaltsam gegen Juden vor und wurde zum Volk der Richter und Henker. Heute verlangt Bundesfinanzminister Schäuble, die Gastfreundschaft der Muslime anzuerkennen und freut sich, dass der Islam Teil Deutschlands geworden ist, aber zum islamistischen Terror in der islamischen Welt und in Europa sagt er nichts. Frau Merkel verlangt, dass wir »weltoffen« sein sollen. Was soll dieses Wort bedeuten? Phantasten sprechen von »Gewaltfrei gegen Krieg und Terror!« (Ev. Kirchentag). Alle äußern sich erschüttert, wenn im militärischen Kampf gegen Terror ungewollt Zivilisten oder gar Kinder umkommen. Am liebsten würde man den Kampf gegen Terror einstellen, denn dann könnte man nichts mehr falsch machen und würde die anderen nicht mehr provozieren. Der Kampf gegen den islamischen Staat mittels Drohnen ist Friedensaposteln besonders suspekt. Alle eigenen Waffen sollten abgeschafft werden, dann hätten wir Frieden in der ganzen Welt (ironisch gemeint). Wenn doch die BRD-Politiker einsehen wollten, dass die Welt nur aus Unterschieden besteht: Ewiges Eis – Wüste, Länder mit Bodenschätzen, aber auch solche ohne Bodenschätze, gemäßigtes Klima, in dem die Europäer leben dürfen, aber auch Klimazonen, die das menschliche Leben sehr beschwerlich machen. Kein Mensch gleicht einem ande-

ren, sogar eineiige Zwillinge sind unterschiedlich. Aber für BRD-Politiker sind alle Menschen gleich. Diese Uneinsichtigkeit und Halsstarrigkeit drohen für Europa gefährlich zu werden.

2. »Grundlegende Prinzipien« – solch sprachlicher Unsinn zeigt den kulturellen Niedergang Deutschlands an.
3. »X sucht nach geeigneten Maßnahmen.« – Könnte X auch nach ungeeigneten Maßnahmen suchen?
4. »Insel X ist für Zugvögel eine Zwischenstation.« – Richtig: »Insel X ist eine Station oder ein vorübergehender Aufenthaltsort auf der Reise der Zugvögel.« Auch »Zwischenlandung« oder gar »Zwischenstopp« gibt es nicht. Richtig nur: »kurzer Aufenthalt«.
5. »Nur bei der Vorbereitung auf den Evangelischen Kirchentag 2017 stand Martin Luther noch im Mittelpunkt. Es gab eine Martin-Luther-Briefmarke. Aber während des Kirchentages war Martin Luther nur noch der Antisemit.« – Die Deutschen dürfen nur für oder gegen das sein, was den jeweiligen Eliten genehm ist. Antisemitismus, Islamophobie und Homophobie sind zurzeit »nicht in«. Also darf diese Geisteshaltung niemand vertreten, auch wenn er sie nur in der Vergangenheit vertreten hatte, in der ganz andere Weltanschauungen herrschten. Luther ist heute »out«. Diese Wechselpropaganda gab es in Bezug auf Martin Luther bereits im Dritten Reich und in der DDR. Warum nicht auch in der BRD? Allein ein schwarzer Südafrikaner stellte beim Kirchentag Luther als einen großen Kirchenmann heraus.

Sprachliste Mai 2017 – Teil 9

1. »X war auf Mithilfe angewiesen« – richtig: »X war auf Hilfe angewiesen« oder »X war auf die Hilfe von Y, aber auch auf die von Z angewiesen«.
2. »Der mittelalterliche Mensch betrachtete einen Friedhof als Zwischenstation zwischen Diesseits und Jenseits.« – Sprachlicher Unsinn: »... Zwischenstation zwischen ...«, dieses Doppel hätte dem Schreiber doch auffallen müssen. »Zwischenstation« gibt es nicht, aber »Station« (Haltestelle) und »Endstation«.
3. »Martin Luther pflegte einen abstoßenden Antisemitismus« (Monika Grütters, Staatsministerin für Kultur, 2017) – gibt es auch einen »nichtabstoßenden Antisemitismus«? Keiner fragt: Warum gab es in Europa jahrhundertelang Antisemitismus? Es müsste doch dafür eine Ursache gefunden werden können! Aber das darf wohl nicht erforscht werden? Man schweigt.
4. »Offen für alternative Weltanschauungen« – Das war der 36. Deutsche Evangelische Deutsche Kirchtag in Berlin und Wittenberg, der sich wenig um die evangelische Kirche sorgte und keinen evangelischen Aufbruch bewirkte. Über islamistische Bedrohung wurde nicht gesprochen, weil die Obrigkeit diese nicht wahrhaben will, sie passt nicht in ihre Weltanschauung.
5. »1992, also vor nur 25 Jahren, gab es auf dem Balkan, also in Europa, den Bosnien-Krieg mit Mord und Totschlag, ethnischen Säuberungen und Genozid.« – Was hat Europa aus diesen Geschehnissen gelernt? Nichts. Es kennt immer noch nur eine Vokabel: Toleranz gegenüber allem Fremden, aber nicht gegenüber dem

Eigenen. AfD verdient keine Toleranz. Terror in Afghanistan seit Jahrzehnten, aber auch in Europa. All das sind keine Anlässe für Europäer über den Schutz des Eigenen und über das Sosein der Menschen nachzudenken. Es bleibt bei inhaltsleeren Floskeln der BRD-Politiker und bei einem Strafgerichtsverfahren des Europäischen Menschenrechtsgerichtshofs in Den Haag gegen den Serbenführer Karadzic: 40 Jahre Gefängnis. Aber gibt es kein Umdenken der Europäer? Gerichtsurteile verändern die Welt nicht.

6. »In der BRD gibt es uneingeschränkt Datenschutz« – aber gibt es auch den Schutz der einheimischen Menschen vor islamistischem Terror?
7. »Am 31.5.2017 explodierte in Kabul die Bombe eines Terroristen und tötete ca. 100 Menschen.« – Die BRD-Medien erörtern insbesondere, ob afghanische Flüchtlinge, die nicht als Asylanten anerkannt worden sind, in ihre unsichere Heimat abgeschoben werden dürften. BRD-Menschen haben jede Beziehung zur Wirklichkeit der Welt verloren: Warum werden nicht auch z. B. alle Erdbebenopfer Asiens oder die Hungernden Afrikas eingeladen, in die BRD zu kommen? Hier würde es ihnen doch sehr viel besser gehen. Die medizinische Versorgung ist hervorragend. Aber in der Lokalzeitung steht, dass die örtlichen Krankenhäuser Asiatinnen in die BRD rufen, weil es nicht genügend BRD-Pflegekräfte gibt. Und wegen fehlender Haushaltsmittel ist sogar die Schließung von Krankenhäusern im Gespräch. Die BRD ist ein Tollhaus und wird scheitern.

Sprachliste Juni 2017 – Teil 1

1. »Bezahlte Gehälter« – Unsinn: Nur Leistungen werden »bezahlt«. Aber Gehälter oder Löhne werden »gezahlt« oder »ausgezahlt«.
2. »Die Zahl der Menschen ist angewachsen.« – Kann eine Zahl »anwachsen«? Nein, aber »steigen«: Die Zahl der Menschen/der Einwohner ist »gestiegen«. Aber ein abgetrennter Körperteil kann vielleicht wieder »anwachsen«.
3. »Gibt es einen neuen Antisemitismus in Europa?« – Vielleicht. Denn die friedliebenden Europäer wollen, dass Israel die Gebiete, die es 1967 im 6-Tage-Krieg erobert hatte, an die Palästinenser zurückgibt und dort keine israelischen Siedlungen baut. Diese Siedlungen stehen angeblich einer Zwei-Staaten-Lösung (Palästinenser-Staat und Israel) im Wege. Aber was kümmert die Europäer der Palästinenser-Staat? Muss sich Europa um alles in der Welt kümmern? Mögen die Israelis doch entscheiden, was sie für richtig halten. Europa hat mit sich selbst genug zu tun!
4. »Heimatregion« – Unsinn! Richtig nur »Heimat«. Die BRD-Menschen lieben nicht die deutsche Sprache, aber ausländische Wörter.
5. »Anmieten« – Unsinn. Richtig nur: »eine Wohnung mieten« (ohne »an«). Eigenartigerweise darf man aber sagen: »An- und Verkauf von Münzen«; »Kauf und Verkauf von Münzen« würde genügen. In der Sprache gibt es keine Logik, aber dennoch ihren richtigen oder falschen Gebrauch.
6. »Musikfestival ›Rock am Ring‹ am Nürburgring in der

Eifel.« – In diesem Satz wird richtigerweise 2 x »am« gesagt, aber nicht »vor Ring« oder »vor Nürburgring« wie »vor Ort«. Es heißt auch kurz: »Ortstermin des Gerichts«, aber nicht »Vororttermin …«.

7. »Vor 1914 haben europäische Kolonialmächte Afrika ausgebeutet und ausschließlich im eigenen Interesse Eisenbahnen gebaut. Heute finanzieren und bauen Chinesen als Entwicklungshelfer in Afrika Eisenbahnen und befördern den Wohlstand der Afrikaner.« (BRD-Medien) – Somit ist bewiesen: Eisenbahn ist nicht gleich Eisenbahn. Es gibt schlechte Eisenbahnen der ehemaligen Kolonisatoren, aber gute Eisenbahnen der heutigen Chinesen.
8. »In Karlsruhe ist eine Demonstration der Rechten und zugleich eine Gegendemonstration der Linken genehmigt und durchgeführt worden. DLF blendete in seine Berichterstattung politische Äußerungen der Linken ein, aber keine Äußerungen der Rechten.« – Darf ein öffentlich-rechtlicher Sender so unterschiedlich und unausgewogen berichten?
9. »Es gibt keine monokausale Ursache für …« – Oh, sind die Deutschen dumm geworden: »causa« (lat.) = Ursache. Es soll also keine einzige ursächliche Ursache für … geben?
10. »Am 26.6.2017 berichtete der DLF in seinen 8 Uhr- und in seinen 9 Uhr-Nachrichten an erster Stelle und sehr ausführlich über das Ramadanfest der Muslime. Erst danach wurde über deutsche politische Themen berichtet.« – Der Islam, unterstützt von BRD-Politikern, wird siegen über BRD und Christentum.

Sprachliste Juni 2017 – Teil 2

1. »Globalisierungsfanatiker glauben an eine universale Kultur, an nur noch *eine* universale Welt.« – Die Wahrheit ist eine andere: An der Grenze zwischen Schwarzwald und Rheinebene kämpft eine Brauerei für den Namen »Schwarzwaldbier«. Eine andere Brauerei macht ihr diesen Namen streitig, weil die Brauerei gar nicht im Schwarzwald liege. Es ist eben doch nicht egal, ob das Bier im Schwarzwald oder in der Rheinebene gebraut wird.
2. »Allgemeinste, komplexeste, diversifizierteste, allerextremste Fundamentalisten, fundamentaler Zweck, evidentest« – man kann alles übertreiben.
3. »Asyl, Integration, Toleranz, Akzeptanz, Datenschutz, Werte« – diese Wörter ersetzen heute politisches Denken. Sie dürfen nicht mehr in Zweifel gezogen werden. Kein Soziologe, kein Kirchenmann, kein Historiker, kein Humanist, kein Wirtschaftler und erst recht kein Jurist tritt heute vor die Öffentlichkeit und spricht über das Buch »Kampf der Kulturen« des Schriftstellers Huntington. Denn dieses wäre heute »Gotteslästerung«. Frau Merkel sagt nicht: »Meine Asylpolitik war falsch, sie führt letztlich zu Terrorangriffen und Unsicherheit nicht nur in der BRD, sondern in ganz Europa. Ich muss meine Politik ändern.« Frau Merkel bedauert nur mit Phrasen Terroropfer und deren Angehörige. Mehr fällt ihr nicht ein. Auch A. H. änderte seine Politik nicht, als sich 1942 abzeichnete, dass er den Krieg nicht mehr gewinnen würde. Afghanische Flüchtlinge, die gem. Gesetz und Recht in ihr Heimatland abgeschoben

werden müssten, werden nicht abgeschoben, weil Afghanistan kein sicheres Land sei. Aber ob die BRD für die Deutschen noch ein sicheres Land ist, steht bei BRD-Politikern gar nicht zur Debatte. Als A. H. 1939 den Krieg begann, zögerten die Westmächte nicht, Krieg zu führen. Kennedy beendete 1962 die Kuba-Krise. Heute ist Europa handlungsunwillig. Schmerzhafte Entscheidungen wagt keiner mehr zu treffen, und sie würden sehr schmerzhaft sein, wenn sie Erfolg für Europa haben sollen, denn man müsste dann Teile der eigenen Werte zunächst hintanstellen und Opfer bringen. Europa hat heute nicht die Kraft, z. B. Verhandlungen über den Beitritt der Türkei zur EU endgültig abzubrechen und Auftritte türkischer Politiker in Europa zu unterbinden. Die muslimische Bevölkerungszunahme wird zu muslimischer Militanz, und die Migration wird zum Zusammenprall der Völker nichtwestlicher Kulturen mit dem Westen führen (Kampf der Kulturen, 8. Aufl., S.189).

4. »Türkei verbietet BRD-Politkern Besuch eines Bundeswehrflugplatzes in der Türkei.« – Wann kapieren friedenssüchtige BRD-Politiker, dass Politik nur Kampf bedeutet, aber nichts anderes? Es helfen keine Gespräche oder Sanktionen, wenn die BRD überhaupt noch eigene Interessen durchsetzen will.
5. »Vergleichbare Alternative« – Ursula von der Leyen beherrscht die deutsche Sprache nicht: Das Wort »Alternative« (andere Möglichkeit) verträgt kein Attribut. Mit ihrem sinnlosen Wort meinte die Verteidigungsministerin einen anderen Flugplatz (s. o. Nr. 4.).

Sprachliste Juni 2017 – Teil 3

1. »Wenn ein Straßenbahnfahrer den Hitlergruß zeigt und Muslime und Afrikaner rassistisch beschimpft, wird der Täter vom Dienst suspendiert und der Vorgang untersucht.« (Badische Zeitung vom 8.6.2017) – Wenn Muslime in Europa terroristische Anschläge begehen, geschieht wenig – außer wortgleichen Trauerbekundungen für die Todesopfer. Leider wird der Islam von Europäern nicht als Gefahr erkannt. Er wird verharmlost, indem man einen guten Islam vom schlechten unterscheidet. Aber auch die guten Muslime sind Muslime und werden im Endkampf um Europa ihre kampfbereiten Glaubensbrüder unterstützen. Hat man im und nach WK II zwischen guten und schlechten Juden, guten und schlechten Kommunisten, guten und schlechten Nationalsozialisten, guten und schlechten Russen und Deutschen unterschieden? Nein! Glaube und Abstammung verbinden auf natürliche Weise die Menschen. Dies wollen BRD-Politiker nicht wahrhaben.
2. »Dem Präsident fehlt der Respekt« – zeigt der Präsident keinen Respekt gegenüber seinem Volk, oder aber zeigt das Volk keinen Respekt gegenüber seinem Präsidenten? So wird heute in der BRD gesprochen und geschrieben.
3. »In einem tierfreundlichen Zeitungsartikel heißt es, dass der Müll von Meerestieren gegessen wird und die Tiere am Müll ersticken.« – Die Zeitung macht keinen sprachlichen Unterschied mehr zwischen Menschen, die essen, aber Tieren, die fressen.
4. »Gesamtsumme« – »Summe« bedeutet schon Zusam-

menfassung von Summanden, also ist das Wort »Gesamtsumme« sinnlos.

5. »Alle sprechen unentwegt von der Maut, aber keiner spricht über den Bau neuer Straßen; ›Autobahn‹ darf man schon gar nicht mehr sagen. Es spricht auch keiner über die Kosten, die durch immer längere Staus verursacht werden.« – Ist die BRD noch handlungswillig und -fähig? Nein.
6. »Vor Ort« ist das Lieblingswort der BRD-Menschen geworden. Sogar deutsch sprechende Ausländer benutzen jetzt dieses falsche Deutsch. Engländer sagen z. B. auf Englisch: »You'll get information at the station«, aber auf Neu-Deutsch: »Auskunft vor Ort an der Tankstelle«. – Richtig z. B.: »Die Waffe wurde am Tatort gefunden.« Falsch: »… vor Ort gefunden.«
7. »Eine wunderschöne Meißner Vase ist ein ›Hingucker‹« (Neu-Deutsch). Soll die Vase hingucken? – Nein, die Vase ist ein Blickfang, denn sie fängt die Blicke der Kunstverständigen, sie zieht Blicke auf sich.
8. »Kadett, Olympia, Kapitän, Admiral, Diplomat« so lauteten bis ca. 1960 die Namen der Automodelle der Firma Opel. Heutige Namen: Corsa, Astra, Mokka, Insignia« – warum heute keine deutschen Namen?
9. »Die Bildungskonzeption Humboldts … offenbart zwei zentrale Wurzeln: …« – Was ist das für ein Unsinn? Jede Pflanze hat nur *eine* Wurzel und schon gar nicht: *»zentrale«* Wurzeln (Plural). Unüberlegt sagt man heute: »X hat ausländische Wurzeln.« »X ist Ausländer« darf man heute nicht mehr sagen. Und was soll eine »Bildungskonzeption« sein? Die BRD-Intelektuellen zerstören Deutschland. Sie haben keinen Verstand mehr.

Sprachliste Juni 2017 – Teil 4

1. »Verteidigungsgerät« – Quatsch! »Waffen« sind gemeint.
2. »Übertreibungen« – Napoleon und A. H. wären die erfolgreichsten Politiker der Neuzeit geworden, wenn sie nichts übertrieben hätten. Auch BRD-Politiker übertreiben: Die AfD würd es nicht geben, wenn BRD-Politiker nicht alles Deutsche schlecht redeten und den Islam nicht verharmlosten. Die gegenwärtige EU-Krise (BREXIT) gäbe es nicht, wenn die EU-Fanatiker die Eigentümlichkeiten der EU-Staaten geachtet hätten (Europa der Vaterländer). Radikale Linke in der BRD gäbe es nicht, wenn BRD-Politiker sich vor die »Kapitalisten« gestellt hätten: ohne Banken und ohne Privatunternehmer gäbe es heute keine so erfolgreiche Wirtschaft und keine hohen Steuereinnahmen. Ohne die verantwortungslose Aufnahme von »Flüchtlingen« durch Frau Merkel gäbe es keinen islamistischen Terror, keinen Polizeiüberwachungsstaat, keine Security, die alle BRD-Bürger jetzt hinnehmen müssen. Alle Menschen wären für einen maßvollen Umweltschutz, wenn auch notwendige Autobahnen gebaut würden, aber Saatkrähen, die in Wohngebieten unerträglichen Lärm verursachen können, schnellstens getötet würden. Alle Menschen würden den Rechtsstaat begrüßen, wenn die Gerichte nicht wie unfehlbare Götter, heilige Kühe und Heilsbringer von den Medien dargestellt würden. Auch Juristen sind nur fehlbare Menschen (Volksgerichtshof!).
3. »Was ist ein sicherer Staat, in den Flüchtlinge zurück-

geführt werden dürfen?« – Ein Staat, der seine Staatsbürger, die vorübergehend als angebliche Flüchtlinge in einem anderen Staat »Zuflucht« gefunden hatten, wieder zurücknimmt. Warum hat aber der aufnehmende Staat, z. B. die BRD, geglaubt, diese »Flüchtlinge« zunächst aufnehmen zu müssen? Jeder Staat ist für seine eigenen Bürger verantwortlich, denn er darf seine Verantwortung nicht auf andere Staaten abwälzen.

4. »Wieder wird von den Medien über die auch im Sommer gefährliche Fahrt von Flüchtlingen über das Mittelmeer berichtet.« – Die Medien sagen aber immer noch nicht, was mit den in Italien angekommenen Flüchtlingen geschieht: Bleiben sie in Italien, werden sie an die Küste Afrikas zurückgebracht oder werden sie auf andere EU-Länder verteilt? Wahrscheinlich bleiben sie in Italien. Das ist die einfachste und unspektakulärste Regelung. Aber wie lang lassen sich die Italiener diese Regelung zu ihren Lasten gefallen?
5. »Zum Schutz vor Terrorangriffen werden viele Überwachungssysteme in der BRD eingesetzt. Aber diese Systeme dürfen nach dem Willen der Linken nicht die Privatsphäre der Bürger verletzen (Datenschutz).« – Wer kann diesen nur halbherzigen Schutz verstehen? Gemeinnutz geht vor Eigennutz/Gemeinschutz geht vor Eigenschutz. Und was geschieht, wenn unter Verletzung des Datenschutzes ein Terroranschlag verhindert/nicht verhindert wird? Diese Frage kann kein Rechtschutzfanatiker beantworten.

Sprachliste Juni 2017 – Teil 5

1. »Eine von drei zentralen Forschungseinrichtungen befindet sich in X-Stadt.« – »Zentral« bedeutet: »in der Mitte befindlich«. Das Wort »zentral« ist in vorstehendem Satz überflüssig und irreführend.
2. »Feministinnen fordern Frauen auf, Männerberufe an den Schaltstellen der Wirtschaft zu ergreifen; Chefsesselposten! – Warum fordern Feministinnen im Gegenzug nicht Männer auf, Kinder zu wickeln? Kinder gibt es nicht.
3. »Hals-über-Kopf-Entscheidungen der Genossin Merkel: Aussetzen der Wehrpflicht, Atomausstieg, Aufnahme von Flüchtlingen, Ehe für alle.« – Alles zugunsten der SPD, alles zum Nachteil der CDU und der BRD. Über Cyberattacken gegen Parlament und deutsche Industrie macht sich die Physikerin Dr. Merkel keine Gedanken. Wie könnte sie auch? Wohin will sie die BRD führen?
4. »Zum Schutz der Natur wurden bereits Regelungen in der Weimarer Reichsverfassung und im Reichsnaturschutzgesetz von 1935 erlassen.« – Mit dem Schutz der Natur (»natura« lat. Geburt) gibt sich heute niemand mehr zufrieden. Es muss vielmehr sein: »Um*welt*schutz« ist Größenwahn. Aber Wölfe sollen im Interesse der Artenvielfalt in der BRD geschützt werden, auch wenn sie die Lämmer der Bauern reißen.
5. »Vor Ort und Stelle« – richtig nur: »an Ort und Stelle«.
6. »Sammelbettler der gleichen Sippe im Schwarzwald unterwegs.« – Gemeint sind Zigeuner, die vorgeben, für eine Wohlfahrtseinrichtung Geld zu sammeln. Die Polizei ermittelt.

7. »Hass im IT-Netz« – warum dieser Hass? Weil die Gegner der Merkel'schen Politik keinen anderen Weg mehr sehen, ihren eigenen politischen Gedanken Gehör zu verschaffen: Alle politischen Parteien und alle Medien vertreten nur die Politik von Frau Merkel. Einzige Ausnahme: AfD. Justizminister Maas will scharfzüngigen Kritikern den Weg ins IT-Netz versperren und verlangt Löschung von Hasssendungen im Netz.
8. »Der edelste Beweggrund ist das Gemeinwohl« (Wahlspruch) – das Wort »Gemeinwohl« ist heute ein unverständliches Fremdwort geworden, kein Politiker kennt es. Die gegenwärtigen Politiker kennen nur die undeutschen Wörter und Werte »Toleranz«, »Respekt«, »Antirassismus«, »sozial«. Mit diesen Werten kann man viel Gutes bewirken, aber in Not und Krisen reichen diese Werte nicht aus, um dem Gemeinwohl zu dienen, z. B. wenn das Rettungsboot nur zehn von zwölf Flüchtlingen aufnehmen kann.
9. »Obwohl nur ca. 46.000 homosexuelle Paare in der BRD eine Lebenspartnerschaft eingegangen sind (bei ca. 225.000 gleichgeschlechtlichen Paaren) und nur wenige von ihnen ein Kind adoptieren wollen oder können, weil gar nicht so viele Kinder zur Adoption freigegeben sind, gab es erbitterten Streit um das Adoptionsrecht und um den Namen »Ehe für alle«, es drohte eine Regierungskrise.« – BRD-Menschen sind heillos zerstritten, kennen nicht das Gemeinwohl, sondern nur sich selbst und ihren Wahn von der Gleichheit. Rote und Linke haben das Heft fest in der Hand: Homos sind Heilige!

Sprachliste Juli 2017 – Teil 1

1. »Fahndungsmaßnahmen« – richtig nur: »Fahndung«.
2. »Bald nach dem Tode von Helmut Kohl wollte der Straßburger Oberbürgermeister Ries die Fußgänger- und Radfahrerbrücke über den Rhein zwischen Straßburg und Kehl zur Ehre des Altkanzlers nach Helmut Kohl benennen. Der Kehler Oberbürgermeister Vetrano (italienischer Abstammung), CDU, SPD und Grüne hatten jedoch keine Eile mit einer Entscheidung und vertagten sich auf die nächste Ratssitzung.« – Selbst ein Kanzler, der bescheidenerweise über seine politischen Erfolge gesagt hat, er habe Fortune gehabt, genießt bei Deutschen keine Anerkennung, wohl aber bei Politikern Europas, sogar Russlands und der Welt. Warum? Weil ein großer Teil der Deutschen wohl doch lieber nach 1989 eine andere Republik gehabt hätte als die BRD. Aber welche Republik? Eine linke, gleichgeschaltete? Straßen und Plätze werden in der BRD nach Karl Marx, Rosa Luxemburg, Karl Liebknecht und Willy Brandt benannt, aber nicht nach Adenauer und Kohl. Die BRD heute ist nicht mehr das Deutschland zur Zeit Kohls. Warum? Damals wollte der Westen sich noch mit Atomwaffen gegen den Kommunismus verteidigen. Heute traut er sich wegen der falschen Ideologie der Gleichheit nicht mehr, sich der waffenlosen »Flüchtlinge« aus Afrika und Nahost zu erwehren. Europa geht unter. Das Christentum wird in Afrika und Nahost vom Islam bekämpft. Der Westen lässt alles geschehen.
3. »Heftiger Streit unter strenggläubigen und weniger strenggläubigen Juden über den zu beachtenden Ritus

beim Beten an der Jerusalemer Klagemauer. Neue Bewegung eines liberalen Islam in der BRD wird heftig von strenggläubigen Muslimen abgelehnt.« – Wenn der BRD in ihrem Gleichheitswahn alles *gleich*gültig ist, dann muss sie hinnehmen, dass sich in der BRD verschiedene islamische Glaubensrichtungen bekämpfen. Sie darf nicht für oder gegen die eine oder andere Glaubensrichtung eintreten, sie muss die eine vor der anderen schützen, um einen Religionskrieg in der BRD zu verhindern. Mit dem Wort »diskriminieren« wird jedes »Andersdenken« zunichte gemacht und dem Nihilismus das Tor geöffnet. Jedes Beispiel hinkt, aber man bedenke: In einem Fertigungsbetrieb müssen alle Ingenieure und Lehrlinge am gleichen Strang ziehen, damit Produkte das Werk verlassen und verkauft werden können. Unterschiedliche Gebetszeiten und Feiertage sind hinderlich. Diesen gleichen Strang muss es auch im Staat geben, wenn er inneren Frieden und Bestand haben will.

Sprachliste Juli 2017 – Teil 2

1. »Frieden schaffen ohne Waffen« – dieser Satz ist Unsinn! Warum? In der BRD wurde um das Jahr 2000 die Polizei schlecht geredet und die Zahl der Beamten verringert. Seit dem Flüchtlingschaos 2015 mutiert die BRD zum Polizei- und Überwachungsstaat (im positiven Sinne, da notwendig, es gibt wieder Grenzkontrollen, schwerere Strafen), weil bei den vielen Ausländern, fremden Religionen und den vielen linken und roten Anarcholiberalen, die nicht im Parlament, sondern auf städtischen Straßen Wirtschaftspolitik machen, ein sicheres Leben für Ureinwohner gar nicht mehr möglich erscheint. Kein BRD- und kein EU-Politiker weiß, wie man der Ungleichheit zwischen alten und neuen Bürgern gerecht werden soll. Keiner will, ehrlich gesagt, die Neubürger behalten oder gar neue aufnehmen, z. B. »Flüchtlinge«, die zwar gar nicht aus ihrer Heimat vertrieben werden, aber trotzdem von Afrika nach Italien kommen. Keiner wagt, sie abzuweisen. Es zeigt sich eine Kluft zwischen einerseits den europäischen Völkern, die keine Flüchtlinge aufnehmen wollen, und andererseits den Regierungen dieser Völker, die sich aus ideologischen Gründen nicht trauen, »Flüchtlinge« zurückzuweisen. Sogar Medien, die zunächst nicht laut genug »Willkommen« schreien konnten, sprechen jetzt ehrlich über unterschiedliche Sichtweisen der Regierungen einerseits und ihrer Völker andererseits. Das Chaos in der BRD und in der EU ist programmiert. Auch auf kleineren Politikfeldern ist Demokratie gescheitert: Schulpolitik, Dieselskandal.

Da Politiker wiedergewählt werden wollen, werden sie ihre bisherige Flüchtlingspolitik ändern müssen. Auch alle kommunistischen Staaten änderten sich ab ca. 1990 gezwungenermaßen. Das für die Ewigkeit gedachte hehre kommunistische Salbadern von Marx, Engels, Lenin, Stalin ist Geschichte geworden. »Wir leben im dauernden Widerspruch.« (Thomas Waldenspuhl, Förster im Nationalpark Schwarzwald. Badische Zeitung vom 3.7.2017)

2. »DLF sendete einen Satz in englischer Sprache, in dem das englische Wort ›essential‹ vorkam. Die DLF-Sprecherin übersetzte das Wort ins Deutsche mit ›zentral‹.« – Wann wird die BRD an ihrer Unbildung zugrunde gehen?
3. »Ausschuss« – a) Haushaltsausschuss des Bundestags oder b) Ausschuss bei der Produktion von X? Oh, deutsche Sprache, wie bist du doppeldeutig! England, du hast es besser.
4. »Netzwerksdurchsetzungsgesetz« (Name eines am 30.6.2017 beschlossenen Gesetzes gegen Hass im Internet, das aber wenige Tage später schon wieder geändert werden soll).« – Der Name des Gesetzes und die gewünschte Änderung machen deutlich, wie tief der Rechtsstaat gesunken ist.
5. »Ferner müssen die zu klärenden Fragestellungen zuvor im Tierversuch vorgeklärt worden sein.« (Die Tagespost vom 4.7.2017) – Wer diesen Satz versteht, ist nobelpreisverdächtig.

Sprachliste Juli 2017 – Teil 3

1. »Konfetti im Deutschen Bundestag nach der Abstimmung über das Gesetz ›Ehe für alle‹.« – Dieses Konfetti ist die Entwürdigung des Bundestags und der Anfang vom Ende der Demokratie. Der Bundestag ist zur Fastnachtsveranstaltung verkommen. Hat der Bundestagspräsident dieses Verhalten verurteilt?
2. »Durchwunken« (Die Tagespost vom 4.7.2017) – gemeint ist: »durchwinkten« oder »haben durchgewinkt«.
3. »Wenn das Gesetz ›Ehe für alle‹ nicht vom BVerfG für verfassungswidrig erklärt wird, können Araber ihre zweite oder dritte Ehefrau in die BRD mitbringen und die BRD kann zahlen, zahlen, und den Islam hoffähig machen.« – Dann ist die BRD ein anderer Staat geworden. Und genau das wollen unsere Politiker. Eine Verweigerung des Zuzugs der zweiten oder dritten Ehefrau wäre Diskriminierung des Islam. Und das darf keiner mehr wollen.
4. »Die Medien berichten über Gewalttaten nur der Rechten, obwohl der Verfassungsschutzbericht die Gefahren von links viel höher bewertet, und beim G 20-Treffen in Hamburg werden sich nur die Linken gewaltbereit zeigen. Bundeswehrsoldaten sollen sich in der Öffentlichkeit nicht in Uniform zeigen, um Linke nicht zu provozieren. Die Deutsche Bahn transportiert Linke von Süddeutschland nach Hamburg.« – Die BRD hat seit ca. 70 Jahren dank von Waffen äußeren Frieden. Warum keinen inneren Frieden? Weil die BRD Freiheit, Gleichheit, Brüderlichkeit höher bewertet als Blut,

Schweiß, Mühsal und Tränen (Churchill). Beide, Merkel und Schulz, werden mit ihren politischen Ansichten scheitern. Mit ihrer Flüchtlingspolitik und mit ihrer G 20-Wirtschaftspolitik und bei Aufrechterhaltung von Sicherheit und Ordnung in Hamburg sind sie bereits gescheitert.

5. »Ob X Erfolg haben wird, ist offener denn je.« – Eine Steigerung von »offen« gibt es nicht: eine Tür ist »offen« oder »geschlossen«, nicht »offener« oder »geschlossener«.
6. »Alle Politiker stellen erschüttert fest, dass es nicht genügend bezahlbare Wohnungen in der BRD gibt, obwohl die Bevölkerungszahl zurückgeht.« – Die Gründe für den Wohnungsmangel sind noch nicht genannt worden. Ein Grund ist vielleicht, dass die Grünen in ihrem Umweltwahn einen »Flächenverbrauch« verhindern wollten: Besser keine Wohnhäuser und keine Straßen als zubetonierte Flächen? Nur Nachverdichtung ist noch möglich. Der Mensch steht zwar im Mittelpunkt, er interessiert aber die Politiker nicht, es sei denn, er ist Flüchtling. Aber auch diese interessieren jetzt nur noch am Rande.
7. »Trendwende« – »Wende« genügt.
8. »Trolley Koffer« – richtig: »Roll-Koffer«.
   »Trolley« (engl.) = Karren.
9. »Das Fest beginnt ab 13 Uhr« – falsch. Richtig nur: »Das Fest beginnt (um) 13 Uhr, die ersten Gäste werden aber schon ab 12 Uhr erwartet.«

Sprachliste Juli 2017 – Teil 4

1. »Rettungsgasse und Rettungsfahrzeuge auf Autobahnen bei Unfällen.« – Natürlich sind immer Autofahrer schuld, die keine Rettungsgasse bilden. In Wahrheit sind aber Linke und Grüne schuld, die den Bau neuer Straßen verhindern, obwohl die Staus immer länger und häufiger werden und somit das Unfallrisiko steigen lassen.
2. »Barmherzigkeit für Wölfe ist Unrecht gegen Schafe« (Niederländisches Sprichwort) – solche Sprichwörter kennt heute kein Grüner mehr. Sie sind aber wahr.
3. »Hamburger, die Opfer der bürgerkriegsähnlichen Ausschreitungen der links-autonomen Gegner des G 20-Gipfels geworden sind, sollen mit 40 Mio. großzügig entschädigt werden.« – Warum? Weil Stadt Hamburg und BRD verantwortlich sind für die Schäden, und weil die BRD schlecht syrischen Bürgerkriegsflüchtlingen großzügig helfen kann, aber nicht den Hamburgern, außerdem stehen Wahlen an, und die Bürger sollen keinen Grund haben, nicht zur Wahl zu gehen.
4. »DLF berichtet in vielen Sendungen öfter über Juden und deren Schicksal im III. Reich als über das Schicksal der Deutschen nach 1945.« – Wissen die Programmgestalter nicht, dass Übertreibungen genau das Gegenteil vom Gewollten bewirken?
5. »Vorausahnen« – dieses Wort gibt es nicht. Es gibt nur »ahnen«, gleichgültig, ob das Geahnte in der Vergangenheit, Gegenwart oder Zukunft liegt.
6. »Autonome und ihre Unterstützer sagen: Nur keine Staatsgewalt, das führt zu noch mehr Gewalt.« – Ja, der

Staat soll sich unterwerfen. Aber das führt zum Untergang der BRD. Das Wort »Staatsgewalt« ist heute verpönt und darf nicht mehr verwendet werden.

7. »Die BRD fordert freien Handel zwischen den Staaten.« – Aber die BRD sichert selbst ihre eigenen Interessen, indem sie deutsches Know-how und deutsche Firmen vor einem Verkauf an ausländische Unternehmen, die nicht ihren Sitz in der EU haben, schützt.
8. »DLF berichtet, dass in wenigen Jahren die Zahl der Lehrer und der Schulen nicht mehr ausreichen wird, weil die Zahl der Schüler in der BRD sehr stark steigen wird.« – Der verschwiegene DLF sagt aber nicht, woher denn diese Schüler urplötzlich kommen. Von deutschen Müttern doch wohl nicht? Sind es also afrikanische oder syrische Kinder? Aber warum sollen deutsche Lehrer diese fremden Kinder in der BRD unterrichten? Dafür ist doch deren Staat zuständig? Ist das die neue Entwicklungshilfe? Die BRD-Regierung wollte doch die Fluchtursachen in den Heimatländern der Flüchtlinge bekämpfen. Aber nun wird ganz anders gehandelt?
9. »Alle DRR-Symbole darf man in der BRD zeigen, aber NS-Symbole nicht.« – Wer kann diese Doppelmoral verstehen? Nur die Linken! Wo ist die Gerechtigkeit, die Gleichheit?

Sprachliste Juli 2017 – Teil 5

1. »Wenn ein Mann etwas ganz Blödsinniges tut, so tut er es immer aus den edelsten Motiven.« (Oscar Wilde) – Übertragen in die heutige Zeit lautet der Spruch: »Wenn die Bundeskanzlerin etwas ganz Blödsinniges tut (Öffnung der Staatsgrenzen für 1 Mio. sog. Flüchtlinge), dann tut sie es immer aus den edelsten Motiven (humanitäre Hilfe).«
2. »Verteidigungsbereich« (DLF) – heute darf niemand mehr »Bundeswehr« oder »Militär« sagen. Die Bundeswehr darf auch nicht gegen Gewalttäter eingesetzt werden. Der Rechtsstaat zerstört sich selbst.
3. »Ein Arbeiter, der in der BRD Eisenbahntunnel baut, erklärt, warum die Fertigstellungstermine nicht eingehalten werden können: Sobald eine Kröte beim Bau gefunden wird, muss die Kröte mit ihren Anverwandten umgesiedelt werden.« – Früher haben die Deutschen sechs Millionen Juden vergast, heute darf keine Kröte zu Schaden kommen.
4. »Die vielen Äußerungen der BRD-Regierung, Parteien, Medien und Leserbriefschreiber zu den außerordentlichen und bedeutsamen Themen wie ›Ehe für alle‹ und ›gewalttätige Ausschreitungen in Hamburg‹ zeigen, wie Staat und Gesellschaft je für sich zerrissen und gespalten sind.« – Ob Staat und Gesellschaft noch einmal ihren inneren Frieden finden werden oder werden sie zerbrechen? Mit Angela Merkel ganz gewiss nicht. Sinnspruch: »So ist des Lebens Zauberspiel, erjage dir nicht gar zu viel, weil von dem Glücke dieser Welt das meiste in das Wasser fällt.« (Georg Plischke).

5. »SPD-Politikerin setzt sich für den Erhalt der Vielfalt von Insekten ein und verurteilt die Verwendung von Unkrautvernichtungsmitteln, die auch Insekten schaden.« – Für menschliche Embryos setzt sich keiner ein.
6. »Am 15.07.2016 scheiterte ein Putschversuch in der Türkei.« (DLF) – In der Türkei ist aber gar nicht der Versuch, einen Putsch durchzuführen, gescheitert, sondern erst der Putsch selbst ist gescheitert. Der Versuch, einen Putsch zum Erfolg zu führen, hat sehr wohl stattgefunden. Auch das Attentat vom 20.07.1944 ist gescheitert, aber der Versuch hat stattgefunden. DLF kann nicht mehr deutsch sprechen.
7. »Die EU will verhindern, dass die Türkei die Todesstrafe wieder einführt.« – Warum will die EU die Wiedereinführung verhindern? Darauf gibt es keine Antwort. EU-Staaten verhindern mit Pille und Abtreibung doch sogar ihren eigenen Fortbestand. Die Türkei wird auch nach Wiedereinführung der Todesstrafe einen Bevölkerungszuwachs haben. Und haben nicht früher alle Europäer auch die Todesstrafe vollstreckt?
8. »Autonome und ihre linken Unterstützer sagen: Nur keine Staatsgewalt, das führt zu noch mehr Gewalt.« – Wenn diese Meinung sich durchsetzt, ist die BRD am Ende.

Sprachliste Juli 2017 – Teil 6

1. »Konservatives Denken: Autorität, Hierarchie, Unterordnung der Rechte und Interessen des Einzelnen unter den Staat, Wichtigkeit des Konsenses, Vermeidung von inneren Konflikten, protestantisches Arbeitsethos.« – Demgegenüber stehen: Freiheit, Gleichheit, Demokratie, Individualismus, Menschenrechte. Beide Denkschulen werden scheitern, wenn sie übertrieben werden. Zurzeit wird im Westen der Individualismus übertrieben. Die Folgen der antiautoritären Erziehung zeigen sich jetzt: 20- bis 30-jährige Deutsche sind unerzogen und gewaltbereit. Die Tageszeitungen sind voller Berichte über Gewalttaten auf öffentlichen Plätzen. Was wäre wohl aus mir geworden, wenn ich keinen strengen Vater gehabt hätte und ich nicht aus Angst vor ihm manche Ungezogenheit unterlassen hätte? Autorität = auf Leistung oder Tradition beruhender Einfluss einer Person oder Institution. Autoritär ist nur das Negative, das Übertriebene der Autorität, z. B. autoritäres Regime. Antiautoritär müsste sprachlich das Gegenteil von autoritär bedeuten, es bedeutet aber heute: missbrauchte Autorität wie auch schon das negative Wort autoritär. Auctor (lat.) = u. a. Ratgeber. »Auctoritas« (lat.) = u. a. Vorbild.
2. »An Gebäuden der BRD-Ministerien in Berlin sollen gem. den Wünschen der Linken am Christopher-Street-Day (22.07.) Regenbogenflaggen gehisst werden.« – Damit wird deutlich: Der Staat steht nicht mehr als Ordnungsmacht über innerstaatlichem Streit, sondern die Linken reklamieren den Staat für sich. Der Staat ist

zur Beute der Linken geworden. Der Staat ist nicht mehr der Staat aller Staatsbürger, sondern nur noch der Staat der Linken, alles andere ist zweitrangig. Homosexualität ist weltpolitisch, wirtschaftlich und militärisch ohne Bedeutung und man fragt sich, wie Politiker Homosexualität zu einer Gewissensentscheidung, zu einer Verfassungsfrage und zum Mittelpunkt ihres Denkens machen können. Für die BRD ist das Fehlen von Lehrlingen bedeutsam, aber auch die Homosexualität einiger weniger. Früher gab es Militärparaden, 1. Mai-Aufmärsche, Demonstrationen für die Wiedervereinigung, aber heute nur noch Homoparaden! Auch diese werden sich überleben. Aber ob die BRD überleben wird?

3. »Menschenrechte und andere Streitfragen sind von zentraler Bedeutung.« – Das Wort »zentral« ist ein nichtssagendes Wort, das nur Schwätzer verwenden. Vielleicht soll es bedeuten: »von großer Bedeutung«?
4. »Die Sorge um alte Menschen hat einen hohen Stellenwert.« – Was ist ein »Stellenwert«? In vorstehendem Satz ist es Unsinn, aber es ist auch ein mathematischer Begriff.
5. »Unter Mithilfe von ...« – Richtig nur: »Mit Hilfe von ...«.
6. »Unter Mitwirkung von ...« – Richtig: »Mit Wirkung vom ... tritt das Gesetz in Kraft« oder »Mit Unterstützung von ...«.
7. »X spielt *eine* Hauptrolle im Theaterstück X.« – Richtig nur: »X spielt *die* Hauptrolle im Theaterstück X.« Zwei Hauptrollen gibt es nicht.

Sprachliste Juli 2017 – Teil 7

1. »Die Verteidigungsministerin schritt ein Gedenken von Rekruten ab.« (Badische Zeitung 21.7.2017). – Was soll das sein? Gemeint ist: Die Verteidigungsministerin schritt die Front der Rekruten ab und die Rekruten legten ihr Gelöbnis ab.
2. »Delta Airlines« – DLF sagt in seinem Englischwahn und wegen seiner Verachtung der deutschen Sprache: »Dilta Airlines«. – Im Deutschen und Englischen ist die Aussprache »Delta …«.
3. »Vor Ort« – Auch im Schweizer Fernsehen heißt es leider: »vor Ort« statt richtig »am Ort«.
4. Auf einem Autobahnrastplatz in der Schweiz steht ein Schild mit der Aufschrift »Meeting Point«. – Warum sagen die Schweizer nicht »Treffpunkt«?
5. »Abfotografieren« – »fotografieren« genügt.
6. »Strafmaßnahmen« – »Strafen« genügt.
7. »Abstrafen« – was soll das bedeuten?
8. »Luther war ein Mitbetreiber der Reformation« – ohne »Mit-«.
9. »Die Justiz entscheidet in der BRD über Fahrverbote für Dieselfahrzeuge in Städten.« – Wann wird die vollziehende Gewalt in der BRD endgültig abgeschafft? Wir wollen doch alle nur noch den Rechtsstaat, nur noch die dritte Gewalt – ohne gesetzgebende und vollziehende Gewalt. Warum hat nicht wenigstens die Kommune über das Fahrverbot entschieden?
10. »Wir beschissen ehrlich!« – Dies sagte in ihrer Mundart die Kassiererin in einem Großmarkt, nachdem ein kleines Missverständnis zwischen ihr und einer Kundin

beigelegt worden war. Alle umstehenden Kunden lachten laut. Ach, wenn doch nur alle Menschen bei Missverständnissen so sprechen und handeln könnten!

11. »Minderheiten dürfen in der BRD nicht diskriminiert werden.« – Wohl aber Rechtsradikale, obwohl diese auch eine Minderheit sind.
12. »Linke sind gegen den Bau von Straßen, Schienenwegen und Kanälen.« – Warum? Diese Verkehrswege sind notwendig für die Industrie, aber Linke wollen keine Industrie, sie wollen das Paradies auf Erden wie zu Evas und Adams Zeiten.
13. »X kam durch einen Motorradunfall ums Leben.« – Richtig: »X kam bei einem Motorradunfall ums Leben.«
14. »Die Beziehungen zwischen A und B müssen vertieft werden.« – Sollen die Beziehungen zu einem Tiefpunkt gebracht werden? Richtig nur: »… müssen verbessert werden.«
15. »Eine Studie hat ergeben, dass …« – »Studie« klingt so wissenschaftlich, in Wahrheit ist es nur *eine* von vielen möglichen Untersuchungen gewesen, die keiner wissenschaftlichen, universitären Prüfung standhält. Eine andere Untersuchung könnte zu einem anderen Ergebnis kommen. Sog. »Studien« kommen nur von linken Stellen.

Sprachliste August 2017 – Teil 1

1. »Der Zeitgeist der Europäer sehnt sich nach Einheit, Harmonie und Versöhnung.« – Aber diese Sehnsucht wird enttäuscht: von Bürgerkriegen in Südamerika, in der Ukraine, in Syrien; von einem US-Präsidenten, von dem niemand weiß, was er letztlich will; von einem Europa, von dem sogar Europapolitiker sagen, dass es sich in einer Krise befinde (Brexit, schlechte wirtschaftliche Entwicklung im Süden Europas); vom Flüchtlingschaos und dem Dieselskandal in der BRD; von der Krise in den Beziehungen zwischen dem Westen und Russland; von einem Christentum, das keinen Einfluss mehr auf das Leben in Europa hat (Homosexualität seit 1969 nicht mehr strafbar und seit 2017 ist sogar eine Ehe zwischen Homosexuellen möglich, Abtreibung ist zwar rechtswidrig, aber nicht mehr strafbar). Es hat zwar immer schon Kriege und Revolutionen gegeben, aber Europa will heute nicht mehr kämpfen (wofür?), es will nur noch Harmonie. Europa verurteilt seinen eigenen Kolonialismus, der erst ca. 100 Jahre zurückliegt, aber es lässt waffenlose Afrikaner nach Europa fluten (Refugees welcome), denkt aber zugleich auch darüber nach, wie es diese Menschen besser doch wieder loswird. Die Deutschen haben ihren Führer sechs Jahre lang vergöttert, wie keine andere geschichtliche Persönlichkeit zuvor, aber seit 72 Jahren verteufeln sie ihn unentwegt. Sie können (und wollen?) diesen Mann nicht vergessen.
2. »Strafverfolgungsbehörden der BRD verfolgen nicht nur ›mutmaßliche‹ ausländische Kriminelle, sondern

sie suchen gleichzeitig nach entlastenden Tatsachen, z. B. schwierige Kindheit, geistige Störungen (so die Medien).« – Strafverfolgungsbehörden sind aber keine Richter, die abwägen sollen und dürfen, sondern Behörden, die Täter, auch nur mutmaßliche Täter oder Gefährder, dingfest machen müssen. Weiter reicht ihre Zuständigkeit nicht.

3. »Linke fordern, dass Frauen den Männern gleich sein sollen: in allen Berufen, in allen Führungspositionen, sogar beim Militär (›Soldatinnen und Soldaten‹, in dieser Reihenfolge tönt auch die CDU).« – Keiner fragt, woher bei dieser Weltanschauung der Nachwuchs kommen soll, der schon jetzt überall fehlt: es gibt keine fähigen Politiker mehr, da diese abgetrieben wurden. Es geht aber nicht nur um fehlende Geburten, sondern auch um die besondere Erziehung der Kinder durch ihre Mütter, die nunmehr fehlt, da Mütter angeblich etwas »besseres« zu tun haben, als Kinder zu erziehen. Keine Kita kann aber die Mutterliebe ersetzen. Schon A. H. und die Kommunisten haben ihre Reiche mutwillig zerstört, weil sie das Natürliche nicht wahrhaben wollten. »… der schrecklichste der Schrecken, das ist der Mensch in seinem Wahn.« (Das Lied von der Glocke, Schiller)
4. »In der BRD sind ca. 50 % der Einwohner fortschrittliche, moderne und sozial eingestellte Menschen. Aber ca. 50 % sind konservativ.« – Die 50 % fortschrittlicher Menschen in einer Koalitionsregierung stellen nie den Verteidigungs- oder Innenminister. Warum nicht? Sie möchten sich ihre Finger nicht schmutzig machen und ziehen soziale Ministerposten vor.

Sprachliste August 2017 – Teil 2

1. »Die von der BRD nicht bewältigten, in Wahrheit aber leicht zu bewältigenden kleinen Aufgaben sind: a) Verhindern und Beseitigung von Luftverschmutzung durch Dieselmotoren. b) Fernhalten und Abschieben von Kriminellen und sog. Flüchtlingen: Versagen bei Gewährung von Sicherheit und Ordnung in Frankfurt (EZB), Köln (Dom), Berlin (Weihnachtsmarkt), Hamburg (Schanzenviertel) und anderen Orten.« – Die BRD will im Gegensatz zum Dritten Reich und zur DDR ein menschenfreundlicher, umweltbewusster, freiheitlicher Rechtsstaat sein. Aber ein Staat, der die oben genannten Aufgaben nicht bewältigen kann, ist ein unfähiger Staat. Allerdings sei nicht übersehen, dass es, außer der Schweiz, keinen Staat gibt, der der Masse seiner Bürger ein solch gutes Auskommen gewährt wie die BRD. Ob er das auch in Zukunft wird tun können, ist zweifelhaft. Die BRD-Regierung kümmert sich nicht um die Verhandlungen Italiens mit afrikanischen Regierungen, die der Schließung der Mittelmeerroute für afrikanische sog. Flüchtlinge dienen. Deutsche kennen nur die bösen Schlepper, die arme Flüchtlinge auf untauglichen Booten von Afrika nach Europa bringen wollen. Dass Afrikaner selbst verantwortlich sind für ihr Schicksal in Afrika, will die BRD-Regierung nicht wahrhaben. Was geschähe wohl, wenn auch nur 100.000 Deutsche, die ihre Regierung nicht mehr ertragen können, in fremde Länder auswanderten?
2. »Die Stadt Freiburg/Br. hat die Stelle, an der bis 1938 eine Synagoge stand, als Gedenkstätte hergerichtet:

eine Wasserfläche (10 cm Tiefe) in Form des Grundrisses der Alten Synagoge. In diesem Wasser tummeln sich Kinder und Erwachsene.« – Der moralische und kulturelle Verfall der BRD ist nicht mehr aufzuhalten.

3. »Der russische Kommandant des russischen Raumschiffes begrüßte die mit einer Raumkapsel eben angekommenen amerikanischen Raumfahrer in englischer Sprache. Aber die Amerikaner antworteten nur in englischer Sprache. Kennedy sprach bei seinem Berlin-Besuch auf Deutsch die berühmt gewordenen Worte: ›Ich bin ein Berliner.‹« – Was ist aus der westlichen Welt geworden? Sie beherrscht nicht einmal mehr die Etikette.
4. »Mit einer Blauen Plakette für Dieselfahrzeuge soll die Luft in den Städten verbessert werden.« (DLF) – Die Dummheit der Medien ist nicht mehr zu übertreffen: DLF sagt nicht, welche Kfz eine Blaue Plakette erhalten sollen. Schon die vor vielen Jahren eingeführte Grüne Plakette täuschte nur Aktivismus vor und half, wie sich jetzt zeigt, niemandem. Grüne und Rote setzen sich für Umwelt und Menschen ein, aber sie haben keine Ingenieure, die den schädlichen Schadstoffausstoß von Dieselmotoren erkannt und publik gemacht hätten.

Sprachliste August 2017 – Teil 3

1. »Im Zuge des Wahlkampfes sagt die SPD, dass die Ausgaben für militärische Verteidigung der BRD keine 2 % des BIP betragen dürfen, denn die Bundeswehr wäre somit die stärkste Armee Europas, und dies dürfe mit Blick auf das III. Reich nicht sein.« – Wieder wird argumentiert mit dem III. Reich. Was hat das III. Reich mit der militärischen Verteidigung der BRD zu tun? A. H. hatte eine starke Armee, aber den Krieg trotzdem verloren. Die BRD hat nicht genügend Lehrlinge, folglich hat sie auch nicht genügend Soldaten. Rot ist von vornherein gegen alles, was Uniform trägt, folglich gegen jede Art von Verteidigung. Sogar Krawatten werden kaum noch getragen, auch von Politikern nicht. Das Versagen gegenüber islamistischem und linksradikalem Terror in Hamburg, Berlin und Köln zeigt, dass die SPD sich gar nicht verteidigen will. Eine andere Frage ist, ob die BRD, wenn sie auch wollte, sich verteidigen kann gegen wen? Diese Frage wird gar nicht erst gestellt, denn man will sich gar nicht militärisch verteidigen, weil dann eh alles zerstört würde. Zumindest nicht gegen eine linke Diktatur.
2. »Luther wurde zum zentralen, aber nicht einzigen Protagonisten.« – »Protagonist« = erster Kämpfer. »Ein einziger Protagonist« ist doppelt gemoppelt; aber »nicht einziger Protagonist« gibt es nicht. Also war L. gar kein Protagonist? Aber er wird in dem Satz als »zentraler Protagonist« beschrieben. Was war L.? Ein P.? Kein P., aber ein zentraler P.? Die Deutschen können nicht mehr denken.

3. »… das zweite liturgische Zentrum …«. Zwei Zentren (Plural) gibt es nicht. Es gibt nur *eine* Mitte.
4. »Dokumentationszentrum« – was ist das? Eine Ausstellung?
5. »Venezuela droht Diktatur« (Medien) – welche Diktatur? Eine rechte oder linke Diktatur? Nur am Rande wird erwähnt, dass eine sozialistische Diktatur droht. Den Medien ist nur wichtig, dass es keine rechte Diktatur wird, alles andere ist nicht so schlimm. Im Übrigen sind beide Arten von Diktaturen gleichermaßen schlecht.
6. »Für die mittelalterliche Kirche wie für den deutschen Kaiser war gleichermaßen wichtig die zentrale Frage der Investitur, die zum Investiturstreit eskalierte.« – Wer versteht diesen Satz? Verständlich allein: Für Papst und Kaiser war wichtig, wer von beiden die Bischöfe in ihr Amt berufen durfte. Aus diesem Streit entstand der jahrelang geführte sog. Investiturstreit.
7. »Eine Bundeswehreinheit zieht um.«(DLF) – Richtig: »… wird verlegt.«
8. »Wer in der BRD einen Wolf erschießt, macht sich strafbar, aber nicht, wer im Mutterleib ein Kind zerstückelt.« – Die BRD ist pervers.
9. »X ist von zentraler Bedeutung« – »zentral« ist falsch und nichtssagend.
10. »humanitär« – was ist das? Das Wort ist ein Unwort und klingt wie »sanitär«.

Sprachliste August 2017 – Teil 4

1. »Luther hat dieses Gebot (2. Mose 20) nicht *mit* in seinen Katechismus aufgenommen.« – Was soll »mit« bedeuten? Es bedeutet nichts. Richtig nur: ohne »mit«.
2. »Gerechter«, »fairer« (engl.) – Steigerung von »gerecht« und »fair« kann es nicht geben und gibt es nicht. Wohl aber bei den Gerechtigkeitsfanatikern der BRD-Politik. Die übertreiben alles, z. B. Martin Schulz.
3. »Eine Fahrt über Straßen und Autobahnen der BRD zeigt, wie marode und überlastet das Straßensystem wegen der Grünen Politik geworden ist. Oft muss eine Straße von Grund auf instand gesetzt werden.« Aber keiner kommt auf den Gedanken, bei dieser Gelegenheit Straße oder Autobahn auch breiter zu machen, z. B. dritter Fahrstreifen! (»Spur« ist sprachlich falsch, nur die Eisenbahn hat eine »Spur«) – Grüne Politik ist das bewusst gewollte Ende des Industriestandorts Deutschland. Siehe die Staumeldungen im DLF.
4. »Vor Ort« – es heißt richtig: »Frankfurt am Main« oder »… an der Oder«, »am Strand«, »am Waldesrand«, »am Schwimmbad«. Und Straßennamen lauten: »Am Bahndamm Nr. 1«, »Am Marienbrunnen Nr. 2«. Aber niemals »Frankfurt vor Main« oder »… vor Oder«, »vor Strand«, »vor Waldesrand«, »vor Schwimmbad«, »Vor Bahndamm Nr. 1«, »Vor Marienbrunnen Nr. 2«. Ein Dummschwätzer hat das Wort »vor Ort« ins Spiel gebracht, und alle sprechen es falsch nach. Nur der Bergmann sagt in seiner Fachsprache »vor Ort«.
5. »Jeder Staatsbürger weiß, dass die mehr als eine Million Flüchtlingen, die die BRD in ihrem Größenwahn

aufgenommen hat, aber jetzt wieder loswerden will, viel Geld kosten.« – Aber die BRD-Regierung behauptet, dass die finanziellen Aufwendungen für Flüchtlinge der Wirtschaft nicht schaden, sondern diese sogar beleben. Wer kann das glauben? Das Geld wird doch nur von anderen Haushalten abgezogen und somit umgeschichtet.

6. »Ku-Klux-Klan« – DLF hasst die deutsche Sprache und kann kein Englisch: Entweder ist der Name deutsch auszusprechen (wie geschrieben) oder englisch: »Kju-Klax-Klän«.
7. »Tote bei Unruhen« (Badische Zeitung) – deutsche Sprache – schwere Sprache. »Tote« kann bedeuten: *eine* tote Frau oder mehrere tote Menschen oder sogar tote Tiere. Die Überschrift eines Zeitungsartikels darf nicht sensationslüstern sein: »Tote« und »Unruhen« lässt den Leser an mehrere Menschen« denken, aber nicht an »nur *eine* Frau«, die bei den Unruhen umgekommen ist.
8. »Für den syrischen Präsidenten Assad erfinden die BRD-Medien immer neue Schimpfwörter, weil er ein Diktator ist. Aber über den Diktator Maduro von Venezuela berichten die Medien maßvoll, weil er Sozialist ist. Auch über A. H. erregt man sich tatsächlich jeden Tag aufs Neue, obwohl er seit 72 Jahren tot ist. A. H. ist von den Linken unsterblich gemacht worden. Aber Stalin darf ungestört an der Kremlmauer ruhen. Über ihn regt sich keiner auf, auch kein Russe.« – Diese doppelte Moral wird Deutschland zerstören.

Sprachliste August 2017 – Teil 5

1. »Strasbourg Süd« (diese Beschriftung findet sich auf einem deutschen Verkehrshinweisschild rechts des Rheins) – entweder alles französisch oder aber alles deutsch! Zwei Sprachen für ein Ziel? Ja, weil für einen »anständigen« Deutschen es »unerträglich« ist, den Namen der »urfranzösischen« Stadt Strasbourg auf einem Verkehrshinweisschild auf Deutsch zu schreiben. Das Wort »Süd« darf und muss man natürlich deutsch schreiben. Es ist eine Schande, dass es rechts des Rheins noch immer Verkehrshinweisschilder gibt, die zwar auch erst nach dem »glücklichen« Ausgang des WK II aufgestellt wurden, aber auf denen »Straßburg« auf Deutsch geschrieben worden ist. Warum hat man diese faschistische Schreibweise nicht längst geändert? Auf neuen Schildern heißt es doch richtig nur noch »Strasbourg« (alles ironisch gemeint).
2. »Terroranschläge in Spanien« – warum gibt es Terroranschläge nur in West-Europa, aber nicht in Ost-Europa? Weil die westlichen sog. Werte anders sind als das Denken in Ost-Europa. In West-Europa gilt ein übertriebener linker Individualismus, der nur die Rechten als Gefährder erkennt, für diese gibt es kein Pardon, sie dürfen schon jetzt kaum noch demonstrieren. Gegendemonstrationen der Linken werden in den Medien stets lobend erwähnt. Wenn Gerichte rechte Demonstrationen notgedrungen von Gesetzes wegen erlauben müssen, dann sollen die linken Gegendemonstranten das Notwendige veranlassen. West-Europa ist in sich zerstritten. Es kennt keine Gemein-

wohlorientierung mehr. Es weiß nicht mehr, was Not tut. Es ist verblendet. Ein Beispiel: Ein Schweizer Unternehmen will in Lahr/Schwarzwald eine Fabrik für Gewehrmunition errichten; auch die Baden-Württembergische Polizei soll ihre Munition von dort beziehen. Die Linken im Gemeinderat sind natürlich, ohne auch nur zu überlegen, gegen den Bau der Waffen-Fabrik, aber für den Bau einer Moschee. Die übrigen Mitglieder des Gemeinderats überlegen noch. Warum diese Zurückhaltung? Keiner hat ein Geschichtsbuch oder die Bibel gelesen. Alle hätten dort lesen können, dass seit Menschengedenken die Menschen zu allen Zeiten und an allen Orten nicht in Frieden leben wollten oder konnten, weil die Menschen, Völker, Rassen viel zu unterschiedlich sind. Diese Unterschiede wollen Menschen, die noch nie in ein Geschichtsbuch oder die Bibel geschaut haben, nicht wahrhaben. Die staatlichen Straf- und Zivilgerichte sind doch nichts anderes als Streitschlichter in den kleineren Streitigkeiten des täglichen Lebens. Für die großen Streitigkeiten zwischen den Völkern gibt es zwar die UNO, aber sie kann nur selten helfen. Ist ein Polizist, der mit seiner Waffe einem Angegriffenen hilft, nicht zu loben, denn er bringt sich bei Einsätzen oft selbst in Gefahr, und soll dieser Polizist keine Munition aus Lahr erhalten?

Sprachliste August 2017 – Teil 6

1. »Die Anschauungen der Menschen ändern sich.« – Früher wurden Fruchtbarkeitsgöttinnen verehrt, 1936 gab es einen Ehrentag für Kinderreiche. A. H. stiftete 1938 das Ehrenkreuz der Deutschen Mutter für Frauen, die vier und mehr Kinder geboren haben, es darf aber seit 1945 nicht mehr getragen werden. Der Muttertag wird in Deutschland am zweiten Sonntag im Mai begangen. Mit 1,4 Kind pro Frau ist der Bestand der Bevölkerung aber nicht zu halten. Das interessiert aber keine Politikerin, weil dann, wenn in einigen Jahren der Bevölkerungsrückgang in der BRD irreparable negative Folgen zeitigen wird, diese nicht mehr in ihren Partei- und Staatsämtern sein werden. Alle Parteien interessiert aber, dass im Interesse der Gleichbehandlung der Frauen diese auf Vorstands- und Aufsichtsratsposten der Großunternehmen befördert werden müssen. Kinder, die jetzt schon gesellschaftlich erzogen werden, dürfen den Karrieren der Frauen nicht schaden, sie werden fern der Mutter in Kitas erzogen. Warum wird die Besetzung dieser Posten nicht den Firmen überlassen, die schnell selbst merken werden, wenn Frauen die besseren Betriebsführer sind. Flüchtlinge, die ca. 2015 in die BRD kamen, wurden als die große Entlastung für Betriebe angesehen, die nicht genügend geeignete Bewerber für zu besetzende freie Arbeitsplätze fanden. Jetzt weiß man, dass die Flüchtlinge kein Ersatz sein können, weil sie nicht qualifiziert sind. Die katholische Kirche lädt afrikanische Priester dazu ein, deutsche Priester, die in ihrem Sommerurlaub sind, zu vertreten.

Der Besuch des heutigen Gottesdienstes hat aber gezeigt, dass die Predigt des Afrikaners aus fremdsprachlichen Gründen nicht zu verstehen war. Er konnte nicht verständlich Deutsch sprechen. Bei dem bevorstehenden Patrozinium wird aber der pensionierte deutsche Priester Dr. X. die Messe zelebrieren. Könnte ein deutscher Priester in englischer oder einer afrikanischen Sprache einen Gottesdienst vor Afrikanern halten? Der Wahnsinn von der Gleichheit hat zum Scheitern des Kommunismus geführt. Marx, Engels, Lenin haben sich geirrt. Aber linksliberale Deutschen, besonders ihre Politiker mit ihrer polnischstämmigen Kanzlerin, (Großvater Ludwig Kazmierczak, später Kasner) können sich vom Kommunismus nicht lösen. Sie werden ebenfalls scheitern und wir alle mit ihnen.

2. »Es gibt in der BRD keine Gemeinschaftsorientierung mehr, statt dessen Buntheit, Vielfalt, schrankenlosen Individualismus (Schlägereien in Fußballstadien, Kriminalität auf Straßen und Plätzen, es wird alles aggressiver), aber keine Ordnungsmacht.« – Wo soll das hinführen? Die Folgen werden jetzt schon sichtbar: Zusammenbruch des Straßen- und Schienenverkehrs, weil in den letzten 20 Jahren nichts investiert wurde, auch nicht in Kinder.
3. »Am 23.08.1942, also vor 75 Jahren, begann die Schlacht um Stalingrad.« – Daran erinnert der DLF und bedauert die leidtragenden Russen. Er erinnert aber nie an die Schlachten um Königsberg oder Breslau 1945, in denen die Deutschen die Leidtragenden und die Schuldigen waren. Warum? Alles nur Propaganda: Deutschland verrecke (ironisch gemeint).

Sprachliste August 2017 – Teil 7

1. »Impulse setzen« (DLF) – Impulse werden *gegeben*, aber nicht gesetzt. Auch Zeichen oder Signale werden gegeben, aber nicht gesetzt. Die BRD-Medien beherrschen nicht mehr die deutsche Sprache.
2. »Der SPD-Kanzlerkandidat will in Schulen investieren.« – Warum? In der BRD gibt es gar keine Kinder, die schulpflichtig werden könnten. *Keine Kinder* bedeutet auch: keine *fähigen Politiker.*
3. »Die Bundeswehr der BRD war seit ihrer Aufstellung 1955 bis heute innenpolitisch heftig umstritten, obwohl ihr Auftrag eindeutig lautet: Deutschland und seine Verbündeten verteidigen, seine Staatsbürger vor politischer Erpressung und äußerer Gefahr schützen, bei Katastrophen helfen, aus Notlagen retten. Dieser Streit um Militärisches zeigte sich erneut beim Flüchtlingschaos 2015 (muss oder darf die Bundeswehr eingesetzt werden?) und jetzt bei der Frage, ob eine Munitionsfabrik in Lahr/Schwarzwald gebaut werden darf.« – Wie sehr müssen Staat und Bevölkerung in sich zerstritten und damit handlungsunfähig sein, wenn sie sich auf Grundsätzliches nicht mehr einigen können? Islamistischer Terror in Europa ist nur möglich wegen dieser Zerstrittenheit und Handlungsunfähigkeit in ganz Europa. Eisenbahnstrecken und Straßen werden nicht gebaut, weil einige Bürger tatsächlich belästigt werden. Für die Sicherheit wird nichts getan, weil militärische oder polizeiliche Sicherheitsmaßnahmen (z. B. Grenzschutz) die Freiheit der Bürger notwendigerweise und ungewollt einschränken. Aber was ist wich-

tiger? Bei diesen Interessenabwägungen spielen natürlich auch Ideologien eine große Rolle: Wem die Natur grundsätzlich wichtiger ist, der wird immer gegen den Bau von Verkehrswegen kämpfen, auch wenn diese zum Schutz der Bürger notwendig sind. Und wem sein Individualismus wichtiger ist, als die eigene Sicherheit und die Sicherheit anderer, der wird immer gegen alle militärischen und polizeilichen Schutz- und Vorbeugemaßnahmen kämpfen, er ist sogar gegen die bloße Erprobung technischer Maßnahmen, denn diese könnten bei einem Erfolg missbraucht werden. Es läuft immer auf das Gleiche hinaus: Gemeinwohl gilt heute wenig, aber Individualismus, Fremdes und das Andere gelten sehr viel, sind immer besser. »Gemeinnutz geht vor Eigennutz« gilt heute nicht mehr, bei keiner politischen BRD-Partei.

4. »1914 sind Konservative, Sozialdemokraten und Juden gemeinsam für Deutschland in den Krieg gezogen.« – Diese Gemeinsamkeit gibt es heute nicht mehr; nicht einmal bei der Kindererziehung, beim notwendigen Bau von Straßen und beim Tier- und Umweltschutz.
5. »DLF teilt mit, dass Frau Merkel gesagt habe, sie wolle, wenn sie wieder Kanzlerin werde, 50 % Ministerinnen und 50 % Minister in ihr Kabinett berufen.« – Wenn Frau Merkel dies tun sollte, so würde sie die Ungeeignetheit der Frau für Ministerposten offenkundig machen, denn für sie wären dann nicht die jeweiligen Fähigkeiten von Frauen und Männern maßgeblich, sondern allein die Zugehörigkeit zum einen oder anderen Geschlecht.

Sprachliste September 2017 – Teil 1

1. »X wurde durch Y getötet.« – Richtig nur: »X wurde von Y getötet.« Aber: »X wurde durch/oder von eine(r) Lawine getötet.« Deutsche Sprache sehr schwere Sprache.
2. »Nach islamistischen Attentaten in Spanien demonstrieren der spanische König und sein Volk auf den Straßen Barcelonas mit den Worten: ›Wir haben keine Angst!‹« – Welch Unsinn! Auch ein zum Tode Verurteilter, der zum Richtplatz geführt wird, kann sagen: »Ich habe keine Angst vor'm Tode.« Entscheidend ist aber, dass die Spanier und alle Europäer gegen den Islamismus kämpfen müssen, wie sie es im Mittelalter bereits getan haben. Sie dürfen aber nicht dem Islam mit dem Bau von Moscheen den Weg nach Europa ebnen und ihn willkommen heißen. Mit europäischen Werten allein wird man den Islam nicht aufhalten. Präsident Erdogan denkt viel realistischer.
3. »Innen- und Außenbereich« – Unsinn, nur: »innen und außen« ist richtig.
4. »Eine junge Mutter hatte ihrem kleinen Sohn einen Kinderfahrradhelm aufgesetzt. Ich sagte der Mutter, dass ich im Alter ihres Kindes einen Kinderwehrmachtshelm aus Pappe getragen habe. Darauf die Mutter: Gott sei Dank, die Zeiten sind besser geworden.« – Sind sie es wirklich?
5. »X saß in Haft« (DLF) – richtig: »X war in Haft«, »sitzt« ist Gossensprache.
6. »Der Fall X wird verhandelt« (Medien) – richtig: »Über den Fall X …«

7. »Über die Größe der Schäden, die bei den Unruhen anlässlich des G-20-Gipfels in Hamburg entstanden sind, spricht keiner mehr, aber über die zu Unrecht entzogenen Akkreditierungen von fünf Journalisten.« – Das ist die Verdrängungsinformation der BRD-Medien. Über Schlechtes von Links wird nicht berichtet, aber über Unrecht, das den Linken geschieht.
8. »Fachkräftemangel in der BRD, i. J. 2030 werden 3 Mio. Fachkräfte fehlen. Es sollen deshalb noch mehr Frauen in Vollzeit arbeiten, auch alte Menschen« (so alle Medien). – Es fehlen nicht nur Fachkräfte, sondern Kinder, aber das will keiner wahrhaben. Rote, Linke und Grüne kennen nur noch Marx und die Gleichberechtigung, aber nicht die Naturgesetze: Ohne Kinder – keine Zukunft. Sollen Mütter lieber außer Haus arbeiten als Kinder großziehen? Europa und besonders Deutschland gehen dem Untergang entgegen.
9. »Mieter eines Mietshauses müssen das Gurren und den Dreck von Tauben hinnehmen. Sie dürfen gegenüber ihrem Vermieter die Miete nicht kürzen, denn dieser hat keinen Einfluss auf das Verhalten der Tauben (so entschied ein BRD-Amtsgericht).« – Das ist die Perversion des Rechtsstaats: Menschen müssen unter Tieren leiden, sie dürfen sich nicht gegen störende Tiere wehren. Vor hunderten von Jahren wurden Wölfe aus Germanien verdrängt. Heute kehren ihre Nachfahren zurück und werden von einem neuen grünen Deutschland willkommen geheißen, zum Schaden der Schafe und deren Eigentümer. Schafe und ihre Eigentümer gelten heute nichts mehr im Vergleich mit einem Wolf. Will man auf diese Weise NS-Unrecht wieder gutmachen oder was soll dieser Unsinn?

Sprachliste September 2017 – Teil 2

1. »Warum sind Papst und katholische Geistlichkeit auch heute noch würdevoll und Achtung gebietend angezogen, während Frau Merkel und alle Politiker geist- und geschmacklos angezogen sind? Männliche grüne und rote Politiker tragen schon kaum noch Krawatten.« – Äußerlichkeiten sind zwar oft tatsächlich nur Äußerlichkeiten. Aber eben nicht immer. Das versteht heute im Zeitalter des Gleichheitsfanatismus keiner mehr. Etikette gilt heute nichts mehr.
2. »Vor Ort« – diese Redensart ist immer falsch. Richtig: »am Ort«. Richtig: »am Puls der Zeit«, »Frankfurt am Main«.
3. »Den Schulweg trainieren« – wie kann man einen Weg trainieren? Richtig: »ABC-Schützen (»Schütze« darf man heute nicht mehr sagen) den Schulweg erklären und sie auf Gefahren aufmerksam machen: Das Zur-Schule-Gehen üben.
4. »Ehemalige Schlachtfelder des WK I« – doppelt gemoppelt: »Schlachtfelder des WK I« genügt.
5. »X sitzt in Untersuchungshaft« – richtig: »X ist in …«
6. »Die Polizei gestattet ausnahmsweise die Benutzung der Standspur der Autobahn.« – Nur die Eisenbahn hat Spuren (Normal-, Breit-, Schmalspur) und Tiere hinterlassen z. B. im Schnee Spuren. Aber Autobahnen und Straßen haben Fahrbahnen und einen Standstreifen, auf dem man bei einer Panne stehen darf.
7. »Der Kanzlerkandidat der SPD Martin Schulz will die große Koalition nach der Wahl 2017 nicht als Juniorpartner fortsetzen.« – Martin Schulz ist, wenn er nur

Zweiter werden sollte, ein schlechter Verlierer. Er weiß gar nicht, dass es bei einer Wahl nicht um ihn oder die SPD geht, sondern allein um Deutschland als Ganzes. Auch als Juniorpartner könnten er und die SPD ihre Pläne eher verwirklichen als in der Opposition. Was hat die BRD heute für unfähige Politiker!

8. »Den Vornamen der berühmten englischen Krankenschwester Florence Nightingale spricht der DLF französisch aus.« – Warum? Weil die Nachrichtensprecherin eine schlechte deutsche Schule besucht hat.
9. »Ein Exportschlager der BRD sind Kfz, die aber wegen der Manipulationen bei der Abgaswertemessung in Verruf geraten sind.« – Sollte der Export nun zurückgehen, dann Gnade uns Gott.
10. »X wurde entscheidend mitgeprägt von Y.« – Die BRD-Menschen erhalten eine katastrophale Schulbildung und werden von schlechten Medien verdummt. a) Das Wort »prägen« besagt schon, dass X ganz stark beeinflusst wurde von Y. Das Wort »entscheidend« ist deshalb überflüssig. b) »Mitgeprägt«: Was soll »mit-« bedeuten? Wurde X auch von anderer Seite als von Y in gleicher Richtung beeinflusst? Oder wurde X auch in einer ganz anderen Richtung zusätzlich beeinflusst?

Sprachliste September 2017 – Teil 3

1. »In seinem schriftlichen Urteil sagt das Gericht, …« – »schriftlich« und »sagen« passen schlecht zueinander. Richtig: »In seiner mündlichen Urteilsbegründung sagt das Gericht, …« oder »In seinem schriftlichen Urteil erklärt (oder ähnlich) das Gericht, …«
2. »Als die Europäer im 19. Jh. Afrika kolonisierten, gelangte auch das Christentum nach Afrika. Heute kommt der Islam nach Europa.« – Wie wird es weitergehen? Ist Europa am Ende?
3. »Vor ca. 30 Jahren sprach keiner über Rassismus und Antirassismus.« – Heute erleben wir gewalttätigen Rassismus und Antirassismus. Gibt es also doch unterschiedliche Rassen? Ähnlich ist es mit der Gleichheit aller Menschen: Noch nie wurde so viel über Gleichheit geredet. Sind vielleicht doch nicht alle Menschen gleich? Und gibt es Brüderlichkeit zwischen allen Menschen angesichts des Terrorismus? Gibt es Freiheit angesichts der gegenwärtigen Religionskriege? Seit es Menschen gibt, kämpft der Mensch gegen den Menschen mit aller Gewalt und aller List.
4. »Entscheidende Fragen« – welch Unsinn! Nicht Fragen sind entscheidend, sondern Antworten.
5. »Selbst in sehr guten BRD-Restaurants tragen Gäste heute eine Kleidung, die sie früher nicht einmal bei der Gartenarbeit getragen hätten: kein Mann trägt noch eine Krawatte. Allein weibliche Bedienungen tragen noch Röcke und haben ordentliche Frisuren.« – Was hat das zu bedeuten? Früher war es genau umgekehrt: Je höher der gesellschaftliche Rang, desto aufwändiger

die Kleidung. Auch Schmuck trägt heute keiner und keine mehr. Warum diese Selbsterniedrigung? Frau Merkel kennt für ihre Kleidung nur ein einziges Schnittmuster. Das ist Selbsterniedrigung.

6. »Ich würde mir wünschen, dass ...« – wer so spricht, ist dumm!
7. »Heimatgefühle darf heute keiner mehr zeigen, denn sie sind doch nur Heimattümelei.« – Gefühle gelten in der BRD nichts mehr.
8. »Stadtvilla« – was ist das? Ein vornehmes Einfamilienhaus mit einem großen Garten in einer Stadt? Das verstand man früher unter »Stadtvilla«. Aber heute versteht man unter diesem Wort auch Mehrfamilienhäuser in guter Wohnlage. Großartige Wörter also für gar nicht so Großartiges.
9. »Geflüchteter« – neuerdings verwenden die Medien diese Vokabel statt Flüchtling. Warum? Die neue Vokabel ist gendergerecht: *der* Flüchtling, aber: *der, die, das* Geflüchtete. Warum diese Bevorzugung der Genderschreibweise, da es doch angeblich gar keinen Unterschied zwischen den Geschlechtern gibt? Ehe für *alle*! Alles gleich, alles egal, alles legal, alles sch...egal.
10. »Merkel: Im Jahre 2015 Einladung an alle, in die BRD zu kommen. Wir schaffen das! Aber neuerdings: Das Jahr 2015 darf, kann und wird sich nicht wiederholen.« – Deutlicher hätte keiner als sie selbst ihre falsche Flüchtlingspolitik verurteilen können. Dinosaurier sind ausgestorben, die Deutschen werden natürlich auch einmal aussterben. Früher oder später.

Sprachliste September 2017 – Teil 4

1. »Museumszentrum« – was soll das sein? In der BRD gibt es nur noch: Zentrum, Center, Centre, zentral, zentriert. Die Kultur in der BRD ist am Absterben.
2. »Über den Solidaritätszuschlag zugunsten der neuen Bundesländer wird im Parlament gestritten.« – Über Milliarden EURO für eine Million Flüchtlinge wird nicht einmal gesprochen. Diese Milliarden sind ohne Rücksicht auf die Kassen- und Rechtslage bei Bund, Ländern und Gemeinden immer vorhanden. Keiner verlangt eine rechtliche Prüfung, keiner eine schwarze Null (ausgeglichener Haushalt), keiner protestiert gegen neue Schulden wegen der Flüchtlinge. Das kann nicht gut gehen.
3. »Das gerichtliche Verfahren läuft noch.« – Richtig: »… ist noch anhängig.«
4. »Reisezeitraum vom Frühjahr bis zum Sommer 2018.« – So wirbt ein Reisebüro. – Richtig nur: »Reisen vom … bis zum …«. Was soll das Wort »Raum« bedeuten?
5. »X muss ins Gefängnis.« – Richtig: »X muss eine Haftstrafe verbüßen.«
6. »X hat Terroristen angeworben.« – Richtig: »X hat Terroristen geworben.« Es heißt »Werbung«, aber nicht »Anwerbung«.
7. »Wie groß ist die christlich-islamische Schnittmenge?« – Was ist eine Schnittmenge? Antwort: Mittlerer Wert eines quantitativen Merkmals, z. B. der Körpergröße oder des Einkommens, also ein »Mittelwert«. Als einfach denkender Mensch kann man für BRD-Eliten, die solche Wörter verwenden, nur Verachtung übrig haben.

8. »Gegenwärtig gibt es in den und mit den islamischen Ländern Krieg und Streit.« – Aber die BRD-Regierung und die EU wagen es nicht, die sinnlosen Gespräche über den Beitritt der Türkei zur EU nun endlich abzubrechen. Islam und Europa passen nicht zusammen. Was könnte Europa von einem Beitritt der Türkei gewinnen? Nichts!
9. »Frau Merkel schreibt in einem Brief an alle Wähler des neuen Deutschen Bundestags u. a.: Unsere Kinder sollen die beste Bildung haben; neue Technologien sollen in Deutschland zuhause sein.« – Um ihre »Bildung« müssen sich die Kinder selbst bemühen; den Kindern kann der Staat nur eine gute »Ausbildung« vermitteln. Frau Merkel kennt nicht den Unterschied zwischen »Bildung« und »Ausbildung«. Frau Dr. Merkel, die Physikerin, kennt auch nicht den Unterschied zwischen »Technik« (Herstellung, Verfahren) und »Technologie« (Verarbeitungskunde). Im Deutschen genügt in der Regel das Wort »Technik«. Nur wer angeben will, verwendet immer das Wort »Technologie«. Im Englischen bedeuten die Wörter »technology« und »technic« das Gegenteil der deutschen Wörter »Technik« und »Technologie« (vereinfacht dargestellt).
10. »Gute Busanbindung« – richtig: »gute Busverbindung«; nur Tiere werden angebunden. Der Verfall der deutschen Sprache ist nicht mehr aufzuhalten.

Sprachliste September 2017 – Teil 5

1. »Rückbestätigen« – die ungebildeten Deutschen sagten zunächst »rückantworten«, jetzt sagen sie sogar »rückbestätigen«. Was kommt dann?
2. »Dank dem Pfarrer für das würdevolle Gestalten der Trauerfeier« (Teil einer Danksagung). – Unsinn! Richtig nur: »Dank für die Trauerfeier«. Die Wörter »würdevoll« und »Gestalten« verstehen sich von selbst.
3. »Über verschiedene Themen, besonders Sprachbarrieren, wurden diskutiert.« – Die Deutschen wollen und können nicht mehr deutsch sprechen. Richtig zwar: »Über … Themen wurde diskutiert (besser: gesprochen)«. Falsch aber: »Sprachbarrieren wurden diskutiert.« Wo ist im zweiten Satzteil das Wörtchen »über«? Wegen der bewussten Verhunzung der deutschen Sprache wird man die deutsche Sprache in 20 Jahren nicht mehr als Mittel der Verständigung benutzen können. Schon heute wird in Großbetrieben, z. B. Daimler Benz, nur noch englisch gesprochen. Vor 60 Jahren sagte man: »z. Z.« (zur Zeit) = gegenwärtig, und man sagt auch noch heute: »zur Zeit von Jesu Geburt« und meint: »damals z. Z. von Jesu Geburt«. Aber »derzeit« bedeutete früher nur »damals«, »seinerzeit«, der derzeitige, damalige König. Heute bedeutet aber »derzeit« = gegenwärtig. Jeder Ausländer, der auch nur etwas deutsch spricht, wird sagen: »Es heißt doch ›die Zeit‹, weiblich.« Allein dieses Beispiel zeigt, zu welchen Missverständnissen schon heute der Gebrauch der verlotterten deutschen Sprache führen kann. Deutsche Techniker und Ärzte verwenden schon heute unter-

einander nur noch die englische Sprache. Und das ist notwendig, aber traurig. Auch der Duden stellt diesen Bedeutungswandel fest, schreitet aber nicht korrigierend ein. Die deutsche Sprache gilt heute nichts mehr. Kein Politiker setzt sich für den korrekten Gebrauch der deutschen Sprache ein. Deutsch ist heute rechts.

4. »Ober-, Mittel-, Unter-, Kleinzentrum« – was ist das? Sinnlose Wörter, unter denen man sich nichts vorstellen kann. Sie gehören aber zur Verwaltungssprache des Landes Baden-Württemberg.
5. Ein deutscher Buchautor schreibt: »Es herrscht Streit über Zeitraum und Ort der Geburt von X.« – Richtig: »... über Zeit und Ort ...«.
6. »Seit 850 Jahren prägen die Heiligen Drei Könige die Bedeutung der Stadt Köln entscheidend mit.« (Chefredakteur des Kölner Stadtanzeigers). – Richtig: »Seit 850 Jahren sind die Heiligen Drei Könige wichtig für die Stadt Köln.« »Prägen« ist nur ein einmaliger kurzer Vorgang: eine Münze wird geprägt. Was soll das Wort »mit-prägen« bedeuten? Gibt es neben den Drei Königen noch andere »Mit-Präger? Was soll das Wort »Bedeutung« bedeuten? Es geht nicht um die Bedeutung der Stadt, sondern nur um die Stadt selbst. Was soll »entscheidend« bedeuten? Wenn ein König eine Schlacht gewinnt, so kann das entscheidend sein. Aber wie können die Drei Könige 850 Jahre lang über die Stadt Köln entscheiden? Sie können vielleicht das religiöse Leben in der Stadt beeinflussen? Vielleicht sogar über 850 Jahre hinweg.

Sprachliste September 2017 – Teil 6

1. »A. H. wollte die ganze Welt erobern, scheiterte aber nach sechs Jahren (allerdings spricht man noch 2017 in Bezug auf die Rassenunruhen in den USA von Neo-Nazis und zeigt dort Hakenkreuze). Frau Merkel wollte 2015 die halbe Welt mit ihrer Flüchtlingspolitik retten, erlitt aber bei der Bundestagswahl 2017 große Verluste und muss die konservative Partei »Alternative für Deutschland« im Bundestag dulden.« – So geschieht es allen Weltverbesserern. Auch Stalins Reich ist auseinandergefallen. Das Flüchtlingschaos von 2015 zeigt Folgen erst im Wahljahr 2017: Kann sich eine fähige Regierung bilden? Polen, Ungarn, Tschechien haben 2015 eine andere Flüchtlingspolitik betrieben und erleben 2017 keine innenpolitische Krise. Frau Merkel und viele Deutsche haben 2015 nur an Flüchtlinge gedacht. Das rächt sich jetzt. Auch heute noch denken die Parteien nur an die Verwirklichung ihrer Parteiprogramme, sie sind nicht zu Kompromissen bereit, sie denken nie an Deutschland als Ganzes. Die SPD entzieht sich, obwohl zweitstärkste Partei, ihrer Verantwortung und zieht sich in den Schmollwinkel zurück, wird später aber doch Teil einer großen Koalition.
2. »Teilbereiche der Firma X sollen verkauft werden.« – Richtig nur: »Teile der Firma X sollen verkauft werden. »Bereich« ist ein Lieblingswort der BRD-Menschen geworden.
3. »Eine Frau, geb.1982, heiratet einen Mann, die Ehe wird bald geschieden, aber nun fühlt sich die Frau als Mann und das Amtsgericht stellt fest, dass die Frau als

Mann gilt. Im Jahre 2013 jedoch gebiert der Jetzt-Mann, der zuvor eine Frau war, einen Jungen, gezeugt von einem Samenspender. Bei der Eintragung des Jungen ins Geburtenregister verlangte die Gebärerin ihre Eintragung als Vater (männlich). Der BGH wies die Klage ab.« – Wenn ein Staat sich mit solch unnatürlichen Verhaltensweisen seiner Bürger abgibt und sogar seine obersten Gerichte zur Verfügung stellt, dann hat dieser Staat keinen Anspruch auf Bestand. Er macht sich lächerlich und entwürdigt die Idee vom Rechtsstaat.

4. »Die Bundeswehr will auf einem Segelflugplatz einen Übungsplatz für Fallschirmspringer einrichten. Die in der Umgebung wohnende Bevölkerung ist gegen dieses Vorhaben und fordert ihren Bürgermeister auf, rechtliche Schritte zu unternehmen.« – Immer wird Front gemacht gegen den Staat. Bei der Wahlwerbung taucht nie der Adler oder das Eichenlaub auf, die ehemaligen Zeichen für Deutschland. Individualismus wird heute höher geschätzt als Verantwortung gegenüber dem Gemeinwesen. Das kann nicht gut gehen. Im 3. Reich hieß es: »Du bist nichts, dein Volk ist alles!« – Heute gilt genau das Gegenteil. Übertreibungen sind immer falsch. Der heutige Individualismus ist nicht nur übertrieben, er ist schon krankhaft.
5. »Die Gefahrenstelle wurde ausgeleuchtet.« – Unsinn: »... wurde beleuchtet.« Es heißt richtig: »Straßenbeleuchtung«, aber nicht »Straßenausleuchtung.«

Sprachliste Oktober 2017 – Teil 1

1. »Dr. Martin Luther sagt:
   a) Fürsten sind gewöhnlich die größten Narren oder die ärgsten Spitzbuben auf der Welt.
   b) Regenten sind wie das Volk: ein Blinder führt den anderen.
   c) Vor mir ist kein Jurist gewesen, der gewusst hätte, was Recht ist … Es steht im Evangelium nicht, dass man Juristen anbeten soll.« –

   Die Wörter »Fürsten« und »Regenten« sind in gegenwärtiges Deutsch zu übersetzen: »unsere gewählten Politiker«. Und Juristen wissen nicht, was Recht ist: noch nach 1945 haben sie Homos bestraft, aber heute haben sie mit neuen juristischen Argumenten dafür gesorgt, dass Homos und Lesben im Standesamt getraut werden dürfen. Hat Luther nicht Recht? So ist unsere Welt und so wird sie bleiben.
2. »Jamaika« – alle BRD-Medien sprechen von einer zukünftig möglichen schwarz-gelb-grünen (CDU-FDP-Grüne) Koalition für die BRD und nennen diese Koalition Tschamaika-Koalition, weil die Staatsflagge des Staates Jamaika eben diese drei Farben enthält. Aber warum sagen alle Medien »Tschamaika«? Warum sagt keiner »Jamaika«? Der Duden sagt, dass neben der deutschen Aussprache »Jamaika« auch »Tschamaika« gesagt werden könne. Aber das ist kein Grund, in erster Linie eben doch »Tschamaika« zu sagen. Die BRD-Menschen sind geil auf nicht-deutsche Namen, weil sie sich schämen, deutsch zu sprechen, sie wollen weltläufig sein: Multi Kulti. Nur ja kein Deutsch. Denn damit

ist man Nazi. Ebenso: statt »Barcelona« (dt.) sagt auch der DLF »Barcelona« (span. ausgesprochen). Man beachte aber z. B. Milano (it.), Mailand (dt.), Milan (engl. u. fr.).

3. »In Freiburg/Br. gibt es ein Siegesdenkmal, das nach dem Krieg 1870/71 errichtet wurde. Über den Bestand des Denkmals wurde in Freiburg nach 1945 immer wieder gestritten. Nicht gestritten wurde 2017 über den Bau eines Denkmals zur Erinnerung an die 1938 zerstörte Synagoge.« – So unterschiedlich ist der Zeitgeist: Nach 1870/71 wurde ohne Streit ein Siegesdenkmal errichtet, heute wird über dieses Denkmal gestritten. 1938 wurde die Synagoge zerstört, aber erst heute wird ohne Streit ein Denkmal errichtet.
4. »Gegenwärtig sind Haushaltsmittel für Flüchtlinge ohne Begrenzung verfügbar, aber kleine Krankenhäuser in kleinen Gemeinden sollen in der BRD wegen Unrentabilität geschlossen werden.« – Jaroslaw Kaczynski: Gibt es keine Rangfolge der Nächstenliebe? Würde ein unbegrenzter Zuzug der Muslime nicht die aus dem Christentum hervorgegangene Zivilisation vernichten?
5. »Preisauszeichnungen in der schriftlichen Werbung bestehen heute immer aus zwei Preisen: a) Unverbindlicher Preis des Herstellers, z. B. 100 EUR, und b) Preis des Händlers, z. B. 50 EUR mit dem Zusatz: Der Kunde spart 50 EUR/50 %.« – Wer kann diesen Unsinn glauben? Aber die Deutschen lassen sich für dumm verkaufen.

Sprachliste Oktober 2017 – Teil 2

1. »Obwohl Rasse im Dritten Reich ein zentrales Schlüsselwort wurde, welches das gesellschaftliche und politische Leben entscheidend mitbestimmte, herrschte Uneinigkeit … über die Definition des Begriffs (Eine kritische Edition zu Hitlers *Mein Kampf,* S. 754, Institut für Zeitgeschichte, 2016).« – Das Wort »Schlüsselwort« bedarf keines Adjektivs. Ein »Schlüsselwort« ist immer ein wichtiges Wort. Leider sagt heute jeder *»zentral«* statt *»wichtig«.* »Mitbestimmen« ist so falsch wie »Mitarbeiter«. Richtig nur: »Das Wort Rasse bestimmte das … Leben.« Will man aber zum Ausdruck bringen, dass nicht nur die »Rasse«, sondern auch anderes das Leben bestimmte, so muss man sagen: *»auch«.* Neben »entscheidend« ist »mitbestimmen« mehr als dumm: Wenn ein Chef etwas »bestimmt«, dann lässt er keinen anderen (mit-)»bestimmen« und seine Bestimmung ist selbstverständlich »entscheidend«, das Wort »entscheidend« ist also überflüssig. Vorstehende Phrase steht im Widerspruch zu der sorgfältigen Arbeit der Korrektoren, die Hitlers Buch bis zum Jahre 1944 nicht wegen inhaltlicher, sondern allein wegen unbedeutender sprachlicher Mängel sehr oft korrigiert haben. Ihnen war korrektes Deutsch noch wichtig. Aber heute?
2. »Die Lehre des Philosophen X ist nicht unumstritten.« – Viel einfacher: »… ist umstritten.«
3. »Am Tag der Deutschen Einheit berichtet der DLF in den 8-Uhr-Nachrichten an erster Stelle, dass in den USA ein Mann ca. 58 Menschen getötet habe. Erst an

zweiter Stelle berichtet er über den Tag der Deutschen Einheit. In den 9-Uhr-Kurznachrichten jedoch wird zunächst über der Tag der Deutschen Einheit und erst an zweiter Stelle über die Tötung der ca. 58 Menschen berichtet.« – Der DLF hat doch noch gemerkt, dass er in der ersten Nachrichtensendung die Etikette verletzt hatte.

4. »In der BRD ist gegenwärtig das Wort *Nation* zum Unwort geworden, es erinnert an Nationalsozialismus. Aber eigenartigerweise ist der andere Bestandteil des Wortes, nämlich *Sozialismus,* nicht zum Unwort geworden. Keiner sagt abwertend *»Sozi«*, aber alle sagen *»Nazi«* und *»Nationalist«* – *Natio* (lat.) = Geburt, Volksstamm. Es gibt die Vereinten Nationen, United Nations (UN). Keiner denkt etwas Schlechtes dabei. Ist der Nationalstaat etwas Schlechtes? Auch die gegenwärtigen Unruhen in der Ukraine und in Nordspanien/Katalonien zeigen, wie bedeutsam Abstammung und Herkunft für die Menschen sind. BRD-Politiker wollen diese Bedeutung nicht anerkennen. Aber sie werden sie anerkennen müssen. Keiner kommt an dieser Wirklichkeit vorbei. Auch Bundespräsident Steinmeiner nicht, der zwar in seiner Rede zum Tag der Deutschen Einheit die Bedeutung der Heimat anerkennt, nicht aber die Bedeutung der Nation. Wenn Syrer, andere Völker und Muslime, die Frau Merkel nach Deutschland eingeladen hat, ihre eigenen Parteien gründen, wird es noch schwieriger werden, eine Regierung zu bilden, zumal schon heute die zusätzliche Partei AfD eine Regierungsbildung erschwert. Die BRD ist zersplittert und geht »herrlichen Zeiten« entgegen.

Sprachliste Oktober 2017 – Teil 3

1. »Der CDU-Politiker Armin Schuster sagt: »… zentralere Rolle für den Bund beim Datenschutz.« – Früher sagte man: »Mehr Zuständigkeiten für …« Das ist das Ergebnis der linken BRD-Schulpolitik. Und solche Politiker wollen gute Politik für Deutschland machen? Es gibt eine Rolle rückwärts: Demokratische Bildung; Schulen in demokratische Lerngemeinschaften verwandeln; Gleichberechtigung in der Gemeinschaft; Schüler/innen und Mitarbeiter/innen entscheiden gleichberechtigt, unabhängig von Alter und Position über Schulregeln, Lerninhalte, Personal- und Haushaltsfragen.
2. »Es ist offen, ob …« – »Es ist ungewiss, ob …«
3. »Option« (lat.) = freier Wille, Wahlmöglichkeiten, mögliche Entscheidungen, gangbare Wege« – warum wird nicht mehr deutsch gesprochen? Weil A. H. deutsch gesprochen hat.
4. »Grundgedanke« – entweder nur: »Gedanke« oder »Gedanken über Grundsätzliches«.
5. »Für Abiturienten, die Medizin studieren wollen, soll in Zukunft nicht mehr nur das Abiturzeugnis mit der Note 1.0 maßgeblich sein, sondern die geprüfte Sozialkompetenz des zukünftigen Arztes.« – Die ist das Ende für alle Zeugnisse. Kein Zeugnis – gleich in welchem Fach (auch in geprüfter Sozialkompetenz) – ist Garant für irgendeinen Erfolg. Also in Zukunft überhaupt keine Prüfungen und Zeugnisse mehr! Natürlich kann eine erfolgreiche oder erfolglose Prüfung eine Fehlentscheidung sein, weil die Prüfer die Genialität des Prüflings

nicht erkannt haben oder weil die Prüfer sich haben täuschen lassen. Aber damit musste man zu allen Zeiten leben und damit wird man auch in Zukunft bei Prüfung der Sozialkompetenz leben müssen. Nach jeder bestandenen oder nicht bestandenen Prüfung kann der Geprüfte sich unterschiedlich weiterentwickeln, zum Guten oder zum Schlechten. Die Begründer der Roten Armee Fraktion: Gudrun Ensslin, Ulrike Meinhof, Horst Mahler wurden einst nach gründlicher Prüfung Stipendiaten der Studienstiftung des deutschen Volkes und schließlich Terroristen.

6. »Die Struktur der Abiturprüfung wird konzentrierter und effektiver gestaltet.« – Das Wort »Struktur« ist so inhaltsleer wie das Wort »Endsieg«. Es dient der Angeberei und der Verblödung des Volkes. Die Steigerung von »konzentriert« und »effektiv« besagt ebenfalls gar nichts. Auch das Wort »gestaltet« sagt nichts. Die Deutschen werden immer dümmer – und das Abitur ist schon lange kein Beweis mehr für Qualität. Es kommt nicht auf die Abiturprüfung an, sondern darauf, was die Schüler bis zum Abitur gelernt haben und noch wissen.
7. »X steht *auf* der Seite von Y« – man kann nur noch weinen: »X steht, geht, liegt *an* der Seite von Y.« Es heißt: »Frankfurt *an* der Oder«.
8. »Zentrale Prinzipien« – was soll das sein? Zentraler prinzipieller Unfug?
9. »Qualifiziertes Fachpersonal« – sinnlose Übertreibung.

Sprachliste Oktober 2017 – Teil 4

1. »Die BRD beabsichtigt, mit einem Einwanderungsgesetz die Zuwanderung von fähigen Köpfen aus Entwicklungsländern in die BRD zu regeln.« – Ein solches Gesetz ist Ausbeutung, Kolonialismus, Hintertreiben der Entwicklungshilfe und zeigt die Unmoral und Verlogenheit der BRD, es konterkariert das GG. Die BRD-Menschen wollen keine eigenen Kinder mehr in die Welt setzen, denn Kinder verursachen Kosten. Sie wollen auch immer weniger arbeiten. Aber trotzdem ihren Lebensstandard behalten. Um diese phantastischen Ziele zu erreichen, müssen Arbeitssklaven ins eigene Land geholt werden, so wie dies schon die dekadenten antiken Römer getan haben. Europa wird eine Sklavenhaltergesellschaft werden und dann untergehen, so wie schon das große Römische Reich. Die BRD wiederholt den Fehler, den sie schon mit der Aufnahme der Gastarbeiter in der Vergangenheit gemacht hat, aber jetzt in viel größerem Maße. Warum sollte Deutschland auch Bestand haben? Deutsche werden aussterben wie die Dinosaurier.
2. »Ehe in der BRD eine Brücke oder Straße gebaut werden darf, muss erst ein Gericht entschieden haben.« – Diesen Unfug und Umweg haben die Väter des GG nicht gewollt. Auch Recht und Gesetz können pervertiert werden. Gerichtsverfahren verzögern die baldige Fertigstellung von Brücken und Straßen. Die Exekutive hat in der BRD keine Rechte mehr, sie wurde der Justiz unterworfen. Das BVerfG soll jetzt aufgrund der Klagen zweier Abiturienten auch darüber entscheiden,

ob unterschiedliche Abiturprüfungen in den deutschen Bundesländern rechtmäßig sind und ob die Prüfungsnote ausschlaggebend sein darf für ein Studium z. B. der Medizin. Sind Kulturminister unfähig, aussagekräftige Abi-Prüfungen zu gewährleisten, und sind Universitäten unfähig, ihrerseits Studienbewerber auf ihre spezielle Eignung (zusätzlich zur Abiturprüfung) zu prüfen, so wie jeder Arbeitgeber mit einer Probezeit prüft?

3. »Die Leistungen von Grundschülern sind in der BRD – unterschiedlich in den einzelnen Bundesländern – zurückgegangen. Ursachen: Inklusionserziehung, Flüchtlinge, überforderte und zu wenig Lehrer, und Schüler, die zu früh mit dem Lernen einer Fremdsprache überfordert wurden.« – Warum sehen die BRD-Bildungsfanatiker nicht ein, dass es Unterschiede zwischen kranken und gesunden Kindern gibt, dass es wiederum auch zwischen gesunden Kindern Unterschiede gibt und dass es zwischen Kindern unterschiedlicher Herkunft Unterschiede gibt, und dass Sprache eben mehr ist, als nur ein Verständigungsmittel (wer will und kann einer ausländischen Mutter verbieten, mit ihrem kleinen Kind in ihrer Heimatsprache zu sprechen? Das hätte Frau Merkel wissen müssen, als sie fremde Völker eingeladen hat, nach Deutschland zu kommen). Was Sprache bedeutet, haben die Deutschen 1945 in Polen und im Elsass erleben müssen: sie durften auch untereinander nicht mehr deutsch sprechen. Vor dem Fanatismus der BRD-Eliten muss jeder Deutsche Angst haben.

Sprachliste Oktober 2017 – Teil 5

1. »Austesten«, »ausprobieren« – »testen«, »probieren« genügt. Leider beanstandet der Duden das »aus-« nicht.
2. »Airport Willy Brandt Berlin« – ob der deutsche Politiker Brandt diesen Missbrauch seines Namens hingenommen hätte? Früher sagte man »Flugplatz Tempelhof«, noch heute sagt man »Flugplatz Tegel«, aber nicht »Airport Tegel.«
3. »Frau Merkel hat – ohne vorangegangene Debatte – entschieden, dass eine deutsche Werft drei U-Boote, die auch mit Nuklearraketen ausgerüstet werden können (Kosten ca. zwei Mrd. Euro, die BRD trägt maximal 540 Mio.), zur Existenzsicherung Israels und wegen der historischen Verantwortung der BRD gegenüber Israel, an Israel liefern darf. Zur gleichen Zeit findet in Lahr/Schwarzwald eine heftige Debatte darüber statt, ob ein Schweizer Unternehmen in Lahr Gewehrmunition herstellen darf.« – Für Lieferung der U-Boote und für Herstellung der Gewehrmunition finden Befürworter, aber auch Gegner Argumente, die schon so oft vorgetragen wurden und die sich alle wiederholen. Letztlich dienen die Argumente nur dazu, eine vorgefasste Glaubensmeinung zu rechtfertigen: Die einen halten Waffen für überlebensnotwendig, die anderen glauben, man könne und müsse ohne Waffen leben. Es stehen sich zwei unvereinbare Dogmen gegenüber – bis zum Ende der Menschheit. Manchmal obsiegen die einen, manchmal die anderen.
4. »Am 28.10.1956 wurde in Köln die *Schule der Bundeswehr für Innere Führung* eröffnet. 1981 wurde diese

Schule in *Zentrum für Innere Führung* umbenannt.« – Diese Umbenennung dürfte der Beginn des irrsinnigen Gebrauchs der Wörter *Zentrum, zentral* usw. gewesen sein. Natürlich gab es auch zuvor das Wort *Telefonzentrale,* aber dieses Wort war berechtigt.

5. »Einsparen« – »sparen« genügt.
6. »Im Vorjahreszeitraum« – richtig nur: »Im vergangenen Jahr«. Nur Einstein darf über Zeit und Raum sprechen, alle anderen sind wegen mangelnder Intelligenz nicht berechtigt.
7. »Der Koalitionsvertrag ist ausverhandelt.« – Die deutsche Sprache wird bewusst zerstört.
8. »Preapaid conto service« – Keiner kümmert sich um eine deutsche Bezeichnung. Möglich: Auskunft über Kontostand.
9. »Service Center« – »Kundendienst«.
10. »Rückmeldung« – »Antwort«. Früher sagte man: Ich melde gehorsamst.
11. »Zentrale Fragen, zentraler Ort, in Asylverfahren ist der Dolmetscher zentral.« – Deutsch kann nicht mehr oder darf nicht mehr gesprochen werden.
12. »Die Zahl schrumpft zusammen.« Richtig: Die Zahl schrumpft.
13. »Prügeln sollten sich die Parlamentarier nicht.« (Schäuble) – Richtig: »Prügeln dürfen sich Parlamentarier nicht.« Warum Konjunktiv?

Sprachliste November 2017 – Teil 1

1. »Freiheit, Gleichheit, Brüderlichkeit, Guillotine, der Held der Revolution, Robespierre, wurde schließlich selbst hingerichtet. Proletarier aller Länder, vereinigt euch, so hieß es ca. 130 Jahre später, aber es kam, wie zuvor, ein Archipel Gulag, und der Held der Revolution, Stalin, wurde an der Kreml-Mauer, aber nicht im Mausoleum, begraben. Und aus dem Volk ohne Raum wurde ein kleines Deutschland, so klein, wie es nie zuvor gewesen war. Sein Held, A. H., nahm sich das Leben, seine Leiche wurde verbrannt.« – Wer kann diese europäische Geschichte – die wahrlich auch andere Seiten hat – noch verstehen? Werden Europa und Deutschland den gegenwärtigen Wahnsinn, den Frau Merkel, Linke und Grüne angerichtet haben, überstehen? Hochmut kommt vor dem Fall.
2. »Bei der Vereidigung junger Hamburger Polizeibeamter wurde ein englisches Lied gesungen.« – Die BRD-Menschen lieben alles Fremde, aber nicht sich selbst. Im III. Reich wurden nur deutsche Lieder gesungen. Warum?
3. »Die Demonstration der Türken wurde von der BRD-Polizei gestoppt.« – Was soll »stoppen« bedeuten? Wurde die Demonstration aufgelöst oder nur vorübergehend auf-/angehalten? Niemand kann in der BRD korrekt englisch oder gar korrekt deutsch sprechen.
4. »Wir bitten um Rückmeldung zu unserer Serviceleistung an unser Service-Center« (Bitte eines Hotels an seine Gäste). – Richtig nur: »Wir bitten, unsere Leistungen zu bewerten/zu beurteilen.«

5. »Entscheidende Weichen stellen« – eine Weiche ist immer entscheidend.
6. »Einen Gegensatz lösen« – »lösen« ist das Lieblingswort unserer Politiker. Man kann einen Fahrschein lösen, ein Rätsel lösen, eine Schraube lösen. Aber einen Gegensatz kann man nur mit viel Mühe überwinden und man muss neue Regeln suchen. Das Wort »lösen« suggeriert, dass alles ganz einfach sei.
7. »Zum Jahresbeginn 2018 will Hessen eine englischsprachige Kammer für Handelssachen am Landgericht Hessen einrichten.« – Die deutsche Sprache wird in der BRD sogar von Amts wegen auf den zweiten Platz gesetzt. Es lohnt nicht mehr, in der Schule Deutsch zu lernen.
8. »Gleichheit von Frau und Mann« – das Schulversagen der BRD-Kinder ist vielleicht auch darauf zurückzuführen, dass Mütter außer Haus arbeiten sollen und ihren Kindern nicht mehr bei den Schularbeiten helfen können. Aber in der Natur kümmern sich Muttertiere um ihren Nachwuchs, nicht die Männchen.
9. »Die alleinige Quelle des Rechts ist das gemeinsame Bewusstsein des ganzen Volkes: der allgemeine Geist.« (Ferdinand Lassalle) – Aber dieses Gemeinsame gibt es in der BRD nicht mehr.
10. »Der Zweck ist der Schöpfer des ganzen Rechts.« (Rudolph von Jehring) – Wenn Politiker ein Ziel erreichen wollen, dann machen sie das Recht passend, stimmig (nur Umweltschutz, Tierschutz, Asylrecht, aber nichts anderes).

Sprachliste November 2017 – Teil 2

1. »Der Teufel selbst beruft sich stets auf irgendeinen Rechtsgrund; und hält den seinigen für stärker.« (Emerich Madach) – Ja, man kann alles übertreiben! Auch den Gedanken des Rechtsstaates.
2. »Warum scheitern Politiker so oft?« – Weil Politik auf die Zukunft gerichtet ist und niemand in die Zukunft schauen kann.
3. »Unabhängiger« – Steigerung von »unabhängig« gibt es nicht.
4. »Absenken« – »senken« genügt.
5. »Gültiger« – Steigerung von »gültig« gibt es nicht. Es gibt nur: gültiger Fahrschein. Aber auch den gibt es nicht mehr. Heute heißt es nur noch »Ticket« mit einem großen »T«, im Englischen jedoch kleines »t«. Deutschland gibt sich selbst auf. Es will nicht mehr deutsch sein.
6. »Wird das Gerechtigkeitsempfinden der Menschen zerstört, entsteht Hass. Mit jedem Übeltäter, der bestraft wird, wird auch ein zu Unrecht Verdächtigter (Sippenhaft) entlastet. Wenn Gedemütigte von gestern (z. B. Zigeuner, Neger) heute zurückschlagen und dies von manchen Menschenrechtlern auch noch unterstützt wird, dann ist das nicht deren gutes Recht, sondern neues Unrecht, das zu Unverständnis, Reaktionen (PEGIDA, AfD) und neuen Auseinandersetzungen führt (R. Bauerdick, Zigeuner, S.158).« – Solche Gedanken sind Frau Merkel, den Roten, Linken, Grünen, allen Gerechtigkeits- und Korrektheitsfanantikern fremd. Die Bedeutung der Waage der Justitia kennen unsere

Politiker nicht mehr: erst wägen, dann wagen. Und es bleibt immer und alles ein Wagnis.

7. »Nach WK II beherrschten die USA den Pazifik. Heute bietet US-Präsident Trump China und anderen Anrainern des Pazifiks an, ihren Streit um Hoheitsrechte zu schlichten.« – Ist der Westen schon so weit gesunken, dass er nicht mehr allein entscheiden kann?
8. Ein Unternehmen wirbt um Arbeitskräfte: »Unser Anforderungsprofil, Ihr Aufgabengebiet«. – Richtig: »Unsere Forderungen an Sie, Ihre Aufgaben«. »Profil« und »Gebiet« sind überflüssig.
9. »Die BRD liegt mit an der Spitze.« – Richtig: »Die BRD ist Spitze/liegt an der Spitze« oder »… liegt zusammen mit anderen vorn.« Das Letzte dürfte gemeint sein. Das Wörtchen »mit« erfreut sich zurzeit großer Beliebtheit, dient aber nicht der Klarheit.
10. »Für heutige europäische Gesellschaften und Staaten gibt es nur noch Probleme (Migrations-, Armuts-, Sexualprobleme, das dritte Geschlecht), für die juristische, gerichtliche und gesetzliche ›Lösungen‹ gefunden werden müssen.« – Freude, Hoffnung, Zuversicht kennt keiner mehr. Die westlichen Staaten scheinen krank zu sein.
11. »Zwingend erforderlich« – »erforderlich« genügt. Immer dieses Übertreiben.

Sprachliste November 2017 – Teil 3

1. »BRD-Umweltschützer erwecken den Eindruck, als sei allein die BRD für die Umweltverschmutzung verantwortlich, aber nicht auch China und Indien, und als könne und müsse gerade die BRD wegen ihrer faschistischen Vergangenheit die Umwelt retten: Ein Peruaner klagt vor einem BRD-Gericht gegen einen BRD-Energieerzeuger (RWE) auf prozentuale Erstattung (0,47 %) seiner Baukosten, die notwendig werden, weil er sein Haus in Peru gegen Überschwemmungen, verursacht vom Klimawandel und letztlich verursacht auch von der BRD-Industrie, schützen muss. Zugleich verhindert die BRD die Senkung des Schadstoffausstoßes der Kfz, indem sie wegen des Landschaftsverbrauchs keine Straßen baut und dadurch Staus verursacht, die jetzt schon mehr als 10 km betragen.« – Rote, Linke und Grüne wollen letztlich ein anderes als das gegenwärtige Deutschland. Wir erleben einen furchtbaren Kultur- und Zivilisationsk(r)ampf: Radfahren statt Autofahren, vielleicht auch wieder Pferdekutschen, kontraproduktive Versorgungsmentalität gegenüber anderen Menschen und Staaten. Europa zerfleischt sich. China wird Europa übertrumpfen, schon wegen seiner Größe, der Europa nichts mehr entgegenzusetzen hat.
2. »Machen sich Justiz und Rechtsstaat nicht lächerlich, wenn sie über Jahre hinweg ein Strafverfahren gegen die Rechtsextremistin Zschäpe führen, aber immer noch nicht beweisen können, inwieweit sich die Angeklagte strafbar gemacht hat? Und muss man diese Frage

nicht auch stellen, wenn unbestritten ist, dass der Flüchtling Hussein K. in Freiburg/Br. eine Frau ermordet hat, aber das Gericht kostspielige wissenschaftliche Gutachten erstellen lässt, um festzustellen, ob der Täter schon gem. Erwachsenenstrafrecht oder noch nach Jugendstrafrecht zu bestrafen ist (wird ein Tag vor oder nach dem Stichtag eine Rolle bei der Strafzumessung spielen?), zumal solche Altersfestlegungen willkürlich sind und ständig geändert werden: Volljährigkeit, Wahlrecht.« – Der Korrektheitswahn in der BRD zeigt ihre Entscheidungsunfähigkeit. Alle wollen sich »absichern«, sogar die Richter.

3. »Völlig inakzeptabel« – »völlig« ist überflüssig.
4. »Präsenter« – Steigerung von »präsent« gibt es nicht.
5. »Panzer fahren an zentralen Orten der Hauptstadt auf.« – Kann es »zentrale Orte« geben?
6. »Zwei Deutsche mit ausländischen Namen als IS-Kämpfer getötet.« – Waren es Pass-Deutsche oder Islamisten fremder Herkunft? Alles bleibt im Nebel. Ist alles schon gleichgültig? Wer, was, wann, wo? Sind alle Menschen gleich? Sind diskriminierte AfD-Anhänger nicht auch ungleich gegenüber denjenigen, die sich für die Anständigen halten?
7. »Mehr Kinder werden in der BRD geboren.« – Sind es deutsche Kinder oder Kinder der Flüchtlinge? Ist das zu wissen, *gleich*gültig? Meine Nachbarin protestiert jedes Mal heftig, wenn ich aufgrund meines Unwissens sage, sie spräche bayrisch. Nein, sagt sie: fränkisch, sie stamme doch aus Nürnberg.

Sprachliste November 2017 – Teil 4

1. »Grundlegenderes Problem« – Steigerung von »grundlegend« gibt es nicht. Und wie können Probleme grundlegend sein? Ein »Problem« (Aufgabe, Schwierigkeit) muss gelöst oder überwunden werden, kann aber nicht eine Grundlage sein. (»Die meisten Probleme lösen sich von selbst, man darf sie aber nicht dabei stören.« Autor unbekannt).
2. »Wir gedenken an die Toten.« – Richtig: »Wir gedenken *der* Toten.« Oder: »Wir denken an die Toten.«
3. »Es kostet mir, dem/den Menschen viel Geld.« – Richtig: »Es kostet mich, den/die Menschen viel Geld.«
4. »Kritik von Autoritäten« (1968) – gemeint ist: »Kritik *an* Autoritäten«. Genau das war 1968 gemeint und gewollt. Natürlich gibt es auch »Kritik *von* Autoritäten«, aber das ist genau das Gegenteil dessen, was 1968 gemeint war.
5. »Wir diskutieren den Fall X.« – Richtig: »Wir diskutieren, sprechen, verhandeln *über* den Fall X.«
6. »SPD will sich nicht an einer Regierungskoalition beteiligen, obwohl sie ca. 21 % bei der letzten Bundestagswahl im September 2017 erreicht hat. FDP (ca. 11 %) und Grüne (ca. 9 %) versuchen, trotzdem zu regieren.« – SPD verhält sich wie ein trotziges Kleinkind. Wer kann diese Demokratie noch verstehen?
7. »Mathe«, »Minis« – richtig: Auch bei Jugendlichen, nur »Mathematik« und »Ministranten«. Alles andere verstößt gegen Anstand, Ordnung und Etikette. Ein »Mini« ist kein Kleiner, sondern ein Ministrant ist ein ehrenwerter Diener im Gottesdient.

8. »Machen sich Justiz und Rechtsstaat nicht lächerlich, wenn sie über Jahre ein Strafverfahren gegen die mutmaßliche Rechtsextremistin Zschäpe führen, aber immer noch nicht beweisen können, inwieweit sie sich strafbar gemacht hat? Und gilt dies nicht auch dann, wenn unbestritten ist, dass der Flüchtling Hussein K. in Freiburg/Br. eine Frau ermordet hat, aber das Strafgericht teure wissenschaftliche Gutachten erstellen lässt, um festzustellen, ob der jugendliche Täter schon nach Erwachsenenstrafrecht oder noch nach Jugendstrafrecht zu verurteilen ist?« – Solche Stichtage sind immer willkürlich und werden ständig geändert (Volljährigkeit, Wahlrecht). Darf ein Tag vor oder nach dem Stichtag so viel ausmachen? Bei der Zumessung der Strafe hat das Gericht einen großen Spielraum, um immer den Besonderheiten des Falles gerecht werden zu können. (»Wer sich zum Schaf macht, den fressen die Wölfe.« Chinesisches Sprichwort).
9. »Platzen der Verhandlung« – richtig: »Scheitern der …«
10. »Elementare Fragen stellen« – eine Frage ist nie und nimmer elementar. Vielleicht die Antwort.

Sprachliste Dezember 2017 – Teil 1

1. »Je stärker eine Staatsverfassung inhaltlich aufgeladen ist, desto kleiner wird der Spielraum für Politik, Justiz und Verwaltung (einschl. Polizei), weil alles, was in der Verfassung bereits geregelt ist, der Entscheidung der anderen Verfassungsorgane entzogen worden ist. (H. A. Winkler, Zerbricht der Westen?, S. 71, 2017).« – Diese Erkenntnis zeigt, dass auch Verfassungs- und Rechtsstaat übertrieben werden können. Wo bleibt die Mündigkeit des Bürgers, des Politikers, des Richters, des Beamten?
2. »X hat wesentlich mit dazu beigetragen, dass …« – Was soll das Wörtchen »mit« bedeuten? Nichts! Aber dies ist der heutige Sprachstil.
3. »Noch nie waren in der deutschen Politik so viele Frauen wie heute tätig.« – Ist irgendetwas besser geworden? Nein, Frauen sind auch nur Menschen.
4. »X muss ins Gefängnis.« – Richtig: »X ist zu einer Haftstrafe verurteilt worden, verbüßt aber seine Strafe noch nicht, weil er Berufung eingelegt hat.« (Falsch: in Berufung gehen).
5. »Vor ca. 80 Jahren sollten die Deutschen ein rassereines Volk bleiben, deshalb wurden sechs Mio. Juden umgebracht. Bis zum Jahre 2050 wird die BRD-Bevölkerung zu ca. 10 % muslimischen Glaubens und zugleich nichtdeutsch sein. Das Christentum wird an Bedeutung verlieren. Vor ca. 80 Jahren wurden Juden vergast. Heute werden große Bauvorhaben immer teurer, später fertiggestellt oder gar nicht erst begonnen, weil Fledermäuse und Eidechsen geschützt werden müssen. Der

Autor H. A. Winkler schreibt 2017 in seinem Buch *Zerbricht der Westen?,* dass die Deutschen dazu neigen, zwischen Extremen zu schwanken (incertitudes allemandes), dass es von Selbstzerknirschung (Vergangenheitsbewältigung) bis zur Selbstüberhebung (Wiedergutmachung, Flüchtlingshilfe) nur ein kleiner Schritt sei, und dass sich die BRD mit ihrer Flüchtlingspolitik in Europa selbst isoliert habe.« – Dem ist nur hinzufügen: BRD-Politiker kennen nur noch ihr je spezielles Parteiprogramm, z. B. Umweltschutz, Rechtsstaat, Werte, Gleichberechtigung, alles sei möglich, man muss es angeblich nur wollen. An den Staat und seine Bevölkerung als Ganzes denkt keiner dieser Politiker mehr, keiner weiß, was Gesinnungsethik einerseits, aber Verantwortungsethik andererseits (Max Weber, 1919) bedeuten, keiner trifft schwere Entscheidungen, wägt ab. Entscheidungen werden nur gem. Gesetzen getroffen oder der Justiz überlassen. Die schlechten Wahlergebnisse aller Parteien und die geringe Wahlbeteiligung bei der Bundestagswahl 2017 sind immer noch kein Anlass für ein Nachdenken: Wir haben alles richtig gemacht, sagen immer noch Politiker/innen.

6. »Ein Rathaus ist zentraler Mittelpunkt kommunaler Entscheidungen.« – Eine Zeitung, die diesen Text veröffentlicht, macht sich schuldig an der Unbildung von Schülern.
7. »Menschen sind beim Terroranschlag gestorben.« (DLF) – Richtig: »… wurden getötet« oder »… ermordet«. Man kann alles verharmlosen, wenn man nur will.

Sprachliste Dezember 2017 – Teil 2

1. »Soziale Zwecke« – richtig: »wohltätige Zwecke«.
2. »Absolute Priorität« – wer so spricht, will nur angeben: »Priorität« verträgt kein Adjektiv. »Priorität« = »Vorrang«.
3. »Humanitäre Lage der Flüchtlinge« – »humanitaire« (fr.) = das Wohl der Menschen betreffend. Da Flüchtlinge Menschen sind, ist das Wort »humanitär« überflüssig wie ein Kropf.
4. »Spaß, Vergnügen, Freude« – diese drei Wörter haben unterschiedliche, aber ähnliche Bedeutungen (s. Duden). Gebraucht wird heute fast nur noch das Wort »Spaß« (Spaßgesellschaft). Hier zeigt sich die Unfähigkeit richtig, zu unterscheiden und den richtigen Ton zu treffen.
5. »Ich bin ein Deutscher. Dem Vaterlande hab ich mich verbunden / Und will es lieben, innig fromm und wahr, / Will stehen zu ihm auch in den/ schwersten Stunden, / Es schirmen stark und mutig in Gefahr. (Feldpostkarte 1915).« – Vor etwa 100 Jahren dachten und fühlten die Deutschen ganz anders als heute. Denkt man heute vernünftiger, besser, menschlicher?
6. »Das Berliner Olympia Stadion wurde in nur drei Jahren von 1933 bis 1936 gebaut.« – Warum in nur so kurzer Zeit? Weil es keine Querköpfe bezüglich der olympischen Idee gab. Niemand will heute in der BRD noch Olympische Spiele, denn sie kosten doch nur viel Geld.
7. »Bürgerversicherung, Zweiklassenversicherung« – endlich kümmert sich die SPD um den kranken armen Mann! Wie schon Obama (ironisch gemeint). Zwar ist

in keinem Land der Welt die Fürsorge für Kranke so gut wie in der BRD, aber man kann das Gute natürlich noch besser machen! Man kann reformieren und ändern, wie schon oft geschehen: Reiche Personen enteignen, Bodenreformen durchführen, Betriebe verstaatlichen, volkseigene Betriebe schaffen, aber diese auch wieder privatisieren, umorganisieren (Reichsbahn, Reichspost, heute Deutsche Bahn AG, Deutsche Post AG). Ist es nach den Änderungen aufs Ganze gesehen je besser geworden? Die Parteien müssen endlich in aller Ruhe und Sachlichkeit Politik machen und Hysterie und Ideologie hinter sich lassen. Die frühere Politik war doch nicht nur deshalb schlecht, weil sie älter war. Nur neue z. B. naturwissenschaftliche Erkenntnisse müssen in Gesetzen geregelt werden (z. B. Telekomunikation). Wir brauchen Ärzte in abgelegenen Gegenden, aber keine Bürgerversicherung. Es wäre eine Katastrophe für die BRD, wenn die Diskussion über die Bürgerversicherung unter dem Namen »Zweiklassenversicherung« geführt werden würde: Soll ein Klassenkampf geführt werden?

8. »Dutzende bewaffnete Polizisten sorgten für Ordnung.« – Richtig: »Dutzende bewaffneter Polizisten sorgten für ....« (Genitiv! Deshalb »r«).
9. »X und Y streiten über Grundsatzfragen der Wirtschaftspolitik.« – Richtig: »X und Y streiten über Wirtschaftspolitik.« Was ist eine Grundsatzfrage?
10. »Zentral bündeln« – Mittig bündeln? Richtig nur »bündeln« oder »zusammenfassen.

Sprachliste Dezember 2017 – Teil 3

1. »Bildungsgerechtigkeit« – Was soll das sein? Man ist gebildet oder man ist es nicht. Können alle Menschen gleich gebildet sein oder werden? Zunächst müssen alle Menschen erst einmal erzogen werden. Aber davon spricht heute keiner mehr. Der Erziehungserfolg ist auch immer unterschiedlich.
2. »Tatzeitraum« – was ist gemeint? Gemeint ist die Zeit z. B. eines Einbruchs, der zwischen 12 und 16 Uhr (Zeitraum) stattgefunden haben könnte. Warum nicht viel kürzer und genauso aussagekräftig: Zwischen 12 und 16 Uhr wurde eingebrochen (Tatzeit). BRD-Menschen können wirklich nicht mehr deutsch sprechen und auch nicht mehr denken, sie wollen auch nicht.
3. »Praktischer Nutzen« – gibt es auch einen unpraktischen Nutzen? Nein, aber diese Floskel, immer nur scherzhaft gebraucht, hat sich nun einmal durchgesetzt und dabei soll es bleiben.
4. »Das schlechte Deutsch in den Medien ist Zeichen des kulturellen Niederganges der BRD.« – Die Unfähigkeit, nach der Bundestagswahl am 24.9.2017 eine Regierung zu bilden, zeigt, wie unfähig BRD-Politiker als Schüler einer falschen Schul- und Erziehungspolitik geworden sind. Die Unpünktlichkeit der Deutschen Bahn und der Dieselskandal zeigen, dass auch auf technischem Gebiet die BRD ihre Fähigkeiten verloren hat. Kein Respekt mehr vor Staat, Polizei und Lehrern. Die Stabilität des Staates ist Vergangenheit geworden wegen der übertriebenen Individualität, die heute von Politikern gefordert wird. Das Prinzip der Gewaltentei-

lung ist nur dann erfolgreich, wenn die drei Gewalten (Gesetzgebende, Vollziehende und Rechtsprechende Gewalt) auf gleichen Grundlagen beruhen: z. B. Geschichte, Religion, Staatstreue, Kultur, Staatsvolk, Charakter, Sitten und Gebräuchen. Die drei Gewalten müssen ausbalanciert sein, sie dürfen sich nicht gegenseitig bekämpfen und dieser Kampf darf nicht zur Handlungsunfähigkeit des Staates führen: heute kontrollieren die Gerichte immer mehr den Staat, so dass die Vollziehende Gewalt entscheidungs- und handlungsunfähig ist. Ein Staat, der sich nicht über die Verwendung oder Nicht-Verwendung eines Unkrautvernichtungsmittels (Glyphosat) einigen kann und der den Schutz von Wölfen höher achtet als den Schutz von Nutztieren, hat wegen Nichtachtung des ungeschriebenen Gesetzes von der Verhältnismäßigkeit und des Gemeinwohls seine Existenzberechtigung verloren. Er wird scheitern.

5. »Ein Napoleon für das 21. Jahrhundert, Frankreichs Staatschef Emmanuel Macron hat sämtliche Gegner aus dem Weg geräumt und treibt in atemberaubendem Tempo sein Reformwerk voran« (Badische Zeitung vom 14.12.2017 mit Bildern des alten und des neuen Herrschers). – Ach, hätte die in sich zerstrittene BRD doch auch einen solchen Heilsbringer, gegen dessen Vorreiter Napoleon die Deutschen und die Russen 1813 in der Völkerschlacht von Leipzig während der Befreiungskriege erfolgreich gekämpft haben, um den Erzfeind Deutschlands zu vernichten! Nur der Erfolg zählt, nichts anderes, auch in einer Demokratie! Ist das Ironie oder Wirklichkeit?

Sprachliste Dezember 2017 – Teil 4

1. »Völlig inakzeptabel« – »unannehmbar« genügt. Deutsch ist verpönt.
2. »Zielvorgabe« – »Vorgabe« ist Neudeutsch und besagt gar nichts. Richtig: nur »Ziel«.
3. »Das macht Sinn.« – Neudeutsche Redensart. Neudeutsch ist immer falsch. Der Sinn, das Sinnvolle sind in der Welt immer vorhanden, aber sie werden oft nicht erkannt von den überheblichen Menschen, die meinen, sie könnten einer Sache, einer Entscheidung einen Sinn geben oder Sinn machen.
4. »Rechtsstaat« – wird er länger Bestand haben als Königreiche, kommunistische oder nationalistische Staaten? Nein! Denn jede Staatsform, die übertrieben wird, scheitert. Entscheidend ist Wollen und Wille der Völker und Menschen, aber Wollen und Wille spiegeln sich nicht immer in Gesetzen wieder. Frau Merkel meint, dass alle EU-Völker gemäß dem Gesetz der Solidarität Flüchtlinge aufnehmen müssen, sollen, können. Aber Osteuropäer möchten keine Flüchtlinge aufnehmen, sie wollen nicht. Wer trifft die richtige Entscheidung, was ist richtig? Das, was in EU-Verträgen steht?
5. »Die Weltanschauung der BRD-Politiker besteht darin, dass alles Braune ausnahmslos für verabscheuungswürdig erklärt wird, aber Rotes (Kommunismus) und Grünes (Farbe des Propheten und der Grünen Weltverbesserer) nimmt man hin.« – Diese Blickverengung wird sich bemerkbar machen.
6. »Deutsche Veranstalter nennen ihre Events (Veranstal-

tungen): After Work-Party und Before Christmas Party« – Englisch korrekt: Post Work Party und Pre-Christmas Party. Deutsch: Feierabendfest und Vorweihnachtsfeier. Die Verwendung englischer Wörter zeigt die Minderwertigkeitskomplexe der BRD-Menschen, die lieber schlechtes Englisch als gutes Deutsch sprechen. Ähnliches gilt für englische Ansagen bei der Deutschen Bahn. So viele Englischsprechende benutzen die unpünktliche BRD-Bahn gar nicht. Wenn Deutsche schlechtes und falsches Englisch sprechen, ist es auch eine Beleidigung der englischen Sprache (public viewing).

7. »Der gemeinsame Gesang der Kirchengemeinde wurde zu einem prägenden Bestandteil des Protestantismus.« – Richtig: Gesang in der Kirchengemeinde wurde ein Bestandteil des Protestantismus.
8. »Im Nationalsozialismus wurden Schulen als Lazarette zweckentfremdet. (Badische Zeitung 19.12.2017, Erinnerung an die Bombennacht 27.11.1944). Warum die Badische Zeitung am 19.12.2017 nochmals an die Bombennacht vor 73 Jahren mit den gleichen Fotos erinnert, ist unerfindlich, aber vielleicht die Politik der Badischen Zeitung.« – Niemand hätte es gewagt, vor Kriegsende1945 einen solchen Satz zu sagen, und niemand hat es 2016 gewagt zu sagen: »Turnhallen wurden als Flüchtlingsunterkünfte zweckentfremdet.« Verwundete Soldaten und Flüchtlinge sind das Ergebnis falscher Politik. Aber niemand darf sagen, dass heute in Afrika oder gar in Demokratien schlecht regiert wird und es deshalb zu Migrationen gekommen ist.

Sprachliste Dezember 2017 – Teil 5

1. »Fragestellung« – was soll das sein? Man kann »fragen«; zur Not auch eine »Frage stellen«, aber »fragen« genügt und ist viel einfacher zu verstehen.
2. Ergänzung zur Sprachliste November 2017 Teil 3, Nr. 2: »Im Strafverfahren gegen den Mörder Hussein K. vor dem Landgericht Freiburg/Br. prüft das Gericht sogar, ob das Alter des Angeklagten nach dem iranischen oder nach dem gregorianischen Kalender zu ermitteln sei. Das Gericht erwägt, den angeblichen Vater des Angeklagten vorzuladen und von Teheran nach Freiburg kommen zu lassen. Reisekosten spielen natürlich keine Rolle. Der Mordprozess begann Anfang September 2017 und wird wohl bis März 2018 dauern. An der Täterschaft des Angeklagten Hussein K. gibt es keinen Zweifel. Geringe Zweifel bestehen, ob der Mörder eher als Erwachsener oder noch als Jugendlicher zu bestrafen ist.« – Wer kann heute noch an einen entscheidungsfähigen Rechtsstaat glauben? Gesetz und Recht (nicht zu verwechseln mit GERECHTIGKEIT) sind Huren, nach denen Kaiser, Diktatoren, Richter und manchmal auch rechtschaffene Demokraten zu handeln versuchen. Alle biegen Gesetz und Recht so, wie sie es haben wollen. Aber Gerechtigkeit kann keiner ändern. Dennoch muss die Gerechtigkeit oft der Willkür von Gesetz und Recht weichen, weil Gesetz und Recht Huren sind. Zunächst denken in Gegensätzen und dann zu entscheiden, ist den Deutschen fremd geworden. Mt. 12,25: »Jedes Reich, das mit sich selbst uneins ist, wird verwüstet.«

3. »Der Karlspreis der Stadt Aachen soll an den französischen Präsidenten Macron verliehen werden.« – Warum? Der Präsident ist erst wenige Monate im Amt und hat weder für Europa noch für Frankreich Bedeutendes erreicht.« – US-Präsident Obama hat ebenfalls zu Beginn seiner Amtszeit sogar den Friedensnobelpreis verliehen bekommen, obwohl er politisch noch nichts erreicht hatte, ja in der Kürze der Zeit noch gar nichts hatte erreichen können – wie auch Macron. Europa und die USA haben zurzeit nur mittelmäßige, keine fähigen Politiker, aber Gott sei Dank, auch keine Verderber.
4. »Nordkoreas Raketenstarts wurden sanktioniert.« (DLF) – »Sanktionieren« kann entweder bedeuten: a) billigen, zustimmen, oder aber b) bestrafen, Druck ausüben (Duden). Es ist immer Glückssache, nichtdeutsche Wörter zu benutzen. Warum spricht keiner mehr deutsch? Warum wird die deutsche Sprache nicht gepflegt, um Missverständnissen vorzubeugen? Zu der vorstehenden Meldung des DLF ist in politischer (nicht in sprachlicher) Hinsicht zu sagen: Alle Staaten wahren ihre eigenen Interessen gegenüber den Interessen anderer Staaten. Allein die BRD kennt ihre eigenen Interessen nicht und wahrt sie natürlich auch nicht. Besser als das Fremdwort »Interesse« ist natürlich das Wort »Wohlfahrt des eigenen Staates«, aber dieses Wort kennt heute fast keiner mehr.

Sprachliste Dezember 2017 – Teil 6

1. »Inklusion – gemeinsame Erziehung behinderter und nicht-behinderter Kinder in Kindergärten und Schulen.« – In Wahrheit bedeutet Inklusion das Nicht-Wahrhaben-Wollen von Kindern mit Behinderung: Alle Kinder sind gleich! Sie sind es leider nicht. Mit Urteil vom 19.12.2017 hat das BVerfG festgestellt, dass trotz großen Bedarfs an Ärzten dennoch nicht jeder Abiturient ein Medizinstudium beginnen könne, weil die Kapazität der Universitäten begrenzt sei, es müsse beim numerus clausus bleiben. Ja, wenn es um die Qualität der Mediziner geht, hört das Geschwätz von der Gleichheit auf. Es kann eben nicht jeder Arzt werden, nur die besten.
2. »X ist mitmenschlich« – Nein, nur menschlich.
3. »Der Terroranschlag ist von einem Deutschen vorbereitet worden.« – Natürlich, alle Deutschen sind braune Verbrecher. Im weiteren Verlauf der Nachrichtensendung stellt der DLF klar, dass der Täter irakische Eltern hat, aber in der BRD geboren ist. Warum sagt der DLF nicht gleich, dass der Täter Islamist ist? Es ist gleichgültig, ob er in der BRD geboren ist und deshalb vielleicht die deutsche Staatsangehörigkeit besitzt oder ob er vielleicht die deutsche Staatsangehörigkeit erst später erworben hat. Für den Radiohörer ist allein wichtig, dass es sich bei natürlicher Betrachtungsweise um einen nicht-deutschen Islamisten handelt. Aber ein Verdacht darf nach Meinung unserer Korrekten nicht auf Ausländer gerichtet werden. Genau dieses Denken ist die Ursache dafür, dass die ehemaligen Volksparteien

ihre Anerkennung im Volk verloren haben. Aber das wollen sie nicht wahrhaben.

4. »Fest verankert« – sinnlose Übertreibung: »verankert« genügt. Nur Schiller durfte dichten: Fest gemauert in der Erden …
5. »Einer der bedeutendsten Maler« – sinnlose Übertreibung: Es gibt nur Superlativ: der bedeutendste Maler, aber davon gibt es nur *einen*, nicht jedoch *mehrere* bedeutendste Maler.
6. »Renommierteste Fachleute« – richtig nur: »der Fachmann« oder »die Fachleute«. Alles andere ist Angabe. »renommiert« = bekannt (s. Duden). Es gibt auch »den unbekannten Fachmann« oder »die unbekannten Fachleute«. Wichtig ist »Fachmann«, aber nicht seine Bekanntheit bei vielleicht Unwissenden.
7. »Globaleres Denken« – Steigerung von »global« kann es nicht geben.
8. »Die politische Lage hat sich extrem zugespitzt.« – Übertreibung ist sinnlos, zeigt aber die Dummheit aller Medien. Maßhalten gilt heute nicht mehr.
9. »Die Eindeutschung der Angehörigen fremder Völker, die einen rassisch wertvollen Bevölkerungszuwachs bedeuten konnten, durch A. H. wird heute lächerlich gemacht.« – Aber die heutige Integration in die BRD-Leitkultur ist nichts anderes. Die BRD hat nicht genügend Kinder, um zu überleben.